Markenkommunikation und Beziehungsmarketing

Herausgegeben von
C. Zanger, Chemnitz, Deutschland

In den letzten Jahren sind am Lehrstuhl für Marketing und Handelsbetriebslehre an der TU Chemnitz über 20 Dissertationen zu verschiedenen Forschungsgebieten im Marketing entstanden, die bis auf wenige Ausnahmen bei Springer Gabler veröffentlicht werden konnten. Einen Schwerpunkt stellten Studien zu innovativen Fragen der Markenkommunikation wie Eventmarketing, Sponsoring oder Erlebnisstrategien dar. Ein weiteres zentrales Thema waren Arbeiten zum Beziehungsmarketing, die sich beispielsweise mit jungen Zielgruppen, der Entstehung von Vertrauen und mit der Markenbeziehung beschäftigten.
Mit dieser Reihe sollen die Forschungsarbeiten unter einem thematischen Dach zusammengeführt werden, um den Dialog mit Wissenschaft und Praxis auszubauen. Neben Dissertationen, Habilitationen und Konferenzbänden, die am Lehrstuhl der Herausgeberin entstehen, steht die Reihe auch externen Nachwuchswissenschaftlern und etablierten Wissenschaftlern offen, die empirische Arbeiten zu den Themenbereichen Markenkommunikation und Beziehungsmarketing veröffentlichen möchten.

Herausgegeben von
Prof. Dr. Cornelia Zanger
Technische Universität Chemnitz,
Deutschland

Cornelia Zanger (Hrsg.)

Events und Sport

Stand und Perspektiven der Eventforschung

Herausgeber
Cornelia Zanger
Chemnitz, Deutschland

ISBN 978-3-658-03680-5
ISBN 978-3-658-03681-2 (eBook)
DOI 10.1007/978-3-658-03681-2

Die Deutsche Nationalbibliothek verzeichnet diese Publikation in der Deutschen Nationalbibliografie; detaillierte bibliografische Daten sind im Internet über http://dnb.d-nb.de abrufbar.

Springer Gabler

Gedruckt auf säurefreiem und chlorfrei gebleichtem Papier

Springer Gabler ist eine Marke von Springer DE. Springer DE ist Teil der Fachverlagsgruppe Springer Science+Business Media.
www.springer-gabler.de

Vorwort

Zum vierten Mal trafen sich am 26. Oktober 2012 Vertreter der Eventforschung mit Eventpraktikern und Studierenden zum Dialog anlässlich der Wissenschaftlichen Konferenz Eventforschung an der TU Chemnitz.

Die Themenwahl fiel 2012 besonders leicht: Im Jahr von Olympia und Fußball-Europameisterschaft lag es auf der Hand, für die hiesige Konferenz das Thema „Events und Sport" in den Mittelpunkt zu stellen.

Dass die Konferenz auch im Jahr 2012 wieder ausgebucht war, mag am spannenden Thema liegen, ist aber auch als Zeichen dafür zu werten, dass es uns in den letzten Jahren gelungen ist - neben den zahlreichen Veranstaltungen der Eventbranche - an der TU Chemnitz gemeinsam mit unseren Konferenzteilnehmern eine Plattform für den wissenschaftlichen Dialog im Eventbereich zu etablieren.

Das Thema „Events und Sport" ist aus interdisziplinär wissenschaftlicher Sicht von großem Interesse, da sowohl Sportwissenschaftler, Soziologen, Psychologen, Ökonomen und Managementwissenschaftler sich mit dem Phänomen Sport auseinandersetzen. An der TU Chemnitz konnte ich bereits im Jahr 2003 in einer repräsentativen Studie gemeinsam mit Jochen Schweizer das Faszinationspotential von 150 Sportarten typisieren und damit eine Arbeitsgrundlage für die Planung von Events und Sponsoringaktivitäten geben.

Zahlreiche Unternehmen nutzen Sport aktuell oder seit vielen Jahren im Rahmen ihrer Kommunikationsaktivitäten mit dem Ziel, einen positiven Imagetransfer von einer spannenden Sportart oder einem erfolgreichen Sportler auf die eigene Marke zu erreichen.

Entwickelt sind vor allem das Sportsponsoring und der Einsatz von Sportlern oder ganzen Sportarten als Werbeträger. Eine besonders authentische Verbindung von Marke und Sport erlaubt jedoch das Eventmarketing.

In den Keynotes wurde eine Bestandsaufnahme zu neuen Forschungsergebnissen zum Thema Events und Sport vorgelegt und dargestellt, wie Sporterlebniswelten faszinieren und Sportveranstaltungen evaluiert werden können. Eine Session beschäftigte sich mit ausgewählten Aspekten bei Sportevents wie Personalmanagement und Compliance. Eine weitere Session fasste interessante wissenschaftliche Beiträge zusammen, die Events aus verschiedenen Perspektiven betrachten. So wurden Events im Zusammenhang mit touristischen Attraktionen erforscht. Die Zuhörer erfuhren Neues über Gruppenerlebnisse bei Events und schließlich erfolgte eine Betrachtung aus der Perspektive der Service Dominant Logic, die Events als Wertnetzwerke analysierte. Die letzte Session war eine Fortsetzung der Diskussionen der 3. Eventkonferenz 2011 zum Thema Events und Social Media und lieferte auf diesem dynamischen Feld neue, spannende Forschungsergebnisse.

Besondere Aufmerksamkeit erhielt auch auf der 4. Konferenz Eventforschung die Podiumsdiskussion zum Thema "Events und Sport". Ausgehend von dem österreichischen Extremsportler Felix Baumgartner und seinem Stratos Sprung aus fast 40 km Höhe, gesponsert durch die Firma Red Bull, entwickelte sich eine spannende Diskussion zwischen Agenturvertretern und Wissenschaftlern zum Nutzen und den Erfolgsfaktoren von Sportevents und Sportsponsoring, die durch Michal Hosang als Vertreter des Europe Chapter der ISES moderiert wurde.

Ich freue mich deshalb ganz besonders, dass es auch für die 4. Wissenschaftliche Konferenz Eventforschung wiederum gelungen ist, die anspruchsvollen Beiträge unserer Referenten und die Ergebnisse der Podiumsdiskussion im vorliegenden Konferenzband zusammenzufassen, um sie interessierten Wissenschaftlern und Eventpraktikern zugänglich zu machen.

Für ihre Mitwirkung an der Konferenz und ihre wissenschaftlich anregenden Beiträge zu diesem Konferenzband darf ich mich ganz herzlich bei allen Autoren bedanken.

Mein ganz besonderer Dank gilt dem Konferenzteam des Lehrstuhls für Marketing und Handelsbetriebslehre für die Konferenzorganisation unter der Leitung von Frau Simone Sprunk sowie den Verantwortlichen für Programm und Konferenzband, Frau Pia Furchheim und Frau Susan Endler, für ihre engagierte Arbeit sowie Herrn Thomas Am Ende für die Betreuung von Internet und Social Media Präsenz der Eventkonferenz.

Auch für den 4. Konferenzband der Wissenschaftlichen Konferenz Eventforschung darf ich Ihnen eine interessante Lektüre wünschen und hoffe, Sie gewinnen beim Lesen zahlreiche Anregungen für die eigene wissenschaftliche und/oder praktische Arbeit im Eventbereich.

Ich würde mich freuen, wenn ich Sie zu einer der nächsten Wissenschaftlichen Konferenzen zur Eventforschung an der TU Chemnitz begrüßen dürfte und darf Sie herzlich einladen.

Cornelia Zanger

Inhalt

Events und Sport

Stand und Perspektiven der Eventforschung

Weitere Erkenntnisse

Jan Drengner

Sporterlebniswelten als Kommunikationsplattform im Eventmarketing

1 Einleitung

Studien zum Freizeitverhalten in westlichen Gesellschaften verdeutlichen, dass Sport mittlerweile einen festen Platz im Leben der Menschen einnimmt. So verzeichnete der Deutsche Olympische Sportbund (DOSB) im Jahr 2012 insgesamt 27,6 Mio. Mitglieder in mehr als 91.000 Sportvereinen (vgl. DOSB 2012). Weiterhin stieg die Anzahl der Kunden deutscher Fitness-Studios von 4,7 Mio. Personen im Jahr 2004 auf 7,3 Mio. im Jahr 2010 (vgl. Deloitte & Touche GmbH Wirtschaftsprüfungsgesellschaft 2011). Parallel zu derartigen Angeboten des aktiven Sportkonsums (Sporttreiben) lässt sich ebenfalls eine starke Nachfrage nach Leistungen für einen passiven Sportkonsum (Sportrezeption) feststellen. Beispielsweise waren im Jahr 2010 die drei Fernsehsendungen mit den höchsten Einschaltquoten alles Spiele der deutschen Fußball-Nationalmannschaft im Rahmen der Weltmeisterschaft, wobei diese Sendungen jeweils auf einen Marktanteil von fast 80 oder mehr Prozent kamen (vgl. AGF/GfK-Fernsehpanel 2011). Auf internationaler Ebene sorgte 2012 hingegen die Übertragung des 46. Super-Bowls mit 111,3 Mio. Zuschauern für einen Quotenrekord in der Geschichte des amerikanischen Fernsehens (vgl. Schlüter 2012). Eine Begründung für diese hohe gesellschaftliche Relevanz des Sports liegt in dessen Eignung, verschiedene **Konsumbedürfnisse** befriedigen zu können. So lassen sich damit nicht nur utilitaristische Ziele erreichen (z. B. Gewichtsabnahme, Gesundheit), sondern auch soziale Kontakte aufbauen und pflegen. Darüber hinaus ist Sport mit einer Vielzahl emotionaler Erfahrungen (z. B. Spannung, Begeisterung, Enttäuschung) verbunden und dient den Konsumenten als Quelle zur Stärkung ihrer Identität (z. B. durch die Identifikation mit einem Sportteam).

Aufgrund seiner gesellschaftlichen Bedeutung hat sich der Sport mittlerweile zu einem wichtigen Wirtschaftsfaktor entwickelt (vgl. Breuer/Wicker/Pawlowski 2012). Aus der Perspektive des Marketings können in diesem Zusammenhang das Marketing *für* Sport und das Marketing *mit* Sport unterschieden werden (vgl. Fullerton/Merz 2008). Das **Marketing für Sport** umfasst alle kommerziellen und nicht-kommerziellen Marketingaktivitäten (z. B. von Unternehmen oder Vereinen) zur Vermarktung sportbezogener Produkte (z. B. Sportbekleidung und -geräte) und Dienstleistungen (z. B. Sportveranstaltungen, Trainingsmöglichkeiten). **Marketing mit Sport** betreiben hingegen Unternehmen, die Leistungen ohne unmittelbare Verbindung zum Sport anbieten. Sie nutzen die breite Akzeptanz des Sports für ihre Zwecke, indem sie auf dieses Thema bei der Gestaltung ihrer Marketinginstrumente zurückgreifen. Beispiele für das Marketing mit Sport sind die Nutzung von Sportveranstaltungen durch Brauereien als Distributionskanal oder das Angebot von Kreditkarten mit Bezug zu einem Fußballteam (z. B. *FC Bayern MasterCard* der *Hypovereinsbank*[1]). Ein weiterer wichtiger Anwendungsbereich des Marketings mit Sport ist der Rückgriff auf Sportthemen zur inhaltlichen Gestaltung von Kommunikationsinstrumenten (z. B. Werbung, Sponsoring oder Eventmarketing). Dabei kann der Sport einerseits eine **periphere Funktion** übernehmen. In diesem Fall kommen sportbezogene Stimuli (z. B. Bilder von Sportlern) bei der formalen Gestaltung einzelner Kommunikationsmittel zum Einsatz, ohne das jedoch inhaltlich tiefer auf das Thema Sport eingegangen wird (z. B. Werbespot, in dem ein Sportler nach seinem Training eine bestimmte PKW-Marke nutzt) (vgl. Fullerton/Merz 2008, S. 97). Andererseits kann Sport eine **zentrale Funktion** erhalten, indem er – im Sinne des Konzeptes der Integrierten Kommunikation (vgl. Bruhn 2009) – als Plattform zur formalen und inhaltlichen Ausgestaltung der Marketingkommunikation dient (vgl. Drengner 2013a, S. 68ff.; Kiendl 2007, S. 130). In diesem Fall kann das Kommunikationsinstrument des Eventmarketings aufgrund seiner konstituierenden Merkmale (z. B. Erlebnisorientierung, Multisensualität, aktive Einbeziehung der Konsumenten; vgl. Zanger/Drengner 2009, S. 198f.) eine Leitfunktion übernehmen.

Das Ziel des vorliegenden Beitrags besteht darin, theoretisch gestützte Handlungsempfehlungen für die Nutzung des Sports im Rahmen des Eventmarketings zu erarbeiten. Da der Sport eine Vielzahl außergewöhnlicher Erfahrungen (Erlebnisse) bei den Zielgruppen auslösen kann, wird zunächst der Begriff der Sporterlebniswelt eingeführt und definiert. Anschließend erfolgt aus der Perspektive der Konsumentenverhaltensforschung eine Analyse der Prozesse, anhand derer sich die Bindung der Konsumenten an Sporterlebniswelten erklären lassen. Aufbauend auf diesen Erkenntnissen werden Hinweise für das strategische und operative Eventmanagement gegeben. Zum Abschluss stehen verschiedene Risiken beim Einsatz von Sporterlebniswelten im Rahmen des Eventmarketings und Ansätze zu deren Vermeidung im Mittelpunkt der Diskussion.

2 Sporterlebniswelten

Aufgrund seiner Bedeutung für die Freizeitgestaltung können der aktive und passive Sportkonsum als Teil des menschlichen Alltags betrachtet werden (z. B. regelmäßiger Besuch eines Fitnessstudios oder der Spiele eines Fußballvereins). Dies birgt für Un-

[1] vgl. http://www.hypovereinsbank.de/portal?view=/privatkunden/191057.jsp, letzter Abruf: 03.02.2013.

ternehmen die Chance, mit sportbezogenen Kommunikationsmaßnahmen ihre Zielgruppen in deren **natürlichem Lebensumfeld** anzusprechen und somit die gesetzten Kommunikationsziele besser zu erreichen als dies mit künstlich inszenierten Kommunikationsmaßnahmen der Fall wäre. Weiterhin bietet der Sportkonsum immer wieder Erfahrungen, die die Konsumenten als nicht-alltäglich und außergewöhnlich empfinden. Sport besitzt somit das Potential, das Bedürfnis der Menschen in westlichen Gesellschaften nach **positiven Erlebnissen** (vgl. Gröppel-Klein 2012, S. 41ff.) befriedigen zu können und bildet somit eine gute Grundlage für die Gestaltung erlebnisorientierter Kommunikationsinstrumente wie dem Eventmarketing (vgl. Zanger/Schweizer 2003).

Der Begriff des **Erlebnisses** bezeichnet in diesem Kontext ein subjektiv empfundenes Konglomerat verschiedener außergewöhnlicher, temporärer Erfahrungen eines Konsumenten, die als Reaktion auf seinen Kontakt mit einem Stimulus (z. B. Sportveranstaltung) entstehen (vgl. Drengner/Jahn 2012, S. 230). Wie Tab. *1* zeigt, werden in der Eventforschung mehrere Arten dieser Erfahrungen bzw. Erlebnisfacetten differenziert, die sich auch auf den Sportkontext übertragen lassen. Empfindet eine Person diese Erfahrungen als außergewöhnlich und einzigartig, kann das als Erlebnis bezeichnet werden, wobei die **Erlebnisqualität** von der Stärke der Ausprägung der einzelnen Facetten abhängt. Eine zentrale Rolle spielen dabei vor allem die individuell-emotionalen Erfahrungen. Einerseits wird deren Qualität von den anderen Erlebnisfacetten beeinflusst, andererseits haben sie vergleichsweise starke Wirkungen auf das Konsumentenverhalten (vgl. Drengner/Jahn 2012, S. 238ff.).

Tab. 1: Facetten von Erlebnissen beim aktiven und passiven Sportkonsum

Erlebnisfacette	Beschreibung
Sensorische Erfahrungen	...beschreiben außergewöhnliche Erfahrungen, die auf den durch einen Stimulus ausgelösten visuellen, auditiven, haptischen, olfaktorischen, gustatorischen, thermalen oder kinästhetischen Sinneseindrücken des Individuums beruhen. Beispiele: Gleichgewichtsänderungen beim Skifahren; Betrachten der Schönheit der Bewegungen von Sportlern beim Eiskunstlauf
Intellektuelle Erfahrungen	...beschreiben außergewöhnliche Erfahrungen, die mit der geistigen Auseinandersetzung mit einem Stimulus einhergehen. Beispiele: Erlernen von Techniken und Bewegungsabläufen bei Teilnahme an einem Tauchkurs; Erlernen von Techniken, Bewegungsabläufen und Taktiken durch Beobachtung professioneller Handballer als Zuschauer der Handball-WM
Relationale Erfahrungen	...beschreiben außergewöhnliche Erfahrungen, die auf den sozialen Kontakten mit anderen Menschen beruhen. Beispiele: Verbundenheitsgefühl zwischen den Mitgliedern eines Sportvereins; Gemeinschaftsgefühl zwischen den Fans einer Fußballmannschaft
Individuell-emotionale Erfahrungen	...beschreiben außergewöhnliche Erfahrungen, die mit Emotionen verknüpft sind. Beispiele: Freude an einer Wildwasserrafting-Tour; Trauer über die Niederlage eines Sportlers, den man bewundert
Kollektiv-emotionale Erfahrungen	...beschreiben außergewöhnliche Erfahrungen, die auf sozial geteilten Emotionen mit anderen Menschen beruhen. Beispiele: gemeinsame Freude eines Fußballteams über den errungenen Sieg; begeisternde Stimmung unter den Zuschauern eines Fußballspiels
Transzendente Erfahrungen	... beschreiben eine als angenehm empfundene zeitweise Entkopplung des Individuums von Zeit und Alltag. Beispiele: *Peak-Experience* während eines Marathonlaufs; *Flow*-Erlebnis[2] während des Betrachten eines spannenden Fußballspiels

Quellen: Jahn/Drengner 2013; Drengner/Jahn 2012

Für ein Verständnis des Phänomens der Sporterlebniswelt muss weiterhin der Begriff des **Sports** definiert werden. Obwohl jeder Mensch eine intuitive Vorstellung davon hat, was unter Sport zu verstehen ist, hat sich in den Sportwissenschaften (z. B. Sportsoziologie, -psychologie oder -ökonomie) bisher noch keine einheitliche Begriffsauffassung durchgesetzt (vgl. z. B. Drengner 2013a, S. 68ff.; Heinemann 2007, S. 53ff.; Haverkamp/Willimczik 2005). Aus Sicht des Marketings erscheint es sinnvoll, sich aus der Perspektive der Nachfrager von sportlichen Angeboten dem Begriff des Sports zu nähern, weshalb hier dem Sportverständnis von Wopp (2006, S. 24) gefolgt wird. Dieser definiert Sport als Lösung von hauptsächlich körperlichen Bewegungsaufgaben, die von den Konsumenten als Sport bezeichnet werden. Obwohl diese Begriffsauffassung einen Zirkelschluss enthält, wird sie an dieser Stelle als sinnvoll erachtet,

[2] Eine differenziert Betrachtung transzendenter Erfahrungen im Sport (z. B. Peak-Experience, Flow-Erleben) bieten Jackson und Kimiecik (2008).

da sie die **Perspektive der Konsumenten** einnimmt und somit auch Handlungen umfasst, die nach anderen, enger gefassten Definitionen nicht als Sport gelten würden (vgl. Drengner 2013a, S. 71). Dieses Vorgehen erscheint schließlich auch deshalb angebracht, da sich Unternehmen bei der Auswahl von Sportarten für ihre Zielgruppenkommunikation weniger auf eng gefasste sportwissenschaftliche Definitionen stützen, sondern an den Bedürfnissen ihrer Zielgruppen orientieren.

Wie die Beispiele in der Einleitung illustrieren, lässt sich die Nachfrage nach Sportangeboten in aktiven und passiven Konsum aufteilen. **Aktiver Sportkonsum** beschreibt die Nachfrage nach Angeboten der aktiven Ausübung von Sportarten. Der **passive Sportkonsum** erwächst hingegen aus dem Interesse der Konsumenten an einer passiven Partizipation an den sportlichen Aktivitäten Dritter (vgl. Hermanns/Riedmüller 2008, S. 42), wobei die Rezeption entweder direkt am Ort des Geschehens (z. B. im Stadion) oder via medialer Übertragung (z. B. im Fernsehen) erfolgt. Somit bildet der aktive Sportkonsum auf dem sog. Sportlermarkt die Ausgangsbasis für den passiven Konsum auf dem sog. Zuschauermarkt. In beiden Bereichen des Sportmarktes sind eine Vielzahl von Akteuren (z. B. Zuschauer, aktive Sportler, Vereine, Verbände) tätig, die eine Fülle von Angeboten (z. B. Veranstaltungen, Sportligen, Trainingsangebote) für potentielle Konsumerlebnisse erstellen (vgl. Hermanns/Riedmüller 2008; Woratschek 2002, S. 2f.).

Dies zusammenfassend lässt sich der Begriff der **Sporterlebniswelt** definieren als ein von verschiedenen Akteuren inszenierter, auf aktiven oder passiven Konsum einer Sportart fokussierter Themenbereich, der durch Veranstaltungen, Ligen bzw. Serien, Persönlichkeiten und/oder Institutionen bzw. Organisationen gekennzeichnet ist und dem Konsumenten Erlebnisse mit unterschiedlicher Qualität bieten kann (vgl. Drengner 2013a, S. 74). So ist beispielweise die Sporterlebniswelt des Fußballs durch verschiedene Turniere (z. B. Fußball-WM), Ligen (z. B. Bundesliga, Champions-League), Verbände (z. B. DFB, UEFA, FIFA), Sportvereine und Sportler sowie Fanclubs gekennzeichnet, die die Quelle der in Tabelle 1 aufgeführten Arten von außergewöhnlichen Erfahrungen und damit Erlebnissen sein können.

3 Verstehen der Konsumprozesse in Sporterlebniswelten

Für einen erfolgreichen Einsatz von Sporterlebniswelten bzw. ihren Akteuren und Angeboten (im Folgenden zusammenfassend als Entitäten bezeichnet) im Rahmen des Eventmanagements müssen Unternehmen zunächst ein Verständnis für die Konsumprozesse innerhalb von Sporterlebniswelten aufbauen. Einen fundierten holistischen

Bezugsrahmen bietet dafür das Psychological Continuum Model (PCM) von Funk und James (2006, 2001), in den sich die bisherigen vielfältigen Ergebnisse psychologischer und soziologischer Studien zum aktiven und passiven Sportkonsum integrieren lassen (vgl. Drengner 2013a, S. 101ff.). Das Modell besteht aus vier aufeinander aufbauenden, idealtypischen, fließend ineinander übergehenden Stufen, welche in der folgenden Abbildung dargestellt sind.

Abb. 1: Das Psychological Continuum Model

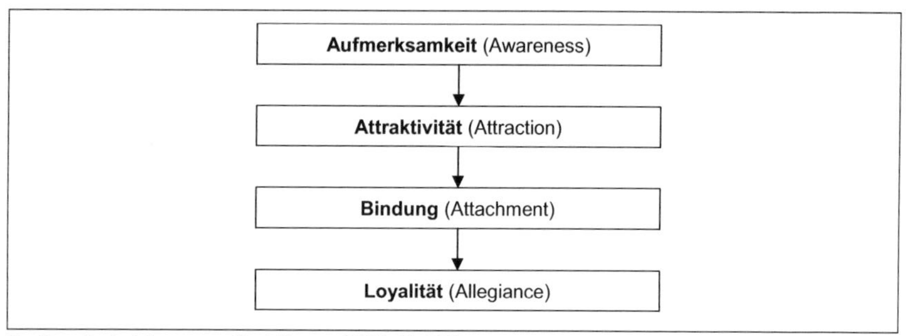

Quellen: in Anlehnung an Funk/James (2001, S. 122)

Es wird in diesem Modell davon ausgegangen, dass ein Individuum in der ersten Stufe zunächst **Aufmerksamkeit** gegenüber einer Sporterlebniswelt entwickelt, was sich anhand verschiedener Phänomene aus der Umwelt des Konsumenten erklären lässt (vgl. Tab. 2). Das dabei erworbene Wissen kann in einem nächsten Schritt dazu führen, dass die Sporterlebniswelt für das Individuum ein gewisses Maß an **Attraktivität** gewinnt. Diese zweite Stufe ist erreicht, wenn die Person die Sporterlebniswelt für aktiven oder passiven Sportkonsum nutzt, indem sie die jeweilige Sportart aktiv ausübt oder Vorlieben für ein bestimmtes Sportteam oder einen Sportler entwickelt. Erklären lässt sich das Entstehen von Attraktivität anhand von Konstrukten wie den Motiven des aktiven und passiven Sportkonsums, dem Involvement oder den während des Sportkonsums auftretenden Erlebnissen (vgl. Tab. 2).

Tab. 2: Konzepte zur Erklärung der einzelnen Stufen des PCM

Stufe des PCM	Konzepte
Aufmerksamkeit	• nähere soziale Umwelt (z. B. Eltern, Freunde) • weitere soziale Umwelt (z. B. soziale Schicht, Milieu) • Medienumwelt (z. B. Präsenz einer Sporterlebniswelt im Fernsehen) • physische Umwelt (z. B. geographische Gegebenheiten, wie alpine Gebirge)
Attraktivität	• Motive des passiven Sportkonsums (z. B. Aufbau sozialer Kontakte, Steigerung des Selbstwertgefühls, Alltagsflucht) • Motive des aktiven Sportkonsums (z. B. Erhalt der Gesundheit, Abbau von Stress, Aufbau sozialer Kontakte) • Involvement gegenüber den Akteuren und Angeboten (Entitäten) der Sporterlebniswelt • Erlebnisse beim passiven oder aktiven Sportkonsum (vgl. Tab. 1)
Bindung	• funktionale Bedeutung • emotionale Bedeutung • relationale Bedeutung • symbolische Bedeutung
Loyalität	• Commitment • Fan-Identität

Quelle: Drengner (2013a, S. 105ff.)

Lernt ein Individuum, dass eine Sporterlebniswelt besonders geeignet ist, seine Motive zu befriedigen oder bei ihm positive Konsumerlebnisse auszulösen, so führt das in einem dritten Schritt zu einer engeren psychischen **Bindung** an die Erlebniswelt (vgl. Abb. 1). Der aktive und/oder passive Konsum innerhalb der Sporterlebniswelt gewinnt damit stärker an persönlicher Bedeutung und die Sporterlebniswelt bzw. Teile davon werden zu einem wichtigen Teil der Identität des Individuums (z. B. „Ich bin ein Surfer", „Ich bin ein Fan des Sportclubs X.").

Da Sporterlebniswelten sehr vielschichtig sind, kann die enge Bindung des Konsumenten an die Sporterlebniswelt für ihn mit mehreren Arten miteinander verknüpfter Bedeutungen einhergehen (vgl. Drengner 2013a, S. 132ff.; Seippel 2006) (vgl. Tab. 2). So erhält eine Sporterlebniswelt eine **funktionale Bedeutung**, wenn er die Sporterlebniswelt als besonders geeignet ansieht, seine individuellen Ziele zu erreichen. So können beispielsweise Menschen durch aktiven Sportkonsum den Teil ihres Selbstkonzepts stärken, der sich auf den eigenen Körper bezieht (vgl. Stiller/Alfermann 2005, S. 121). Dies geschieht, indem sie durch regelmäßiges Sporttreiben ihr physisches und psychisches Wohlbefinden oder ihr Erscheinungsbild verbessern. Weiterhin bietet ihnen die sportliche Betätigung die Möglichkeit, die eigene Leistungsfähigkeit zu steigern sowie ihr Bedürfnis nach Bewegung oder bestimmten (außergewöhnlichen) sensorischen Erfahrungen zu stillen. Auch der passive Sportkonsum kann funktionale Bedeutung erlangen, wenn eine Person eine Sporterlebniswelt als besonders passend beurteilt, um beispielsweise ihr Bedürfnis nach Ablenkung und Alltagsflucht zu befriedigen.

Ferner können Sporterlebniswelten für Konsumenten eine **emotionale Bedeutung** besitzen, da sie in besonderem Maße geeignet sind, (außergewöhnliche) emotionale Erfahrungen auf individueller oder kollektiver Ebene sowie transzendente Erfahrungen auszulösen (vgl. Tab. 1) (vgl. Drengner 2013a, S. 143ff.). Darüber hinaus besteht die Möglichkeit, dass eine Sporterlebniswelt **relationale Bedeutung** annimmt, wenn ein Individuum durch seinen Sportkonsum soziale Kontakte aufbaut oder diese pflegt.

Sporterlebniswelten können für den Einzelnen schließlich eine **symbolische Bedeutung** erlangen, da sie den Konsumenten vielfältige Möglichkeiten bieten, die eigene Identität zu beeinflussen. Dies lässt sich damit begründen, dass sowohl durch die bewussten Inszenierungsprozesse innerhalb der Sporterlebniswelt (z. B. Inszenierung von Veranstaltungen, Mannschaften, Sportlern) als auch durch das (teilweise ungeplante) Handeln ihrer Akteure ständig Inhalte entstehen, die das Bild der Sporterlebniswelt in der Öffentlichkeit prägen. In Anlehnung an das Meaning-Transfer-Modell von McCracken (1986) greifen Individuen durch aktiven oder passiven Sportkonsum auf Sporterlebniswelten bzw. deren Entitäten (z. B. Sportverein, Sportler) zurück, um die damit verknüpften Assoziationen auf die eigene Person zu übertragen. Beim passiven Sportkonsum geschieht dies beispielsweise durch das Phänomen des BIRGing (Basking In Reflected Glory) (vgl. Cialdini et al. 1976). Dieses „Sonnen im Ruhm Anderer“ dient der Stärkung des Selbstwertgefühls, indem die eigene Person bewusst mit einem erfolgreichen Sportteam in Verbindung gebracht wird (z. B. durch Nutzung von Merchandising-Produkten in der Öffentlichkeit) (vgl. Decrop/Derbaix 2010; Wann/Branscombe 1990; Cialdini et al. 1976). Ähnliches tritt beim aktiven Sportkonsum auf, wenn Konsumenten durch den Gebrauch bestimmter Marken ihre Zugehörigkeit zu einer Subkultur aus dem Bereich des Sports demonstrieren (vgl. Wheaton 2000), um einen Bedeutungstransfer von der Sporterlebniswelt auf die eigene Person zu erreichen.

Letztlich kann aus der Bindung auf einer vierten Stufe des PCM eine **Gefolgschaft** bzw. Loyalität gegenüber der Sporterlebniswelt bzw. ihren Akteuren resultieren (vgl. Abb. 1). Es entsteht eine stabile, dauerhafte und gegenüber störenden Einflüssen resistente Verbindung des Selbstkonzepts mit der Sporterlebniswelt, die sich in starkem

Commitment sowie konstantem Verhalten (z. B. regelmäßiges Training, regelmäßiger Besuch der Spiele eines Vereins) äußert. Das **Commitment** beschreibt dabei die Selbstverpflichtung des Konsumenten, seine Bindung an die Sporterlebniswelt auch zukünftig weiter aufrecht zu erhalten. Der Unterschied zur dritten Ebene des PCM besteht darin, dass das Commitment auf eine hohe Stabilität der Bindung verweist, die das Individuum auch dann beibehält, wenn Gründe für deren Auflösung bestehen (vgl. Drengner 2013a, S. 164f.). Bezüglich des passiven Sportkonsums wird das hohe Commitment meist in Form der sog. **Fan-Identität** konzeptualisiert (vgl. z. B. Gwinner/Swanson 2003; Fisher/Wakefield 1998), welche die Verbundenheit einer Person mit bestimmten Sportlern, Mannschaften oder Vereinen sowie die Bedeutung dieser Verbundenheit für das individuelle Selbstkonzept beschreibt (vgl. Beyer 2006, S. 97). Das Commitment äußert sich im Verhalten beispielsweise darin, wenn ein Fan seinem Lieblingsverein treu bleibt, auch wenn er mit dessen Leistung unzufrieden ist. Weiterhin belegen Solberg, Hanstad und Thøring (2010, S. 196), dass bei Personen mit einer starken Fan-Identität das sportliche Fehlverhalten ihres Idols (z. B. Doping) keine Schwächung der Loyalität gegenüber dem Sportler nach sich zieht.

4 Handlungsempfehlungen für die Nutzung von Sporterlebniswelten im Eventmarketing

4.1 Empfehlungen für strategische Entscheidungen

Aufbauend auf dem Wissen zu den Prozessen des aktiven und passiven Sportkonsums ist zunächst zu analysieren, ob die anvisierten **Eventzielgruppen** überhaupt über das Thema Sport erreicht werden können. Dazu sollten die Zielgruppen eine gewisse Bindung an den Sport im Allgemeinen bzw. an bestimmte Sporterlebniswelten im Besonderen aufweisen. Demnach reicht es nicht aus, wenn sie Kenntnis über die Existenz einer oder mehrerer Sporterlebniswelten besitzen (Stufe 1 des PCM; (vgl. Abb. 1)). Vielmehr müssen sie den Sport bzw. ausgewählte Sporterlebniswelten als potentielle Quellen zur Befriedigung ihrer individuellen Bedürfnisse bzw. Motive wahrnehmen. Bietet eine Sporterlebniswelt einer Person konkrete Anreize zur Motivbefriedigung, dann besteht die Chance, dass die Person ein hohes Involvement gegenüber der Sporterlebniswelt (Stufe 2 des PCM) und nach einiger Zeit auch eine engere Bindung an die Erlebniswelt entwickelt (Stufe 3 des PCM) und somit für sportbezogene Marketing-Events erreichbar wird. Darauf aufbauend ist zu entscheiden, ob die potentiellen Eventteilnehmer während des geplanten Events mittels aktivem oder passivem Sportkonsum oder über eine Kombination beider Formen für die Eventbotschaft aktiviert werden sollen.

Parallel dazu müssen Unternehmen darauf achten, dass der Einsatz von Sporterlebniswelten als inhaltliche Plattform zur Gestaltung von Events überhaupt geeignet ist, die gesetzten **Eventziele** erreichen zu können. Will beispielsweise ein Unternehmen zur Steigerung der **Bekanntheit** einer Marke besonders viele Konsumenten ansprechen, eignen sich hierfür Sporterlebniswelten mit breiter gesellschaftlicher Akzeptanz (z. B. Fußball in Deutschland). Da jedoch meist mehrere Marken mit ihren Kommunikationsmaßnahmen auf solche populären Sportarten zurückgreifen, besteht das Risiko, dass die Zielgruppen die Marketing-Events der einzelnen Marken als austauschbar wahrnehmen, womit die Kommunikationsmaßnahmen letztlich an Wirkung einbüßen (vgl. Sachse/Drengner 2010, S. 41). Deshalb gilt es bei der Auswahl der konkreten Sporterlebniswelt auch die Zahl der Unternehmen zu beachten, die diese Erlebniswelt bereits als Kommunikationsplattform einsetzen.

Besteht das Ziel in der **Beeinflussung des Images** einer Marke, muss bei der Auswahl der konkreten Sporterlebniswelt geprüft werden, welche Inhalte die Zielgruppen mit der Erlebniswelt verknüpfen. Da sich diese Bedeutungen durch das Eventmarketing über Transferprozesse auf die Marke übertragen (vgl. Drengner 2008; McCracken 1986), sollten nur solche Sporterlebniswelten zum Einsatz kommen, die die gewünschten Assoziationen (z. B. Dynamik, Erfolg, Spannung) besitzen.

Weiterhin können Unternehmen mittels Eventmarketing **Kundenbeziehungen** aufbauen und pflegen (vgl. Drengner 2013b). Da Beziehungen immer auf den Interaktionen der Beziehungspartner basieren (vgl. Fournier 1998, S. 346), sollten insb. solche Sporterlebniswelten zur Gestaltung von Marketing-Events eingesetzt werden, die Interaktionen zwischen dem Unternehmen bzw. seinen Leistungen auf der einen Seite und den Eventzielgruppen auf der anderen Seite ermöglichen. Potential für Interaktionen besitzen insbesondere Veranstaltungen, in denen die Zielgruppen selbst aktiv werden können. Deshalb empfiehlt sich die Wahl von Erlebniswelten, mit deren Hilfe den Eventzielgruppen Möglichkeiten für einen aktiven Sportkonsum während der Veranstaltung geboten werden können (z. B. Sportwettbewerbe zwischen Teilnehmern). Auch mit Hilfe von Events, die auf den passiven Sportkonsum fokussieren (Eventteilnehmer als Zuschauer), lassen sich Kundenbeziehungen stärken. In diesem Fall sollten Unternehmen jedoch zusätzlich Techniken zur aktiven Einbeziehung des Publikums einsetzen (z. B. Animation des Publikums durch den Stadionsprecher; Verteilen von

„Klatschelementen" zum Anfeuern der Sportler). Wichtig ist in beiden Fällen, dass das im Mittelpunkt des Events stehende Objekt (z. B. Marke, Unternehmen) durch die kreative Gestaltung des Events möglichst eng in diese Aktivitäten eingebunden wird (z. B. Eventobjekt als Teil des Sportwettbewerbs; Markierung der „Klatschelemente" mit dem Logo des Eventobjekts).

Eine wichtige Variable, die die Erreichung verschiedener Kommunikationsziele (z. B. Steigerung der Bekanntheit, Imagetransfer) moderiert, ist die **Passfähigkeit** zwischen dem Inhalt der Kommunikationsmaßnahme und dem Objekt, welches im Mittelpunkt dieser Maßnahme steht (vgl. Drengner 2013a, S. 245ff). Somit sollte darauf geachtet werden, dass aus Sicht der Eventzielgruppen die Auswahl auf eine zum Eventobjekt passende Sporterlebniswelt fällt (vgl. Drengner/Jahn/Zanger 2011; Drengner/Gaus/Zanger 2004). In diesem Zusammenhang ist ebenfalls von Bedeutung, dass die Zielgruppen das Engagement eines Unternehmens in einer Sporterlebniswelt als authentisch bewerten. **Authentizität** liegt dann vor, wenn die Konsumenten das Handeln des Unternehmens als aufrichtig, wirklich oder wahrhaftig empfinden, wobei dieses Urteil vom jeweiligen Kontext, den Erfahrungen und den sozialen Kontakten des jeweiligen Individuums abhängt (vgl. Beverland/Farrelly 2010, S. 838f.). Unternehmen sollten deshalb bei der Gestaltung ihrer Marketing-Events die in der von ihnen gewählten Sporterlebniswelt üblichen symbolischen Objekte (z. B. Logos, Farben), Handlungen (z. B. Rituale, Verhaltenscodes, Semantiken) und Wertvorstellungen berücksichtigen, um nicht den Unmut der Konsumenten über eine vermeintliche Kommerzialisierung „ihrer" Sporterlebniswelt auf sich zu ziehen (vgl. Drengner 2013a, S. 286f.; Schlesinger 2008, S. 128f.).

Solche Probleme treten vor allem dann auf, wenn Unternehmen auf bereits etablierte Sporterlebniswelten (z. B. Fußball in Deutschland) zur Erreichung ihrer Kommunikationsziele zurückgreifen, da die Konsumenten mit diesen Erlebniswelten schon ein relativ stabiles Repertoire an Wertvorstellungen, Symboliken etc. verknüpfen. Alternativ besteht die Chance, mittels eigener Marketing-Events und begleitender Kommunikationsmaßnahmen (z. B. Social Media-Kommunikation) eigene, **neue Sporterlebniswelten** aufzubauen. Ein Beispiel dafür ist die Marke *Red Bull*, die nicht nur etablierte Sportarten (z. B. *Formel 1*), sondern auch Randsportarten (z. B. Surfen, Freeskiing, Go-Kart-Fahren, Tauziehen) zur Zielgruppenansprache einsetzt. So entwickelte die Marke aus der Kombination von Eishockey, Eisschnelllauf und Abfahrtslauf eine neue Wintersportart, welche den Kern der Eventserie *Red Bull Crashed Ice* bildet (vgl. Gorse/Chadwick/Burton 2010, S. 353). Ein ähnliche Strategie verfolgt der Entertainer Stefan Raab, der mit Sendungen wie *TV total WOK WM* oder der *TV total Autoball EM* etablierte Sporterlebniswelten (z. B. Bobfahren, Ballsportarten) aufgreift und diese kreativ verändert oder relativ unbekannte Sportarten (z. B. die asiatische Kampfsportart *Haidong Gumdo* oder die Eissportart *Curling*) für die Inszenierung seiner Fernsehshow *Schlag den Raab* einsetzt. Diese Beispiele zeigen, dass es durch Veränderungen der Dramaturgie von Sportarten (z. B. Variation von Regeln) oder durch die kreative Kombination von Elementen anderer Sporterlebniswelten (z. B. Eishockey, Eisschnelllauf) gelingen kann, interessante und publikumswirksame Veranstaltungsinhalte zu schaffen. Ein solches Vorgehen ist mit einem vergleichsweise hohen finanziellen Aufwand verbunden und birgt aufgrund der nicht vorhandenen Bindung der Konsumenten an die Erlebniswelt das Risiko des Scheiterns in sich. Gelingt es jedoch, die Erlebniswelt bei den Zielgruppen zu popularisieren, dann nimmt das veranstaltende Unternehmen nicht nur eine exklusive Position gegenüber seinen Wettbewerbern ein, sondern genießt aufgrund seines frühzeitigen Engagements hohe Glaubwürdigkeit und Authentizität, was wiederum die Erreichung der gesetzten Kommunikationsziele fördert (vgl. Drengner 2013a, S. 286f.).

Schließlich sollten Unternehmen auf strategischer Ebene darauf achten, eine Sporterlebniswelt nicht ausschließlich als Themenlieferant für Marketing-Events einzusetzen, sondern als **Plattform für die gesamte Kommunikationsstrategie** zu verstehen. Somit sollte das Eventmanagement inhaltliche Schnittstellen zu anderen Kommunikationsinstrumenten entwickelt. Dies kann beispielsweise durch eventbegleitende Social Media-Kommunikation erfolgen oder durch eine Anbindung der Marketing-Events an bereits bestehende Maßnahmen des Sportsponsorings (vgl. Hartmann 2012; Hermanns/Marwitz/Riedmüller 2003).

4.2 Empfehlungen für die operative Umsetzung

4.2.1 Grundlegende Empfehlungen

Ein wichtiger Faktor zur Erklärung von Konsumprozessen in Sporterlebniswelten sind die **Motive** der Konsumenten. Motive gelten dabei als zeitlich stabile Bewertungsneigungen eines Menschen, durch die bestimmt wird, ob und in welchem Ausmaß ein Stimulus einen oder mehrere Anreize für das Verhalten erhält (vgl. Puca/Langens 2008, S. 193). Vermutet demnach eine Person, dass eine Veranstaltung einen oder mehrere Anreize für die Erfüllung ihrer Motive bietet, dann beeinflusst dies deren Intention, das Event zu besuchen. Vor diesem Hintergrund besteht ein wichtiges Ziel des Eventmanagements darin, attraktive Veranstaltungen mit einem möglichst hohen Aufforderungscharakter zu kreieren. Ein solcher ist dann gegeben, wenn ein Marketing-Event genügend Anreize bietet, die zur Motivstruktur der anvisierten Zielgruppen passen (vgl. Beier 2001, S. 30f.).

Diese Erkenntnisse lassen sich sowohl für die Auswahl der Sporterlebniswelt auf strategischer Ebene als auch für die operative Umsetzung von Events nutzen. Dabei sollten diese Entscheidungen nicht auf einer vagen Bewertung eines relativ allgemeinen „Unterhaltungs- oder Erlebnispotentials" beruhen, sondern auf einer **differenzierten Analyse** der potentiellen Wünsche der anvisierten Zielgruppen. So haben empirische Studien sowohl eine Vielzahl verschiedener Motive des passiven und des aktiven Sportkonsums (vgl. zusammenfassend Drengner 2013a, S. 107ff.) als auch Anreizpotentiale von Sportarten (vgl. Zanger/Schweizer 2004; Beier 2001) identifiziert, die sich als Ausgangspunkt für entsprechende Managemententscheidungen eignen.

Auf operativer Ebene ist das Wissen über die Motive der Zielgruppen für die inhaltliche Gestaltung der **Kommunikation im Vorfeld** eines Events wichtig. Indem Unternehmen im Vorfeld deutlich machen, dass ihre Veranstaltung eine den Motiven ihrer Zielgruppen entsprechende Anreizstruktur besitzt, können sie die Attraktivität des Events und damit die Wahrscheinlichkeit einer Veranstaltungsteilnahme positiv beeinflussen. Weiterhin kann die Werbung mit bekannten und beliebten Sportlern, die an der Veranstaltung teilnehmen, das Interesse der potentiellen Eventbesucher steigern. Schließlich lässt sich im Vorfeld der Veranstaltung Spannung aufbauen, indem Konflikte zwischen den beteiligten Sportlern medial aufbereitet werden, um die Begegnung der Protagonisten als Duell zu inszenieren (vgl. Horky 2001, S. 116). Dabei ist zu beachten, dass das Event die in der Vorfeldkommunikation geweckten Erwartungen letztlich auch befriedigt. Gelingt dies nicht, besteht die Gefahr der Unzufriedenheit der Eventteilnehmer, was sich negativ auf das Erreichen der gesetzten Eventziele (z. B. Imagetransfer, Stärkung der Kundenbeziehung) auswirken kann.

Positive Wirkungen auf den Veranstaltungserfolg sind hingegen zu erwarten, wenn ein Event **positive Erlebnisse** bei den Teilnehmern hervorruft (vgl. Drengner/Jahn 2012; Drengner/Gaus/Jahn 2008). Da Erlebnisse verschiedene außergewöhnliche Erfahrungen umfassen können (vgl. Tab. 1), ist auf operativer Ebene zu entscheiden, welche dieser Erlebnisfacetten im Mittelpunkt der Eventinszenierung stehen sollen. Den Erlebnisrahmen bestimmt das Unternehmen durch die **Eventdramaturgie**, die den zeitlichen und inhaltlichen Handlungsablauf für die Veranstaltung festlegt (vgl. Zanger/Drengner 2009, S. 205). Im Gegensatz zur klassischen Theaterdramaturgie ist die Handlung im Sport jedoch keine frei erfundene Fiktion, sondern vielmehr ein reales Ereignis, in dessen Verlauf die Eventteilnehmer durch aktiven oder passiven Sportkonsum allein oder gemeinsam mit anderen Sportlern ihre individuellen Erlebnisse kreieren. Der unvorhergesehene Ablauf des sportlichen Geschehens bildet dabei einerseits eine attraktive Quelle für außergewöhnliche Erfahrungen, was jedoch andererseits das Risiko in sich birgt, dass die Eventhandlung nicht nach den Wünschen des Veranstalters verläuft (vgl. Schwier/Schauerte 2009, S. 424; Horky 2001, S. 110). Damit wird deutlich, dass Unternehmen mit einem Marketing-Event ihren Zielgruppen keine Erlebnisse per se bieten, sondern lediglich Angebote für potentiell außergewöhnliche positive Erfahrungen unterbreiten können (vgl. Drengner 2013b, S. 69).

Darüber hinaus ist für die Erreichung der gesetzten Kommunikationsziele eine enge **Verknüpfung der Erlebnisse mit dem Eventobjekt** notwendig (vgl. Zanger/Drengner 2009, S. 205). Dies kann auf direktem Weg erfolgen, indem das Eventobjekt (z. B. Produkt eines Sportartikelherstellers, Sportlernahrung) einen wichtigen Teil des sportlichen Geschehens bildet. Ist dies nicht möglich, empfiehlt sich eine indirekte Verknüpfung, bei der das Unternehmen als „Presenter“ des sportlichen Geschehens auftritt (vgl. Drengner 2013b, S. 70f.).

4.2.2 Empfehlungen zum Management emotionaler Erlebnisfacetten

Empirische Studien (vgl. z. B. Drengner/Jahn 2012; Drengner/Gaus/Jahn 2008; Lee et al. 2008; Schlesinger 2008; Martensen et al. 2007) weisen den **emotionalen Erlebnisfacetten** eine besonders wichtige Rolle für den Erfolg von Veranstaltungen und Marketing-Events zu, weshalb im Folgenden konkrete Handlungsempfehlungen für das operative Management dieser Facette im Mittelpunkt stehen. Die Ableitung der Hinweise erfolgt dabei hauptsächlich durch Rückgriff auf sportwissenschaftliche Erkenntnisse zum passiven Sportkonsum (vgl. Horky 2009; Schwier/Schauerte 2009; Schlesinger 2008; Horky 2001). Es ist jedoch zu vermuten, dass sich diese Handlungsempfehlungen auch auf Marketing-Events übertragen lassen, bei denen die Zielgruppen durch aktiven Sportkonsum angesprochen werden sollen.

Während bei klassischen Wettkämpfen das Handeln der beteiligten Sportler durch zahlreiche – meist tradierte – Normen und Regeln (z. B. Spieldauer, Zählweise, Feldgrößen) festgelegt ist, können Unternehmen im Rahmen ihres Eventmarketings durch die kreative Veränderung dieser Normen und Regeln das Erlebnispotential ihrer Marketing-Events beeinflussen (vgl. Schlesinger 2008, S. 121). Anknüpfungspunkte bieten dabei insbesondere die folgenden Faktoren, die einen starken Einfluss auf das **Spannungs- und Emotionalisierungspotential** von Sportveranstaltungen aufweisen (vgl. Schlesinger 2010; Horky 2009; Schwier/Schauerte 2009; Schlesinger 2008; Horky 2001):

- Die **Wettkampfstruktur** betrifft die Art und Weise der Auseinandersetzung zwischen den Sportlern, wobei sich ein Gegeneinander (z. B. Fußball, Boxen), ein Nebeneinander (z. B. 100-Meter-Lauf) oder ein Hintereinander der Kontrahenten (z. B. Bob-Sport) unterscheiden lassen. Vor allem das Gegeneinander gilt aufgrund der unmittelbaren Konfrontation der Rivalen sowie der einfachen und schnellen Nachvollziehbarkeit des aktuellen Standes des Wettkampfes (z. B. Spielstand) als besonders spannungsgeladen. Bei den anderen beiden Typen der Wettkampfstruktur kann das Emotionalisierungspotential dadurch beeinträchtigt sein, dass die Entscheidung über Sieg oder Niederlage nicht immer sofort sichtbar ist, da zusätzliche Informationen benötigt werden (z. B. Zielfoto, Messung von Entfernungen) oder der Sieger erst am Wettkampfende feststeht.

- Dauerhafte Spannung entsteht vor allem dann, wenn die Entscheidung über Sieg oder Niederlage erst am Ende der sportlichen Auseinandersetzung fällt und nicht bereits vorher absehbar ist. Um vorzeitige Entscheidungen zu vermeiden und damit Langeweile bei den Eventteilnehmern hervorzurufen, sollten deshalb Sportler bzw. Mannschaften gegeneinander antreten, die ein **vergleichbares Leistungsniveau** aufweisen.

- Das Spannungspotential lässt sich auch durch die **Verlaufsform** steuern, die den Einfluss des Zufalls auf den weiteren Verlauf der sportlichen Auseinandersetzung betrifft. Beruht das sportliche Geschehen auf Unwägbarkeiten (z. B. Elfmeterschießen, Strafzeiten beim Biathlon), so bietet dies mehr Spannung als bei Sportarten, bei denen ab einem bestimmten Zeitpunkt kaum noch Veränderungen des Geschehens zu erwarten sind.

- Die **Variabilität** umfasst die Bewegungsspielräume, über die die Sportler verfügen. Dabei gelten vor allem solche Sportspiele als besonders emotionalisierend, die ein hohes Bewegungs- bzw. Variationspotential aufweisen (z. B. Handball).

- Eng mit der Variabilität ist die **Aktionsdichte** verknüpft, welche sich auf die Anzahl der sportlichen Bewegungen während eines Wettkampfes bezieht. Je mehr sportliche Handlungssequenzen dabei auf einem engen Raum stattfinden, um so spannender empfindet das Publikum diese Aktionen. Dies lässt sich beispielsweise durch Vereinfachung der Regeln sowie die Verkleinerung der Spielflächen gekoppelt mit einer Verkürzung der Spielzeit erreichen (z. B. *Beachsoccer*).

- Eine Grundvoraussetzung der Emotionalisierung besteht darin, dass sowohl die Regeln der Sportart als auch die Bewertung des Erfolgs der sportlichen Handlungen (z. B. anhand von Punkten, Zeiten, Höhen) für die Eventbesucher eine hohe **Transparenz** und Nachvollziehbarkeit besitzen. Dies kann beispielsweise durch aufklärende Kommunikationsmaßnahmen vor der Veranstaltung, durch leicht nachvollziehbare Regeln oder durch die Moderation während des Events erreicht werden. Weiterhin erhöht der Einsatz von Großbildwänden die Anschaulichkeit des Geschehens.

- Bei einigen Sportarten führen **ästhetische Gegebenheiten**, wie die athletischen Körper der Sportler oder die mit der Sportart verbundenen Bewegungsabläufe, ebenfalls zu emotionalen Erlebnissen (z. B. beim Eiskunstlauf).

- Emotionalisierungspotential bietet auch der **Kontext**, in welchem das Marketing-Event eingebettet wird. So lässt sich die mit populären Sportgroßveranstaltungen (z. B. Fußball-Welt- und Europameisterschaften, Olympische Spiele) verbundene Dramatik nutzen, indem parallel eigene Veranstaltungen stattfinden, die auf das Ereignis Bezug nehmen. Wie bereits erörtert, ist dabei jedoch zu beachten, dass häufig auch andere Unternehmen solche Gelegenheit für ihre Kommunikationsmaßnahmen nutzen, was die Wirkung des eigenen Events einschränken kann (vgl. Sachse/Drengner 2010).

- Weiterhin lässt sich über die **Rekrutierung prominenter Eventteilnehmer** das Spannungspotential beeinflussen. Wie die bereits erwähnten TV-Shows des Entertainers Stefan Raab (z. B. *TV total WOK WM*, *TV total Autoball EM*) episodenhaft belegen, müssen die prominenten Eventteilnehmer nicht zwangsweise populäre Sportler sein. Vielmehr scheint es ausreichend, mehr oder minder bekannte Prominenz aus der Unterhaltungsbranche (z. B. Schauspieler, Musiker) als aktive Eventteilnehmer zu verpflichten, um die Zielgruppen zu emotionalisieren.

- Zusätzlich kann **theatralisches Verhalten ausgewählter Eventteilnehmer** zur Emotionalisierung beitragen (z. B. durch exzessives Jubeln, Gesten gegenüber dem Gegner). In Extremform lässt sich das beim *Wrestling* beobachten, bei dem die beteiligten Sportler eine „rituelle Konfrontation zwischen Gut und Böse" (Schwier/Schauerte 2009, S. 435) inszenieren.

- Durch die **Wahl und Gestaltung des Veranstaltungsortes** lassen sich ebenfalls emotionalisierende Wirkungen erreichen. Dies ist beispielsweise der Fall, wenn der Veranstalter die sportliche Auseinandersetzung aus dem Kontext ihrer angestammten Sportstätte löst und an einen ungewöhnlichen Ort verlegt (z. B. *Biathlon auf Schalke, Red Bull Art of Motion* [3]). Weiterhin kann durch die bauliche Gestaltung des Veranstaltungsortes die meist übliche räumliche Trennung zwischen den Sportlern und Zuschauern abgebaut werden. Dies begünstigt die Interaktionen sowohl zwischen den Sportlern und den Zuschauern als auch zwischen den Zuschauern selbst, was wiederum durch Prozesse der sog. emotionalen Ansteckung (vgl. Hatfield/Cacioppo/Rapson 1993) zu außergewöhnlichen kollektiv-emotionalen Erfahrungen der Eventteilnehmer führen kann.

Der Prozess der **emotionalen Ansteckung** beschreibt dabei die Übertragung von Emotionen von einer Person auf eine andere. Er basiert auf der menschlichen Tendenz zur Nachahmung emotionalen Verhaltens anderer Konsumenten (z. B. Gesichtsausdrücke, Gestiken, Gesänge), um sich diesen emotional anzugleichen (vgl. Hatfield/Cacioppo/Rapson 1993, S. 96ff.). Für das Auftreten dieses Phänomens muss seitens des Individuums zunächst eine „Immunschwelle“ überwunden werden. Erst wenn der Einzelne die von ihm in seinem unmittelbaren sozialen Umwelt (z. B. andere Eventteilnehmer, Sportler, Moderatoren) beobachteten Emotionen (z. B. Begeisterung) annimmt, kann es zu einer Verbreitung der Emotionen in größeren Menschenansammlungen kommen (vgl. Schlesinger 2010, S. 141; Riedl 2008, S. 238f.), was letztlich zu der für Sportveranstaltungen charakteristischen Atmosphäre führt. Einen wichtigen Katalysator dieses Prozesses bildet die **Identifikation** des Anzusteckenden mit dem Ansteckenden. Je eher ein Konsument sich seinem unmittelbaren sozialen Umfeld zugehörig fühlt, desto eher kommt es zu einer Übertragung von Emotionen (vgl. Drengner/Jahn/Gaus 2012). Wichtig ist außerdem, dass die Beteiligten über das gleiche Repertoire an sog. **Emotionsregeln** verfügen. Diese legen fest, welche Emotionen Menschen in bestimmten Situationen in welchem Maße fühlen und zeigen sollten (vgl. Fiehler 1990, S. 77f.). So werden in einigen Sportarten (z. B. Fußball, Eishockey) aggressives Verhalten und Beleidigungen des Gegners durch Sportler und Zuschauer bis zu einem gewissen Maß toleriert, während diese Formen des Emotionsausdrucks bei anderen Sportarten (z. B. Golf, Eiskunstlauf) keine Akzeptanz finden. Erst wenn die

---

[3] Biathlon auf Schalke: Biathlonwettkampf in einem Fußballstadion; Red Bull Art of Motion: Freerunning-Event, der 2012 in der Kulisse eines griechischen Küstenorts stattfand.

miteinander interagierenden Personen den gleichen Emotionsregeln folgen, können emotionale Ansteckungsprozesse auftreten (vgl. Drengner 2013a, S. 157; Riedl 2008, S. 234ff.; Schlesinger 2008, S. 91ff.).

Damit wird wiederholt deutlich, dass Unternehmen im Rahmen ihrer Eventdramaturgie lediglich den Rahmen für die Entstehung von Erlebnissen (hier: kollektiv-emotionale Erfahrungen) bieten können. Um innerhalb dieses Rahmens kollektiv-emotionale Erfahrungen durch die Eventinszenierung zu forcieren, ist zunächst mittels Marktforschung **Wissen über die Sporterlebniswelt sowie die Spezifika der anvisierten Zielgruppen** (z. B. Grad der Identifikation der Eventteilnehmer, erlebnisweltspezifische Emotionsregeln) zu generieren. Aufbauend auf diesen Kenntnissen kann während der Veranstaltung mit passenden **Inszenierungselementen** versucht werden, die gewünschten Emotionen hervorzurufen sowie Ansteckungsprozesse (z. B. La-Ola-Wellen, gemeinsames Singen) anzustoßen (vgl. Riedl 2008, S. 246). Hierzu zählen beispielsweise die Dramatisierung des Geschehens (z. B. Anfeuerungen) durch Moderatoren oder durch die Sportler selbst, der Einsatz von Musik und Lichteffekten, Choreographien zur aktiven Einbeziehung des Publikums sowie die bereits erwähnte Begünstigung von Interaktionen durch die bauliche Gestaltung des Veranstaltungsortes. Schließlich lassen sich durch den Einsatz von Bekleidung, Symbolen, Ritualen etc. eventuelle **soziale Differenzen zwischen Eventteilnehmer abbauen**, um damit deren Zusammengehörigkeitsgefühl zu stärken (vgl. Decrop/Derbaix 2010, S. 592f.).

5 Risiken der Nutzung von Sporterlebniswelten als Kommunikationsplattform

Ein wichtiger Grund, warum Unternehmen im Eventmarketing auf das Thema Sport zurückgreifen, liegt im Transfer positiver Imagebestandteile der Sporterlebniswelt auf das Eventobjekt (vgl. Drengner 2008, S.115ff.). Bei dauerhafter Nutzung des Sports als Kommunikationsplattform ist dabei – i. S. eines Monitoring – zu berücksichtigen, dass sich die mit einer Sporterlebniswelt verknüpfen Assoziationen aufgrund des Verhaltens ihrer Akteure ständig verändern. Dies gilt insbesondere für Ereignisse, die potentiell das öffentliche Bild der Sporterlebniswelt negativ beeinflussen. Als Beispiele lassen sich hier Doping, unsportliches Verhalten von Fans (z. B. Ausschreitungen, Rassismus), die Manipulation von Wettkämpfen (z. B. bei sog „Wettskandalen") oder private Verfehlungen von Sportlern (z. B. Sex-Affäre des Golfspielers Tiger Woods, Mordanklage gegen den Paralympics-Star Oscar Pistorius) nennen. Besteht aufgrund solcher Vorfälle das **Risiko eines Transfers negativer Imagebestandteile** auf das

Eventobjekt, sollte das Unternehmen die Weiterführung seines Engagements in der betroffenen Erlebniswelt kritisch prüfen.

Ein weiteres Problem liegt darin, dass manche Konsumenten eine **negative Einstellung zur Kommerzialisierung** einer Sporterlebniswelt entwickeln, wenn sie das Engagement von Unternehmen als bedrohend für den Sport bewerten (vgl. Zhang/Won/Pastore 2005, S. 178f.). Solche Bedrohungen könnten beispielweise die – aus Sicht der Fans ungerechtfertigte – Veränderung von Spielregeln sein, um die Sportart „mediengerechter“ zu gestalten. Ein weiteres Beispiel bietet der Fußballclub *SV Werder Bremen*, der im Jahr 2012 den Geflügelproduzent *Wiesenhof* als neuen Sponsor präsentierte. *Wiesenhof* stand bereits einige Zeit vor Bekanntgabe des Sponsoringvertrages wegen vermeintlich unethischer Tierhaltung im Fokus der öffentlichen Kritik. Dies führte dazu, dass einige Werder-Fans diesen Sponsor als unpassend zu den Werten ihres Vereins beurteilten und gegen das Sponsoring protestierten (z. B. in Form einer Facebook-Seite mit zeitweise mehr als 20.000 Mitgliedern[4]). Ähnliche Reaktionen zeigten Fußballfans beim Einstieg von *Red Bull* in den Fußballsport. Dort führte die Veränderung des Namens eines existierenden Vereins (*Austria Salzburg*) in *Red Bull Salzburg* sowie die Gründung des Vereins *RB Leipzig* zu harscher Kritik an der Marke. Boyd (2000) begründet die Ursache für solche Proteste am Beispiel der Umbenennung von Stadien im Rahmen des Namenssponsorings damit, dass Unternehmen mit der kommerziellen Nutzung des Sports die **symbolische Bedeutung** von Erlebniswelten verändern. So kann das Namenssponsoring nostalgische Erinnerungen oder die Heimatgefühle zerstören, die Fans mit einer Sportstätte verbinden. Bewerten Konsumenten solche Entwicklungen als einen „unerlaubten“ Eingriff in ihre Lebenswelten, resultieren daraus entsprechende Gegenreaktionen. Damit wird deutlich, dass sich Unternehmen im Vorfeld ihres Engagements in einer Sporterlebniswelt ausführlich mit den Konsumprozessen der von ihnen anvisierten Sporterlebniswelten auseinandersetzen sollten, um solche Probleme zu vermeiden oder wenigstens zu minimieren.

Da sportliche Handlungen per se ergebnisoffen sind, besteht bei der Inszenierung von Marketing-Events auf operative Ebene das Risiko, dass Unternehmen **keine vollständige Kontrolle über den dramaturgischen Ablauf** ihrer Veranstaltung besitzen. Un-

---

[4] vgl. https://www.facebook.com/pages/Wiesenhof-als-Werder-Sponsor-NEIN-Danke/456675767698661?ref=ts&fref=ts

problematisch ist zunächst das Erleben negativer Emotionen (z. B. Enttäuschung), die als ein Teil des Sports akzeptiert sind und von den Menschen sogar bewusst durch aktiven und passiven Sportkonsums herbeigeführt werden (vgl. Drengner 2013a, S. 152ff.; Andrade/Cohen 2007). Um dennoch zu großen Enttäuschungen der Eventteilnehmer entgegenzuwirken, bietet es sich an, das sportliche Geschehen mit einem positiv emotionalisierenden Rahmenprogramm zu verknüpfen (z. B. Auftritte von Künstlern, Catering) (vgl. Schlesinger 2008, S. 124f.).

Probleme entstehen dann, wenn einzelne Eventbesucher **Aggressionen** gegenüber anderen Teilnehmern zeigen (z. B. Beleidigungen, Gewalt). Um solche Entwicklungen zu vermeiden sowie diese bei Auftreten eindämmen bzw. kontrollieren zu können, sollten Veranstalter bei kritischen Zielgruppen bereits im Vorfeld entsprechende Vorkehrungen treffen. Hierzu gehört beispielsweise die Vermeidung agressionsfördernder Faktoren (z. B. lange Wartezeiten, Gedränge durch zu viele Eventteilnehmer), Appelle für ein sportlich faires Verhalten, die Beobachtung potentiell aggressiver Zuschauer oder Deeskalationsschulungen für das Eventpersonal (vgl. ausführlich Grove et al. 2012).

6 Zusammenfassung

Der vorliegende Beitrag hat verdeutlicht, dass das Thema Sport eine geeignete inhaltliche Plattform für die Erreichung verschiedener Kommunikationsziele darstellt. Bei der kommunikativen Nutzung von Sporterlebniswelten eignet sich insbesondere das Eventmarketing aufgrund seiner Merkmale (z. B. Erlebnisorientierung, Multisensualität, aktive Einbeziehung der Konsumenten), eine zentrale Rolle bei der operativen Umsetzung der Kommunikationsstrategie zu spielen.

Sowohl die Ergebnisoffenheit sportlicher Entscheidungen als auch die im vorhergehenden Abschnitt diskutierten Risiken machen deutlich, dass sich der Einsatz von Sporterlebniswelten zum Zwecke der Zielgruppenkommunikation nicht komplett kontrollieren oder steuern lässt. Somit sind die in diesem Beitrag vorgeschlagenen strategischen und operativen Managementempfehlungen in Abhängigkeit vom jeweiligen Kontext (z. B. Merkmale des Eventobjektes, der Zielgruppe und der Sporterlebniswelt) zu spezifizieren. Die Qualität der Managemententscheidung hängt dabei entscheidend von der Kenntnis der Zielgruppen und ihren sportbezogenen Konsumprozessen ab. Insbesondere dann, wenn Unternehmen auf bereits etablierte Sporterlebniswelten zurückgreifen, sollten sie sich Wissen über die funktionalen, emotionalen, relationalen und symbolischen Bedeutungen der zu nutzenden Sporterlebniswelt aneignen, um ihre

Marketing-Events mit dem entsprechenden „Fingerspitzengefühl“ inszenieren zu können.

Literaturverzeichnis

AGF/GFK-FERNSEHPANEL (2011): TV-Sendungen mit den meisten Zuschauern, in: Horizont, 29. Jg., 2011, Nr. 1, S. 11.

ANDRADE, E. B.; COHEN, J. B. (2007): On the Consumption of Negative Feelings, in: Journal of Consumer Research, Vol. 34, 2007, No. 3, pp. 283-300.

BEIER, K. (2001): Anreizstrukturen im Outdoorsport: Eine Studie zu den Anreizstrukturen von Sporttreibenden in verschiedenen Outdoor-Sportarten, Schorndorf 2001.

BEVERLAND, M. B.; FARRELLY, F. J. (2010): The Quest for Authenticity in Consumption: Consumers' Purposive Choice of Authentic Cues to Shape Experienced Outcomes, in: Journal of Consumer Research, Vol. 36, 2010, No. 5, pp. 838-856.

BEYER, T. (2006): Determinanten der Sportrezeption: Erklärungsmodell und kausalanalytische Validierung am Beispiel der Fußballbundesliga, Wiesbaden 2006.

BOYD, J. (2000): Selling Home: Corporate Stadium Names and the Destruction of Commemoration, in: Journal of Applied Communication Research, Vol. 28, 2000, No. 4, pp. 330-346.

BREUER, C.; WICKER, P.; PAWLOWSKI, T. (2012): Der Wirtschafts- und Wachstumsmarkt Sport, in: Nufer, G.; Bühler, A. (Hrsg.): Management im Sport, 3. Aufl., Berlin 2012, S. 61-86.

BRUHN, M. (2009): Integrierte Unternehmens- und Markenkommunikation: Strategische Planung und operative Umsetzung, 5. Aufl., Stuttgart 2009.

CIALDINI, R. B.; BORDEN, R. J.; THORNE, A.; WALKER, M. R.; FREEMAN, S.; SLOAN, L. R. (1976): Basking in Reflected Glory: Three (Football) Field Studies, in: Journal of Personality and Social Psychology, Vol. 34, 1976, No. 3, pp. 366-375.

DECROP, A.; DERBAIX, C. (2010): Pride in Contemporary Sport Consumption: A Marketing Perspective, in: Journal of the Academy of Marketing Science, Vol. 38, 2010, No. 5, pp. 586-603.

DELOITTE & TOUCHE GMBH WIRTSCHAFTSPRÜFUNGSGESELLSCHAFT (2011) (Hrsg.): Der deutsche Fitnessmarkt 2011, o.O. 2011.

DOSB (Hrsg.) (2012): Bestandserhebung 2011, Frankfurt 2011.

DRENGNER, J. (2013a): Markenkommunikation mit Sport – Wirkungsmodell für die Markenführung aus Sicht der Service-Dominant Logic, Wiesbaden 2013.

DRENGNER, J. (2013b): Eventmarketing und Social Media-Kommunikation als Instrumente des Managements von Markenbeziehungen aus der Perspektive der Service-Dominant Logic, in: Zanger, C. (Hrsg.): Events im Zeitalter von Social Media. Stand und Perspektiven der Eventforschung, Wiesbaden 2013, S. 63-84.

DRENGNER, J. (2008): Imagewirkungen von Eventmarketing: Entwicklung eines ganzheitlichen Ansatzes, 3. Aufl., Wiesbaden 2008.

DRENGNER, J.; GAUS, H.; JAHN, S. (2008): Does Flow Influence the Brand Image?, in: Journal of Advertising Research, Vol. 47, 2008, No. 1, pp. 138-147.

DRENGNER, J.; GAUS, H.; ZANGER, C. (2004): Die Passfähigkeit zwischen Produkt und Kommunikationsinhalt beim Eventmarketing – Eine empirische Studie unter Anwendung der Korrespondenzanalyse, in: Jahrbuch der Absatz- und Verbrauchsforschung, 50. Jg., 2004, Nr. 4, S. 411-431.

DRENGNER, J.; JAHN, S. (2012): Konsumerlebnisse im Dienstleistungssektor: Die Konzeptualisierung des Erlebniskonstrukts am Beispiel kollektiv-hedonistischer Dienstleistungen, in: Bruhn, M.; Hadwich, K. (Hrsg.): Customer Experience (Forum Dienstleistungsmanagement), Wiesbaden 2012, S. 227-249.

DRENGNER, J.; JAHN, S.; GAUS, H. (2012): Creating Loyalty in Collective Hedonic Services: The Role of Satisfaction and Psychological Sense of Community, in: Schmalenbachs Business Review, Vol. 63, 2012, No. 2, pp. 59-76.

DRENGNER, J.; JAHN, S.; ZANGER, C. (2011): Measuring Event-Brand Congruence, in: Event Management, Vol. 15, 2011, No. 1, pp. 25-36.

FIEHLER, R. (1990): Kommunikation und Emotion, Berlin 1990.

FISHER, R. J.; WAKEFIELD, K. (1998): Factors Leading to Group Identification: A Field Study of Winners and Losers, in: Psychology & Marketing, Vol. 15, 1998, No. 1, pp. 23-40.

FOURNIER, S. (1998): Consumers and Their Brands: Developing Relationship Theory in Consumer Research, in: Journal of Consumer Research, Vol. 24, 1998, No. 4, pp. 343-373.

FULLERTON, S.; MERZ, G. R. (2008): The Four Domains of Sports Marketing: A Conceptual Framework, in: Sport Marketing Quarterly, Vol. 17, 2008, No. 2, pp. 90-108.

FUNK, D. C.; JAMES, J. D. (2006): Consumer Loyalty: The Meaning of Attachment in the Development of Sport Team Allegiance, in: Journal of Sport Management, Vol. 20, 2006, No. 2, pp. 189-217.

FUNK, D. C.; JAMES, J. (2001): The Psychological Continuum Model: A Conceptual Framework for Understanding an Individual's Psychological Connection to Sport, in: Sport Management Review, Vol. 4, 2001, No. 2, pp. 119-150.

GORSE, S.; CHADWICK, S.; BURTON, N. (2010): Entrepreneurship Through Sports Marketing: A Case Analysis of Red Bull in Sport, in: Journal of Sponsorship, Vol. 3, 2010, No. 4, pp. 348-357.

GRÖPPEL-KLEIN, A. (2012): 30 Jahre "Erlebnismarketing" und "Erlebnisgesellschaft" - Die Entwicklung des Phänomens "Erlebnisorientierung" und State-of-the-Art der Forschung., in: Bruhn, M.; Hadwich, K. (Hrsg.): Customer Experience (Forum Dienstleistungsmanagement), Wiesbaden 2012, S. 38-60.

GROVE, S. J.; PICKETT, G. M.; JONES, S. A.; DORSCH, M. J. (2012): Spectator Rage as the Dark Side of Engaging Sport Fans: Implications for Service Marketers, in: Journal of Service Research, Vol. 15, 2012, No. 1, pp. 3-20.

GWINNER, K.; SWANSON, S. R. (2003): A Model of Fan Identification: Antecedents and Sponsorship Outcomes, in: Journal of Services Marketing, Vol. 17, 2003, No. 3, pp. 275-294.

HARTMANN, D. (2012): User Generated Events, in: Zanger, C. (Hrsg.): Erfolg mit nachhaltigen Eventkonzepten, Wiesbaden 2012, S. 23-36.

HATFIELD, E.; CACIOPPO, J.; RAPSON, R. L. (1993): Emotional Contagion, in: Current Directions in Psychological Science, Vol. 2, 1993, No. 3, pp. 96-99.

HAVERKAMP, N.; WILLIMCZIK, K. (2005): Vom Wesen zum Nicht-Wesen des Sports: Sport als ontologische Kategorie und als kognitives Konzept, in: Sportwissenschaft, 35. Jg., 2005, Nr. 3, S. 271-290.

HEINEMANN, K. (2007): Einführung in die Soziologie des Sports, 5.Aufl., Schorndorf 2007.

HERMANNS, A.; MARWITZ, C.; RIEDMÜLLER, F. (2003): Kombination von Sponsoring und Events im Sport: Authentische Marketing-Kommunikation bei differenzierten Zielgruppen, in: Hermanns, A.; Riedmüller, C. (Hrsg.): Sponsoring und Events im Sport, München 2003, S. 211-234.

HERMANNS, A.; RIEDMÜLLER, F. (2008): Die duale Struktur des Sportmarktes, in: Hermanns, A.; Riedmüller, F. (Hrsg.): Management-Handbuch Sport-Marketing, 2. Aufl., München 2008, S. 41-65.

HORKY, T. (2009): Was macht den Sport zum Mediensport?: Ein Modell zur Definition und Analyse von Mediensportarten, in: Sportwissenschaft, 39. Jg., 2009, Nr. 4, S. 298-308.

HORKY, T. (2001): Die Inszenierung des Sports in der Massenkommunikation, Hamburg 2001.

JACKSON, S. A.; KIMIECIK, J. C. (2008): The Flow Perspective of Optimal Experience in Sport and Physical Activity, in: Horn, T. S. (Ed.): Advances in Sport Psychology, 3rd Ed., Champaign 2008, pp. 377-399.

JAHN, S.; DRENGNER, J. (2013): Transzendente Konsumerlebnisse bei Events und ihre Wirkungen auf die Eventloyalität, in: Zanger, C. (Hrsg.): Events im Zeitalter von Social Media. Stand und Perspektiven der Eventforschung, Wiesbaden 2013, S. 109-128.

KIENDL, S. C. (2007): Markenkommunikation mit Sport: Sponsoring und Markenevents als Kommunikationsplattform, Wiesbaden 2007.

LEE, Y.-K.; LEE, C.-K.; LEE, S.-K.; BABIN, B. J. (2008): Festivalscapes and Patrons' Emotions, Satisfaction, and Loyalty, in: Journal of Business Research, Vol. 61, 2008, No. 1, pp. 56-64.

MARTENSEN, A.; GRØNHOLDT, L.; BENDTSEN, L.; JENSEN, M. J. (2007): Application of a Model for the Effectiveness of Event Marketing, in: Journal of Advertising Research, Vol. 47, 2007, No. 3, pp. 283-301.

McCRACKEN, G. (1986): Culture and Consumption: A Theoretical Account of the Structure and Movement of the Cultural Meaning of Consumer Goods, in: Journal of Consumer Research, Vol. 13, 1986, No. 1, pp. 71-84.

PUCA, R. M.; LANGENS, T. A. (2008): Motivation, in: Müsseler, J. (Hrsg.): Allgemeine Psychologie, 2. Aufl., Berlin 2008, S. 190-229.

RIEDL, L. (2008): "Und dann jubelte das ganze Stadion!" - Zur Entstehung und Steuerung kollektiver Emotionen im Spitzensport, in: Sport und Gesellschaft 5. Jg., 2008, Nr. 3, S. 221-250.

SACHSE, M.; DRENGNER, J. (2010): The Dark Side of Sponsoring and Ambushing Mega Sports Events: Is Successful Communication Hampered by Too Many, Too Similar, and Too Ambigiuous Stimuli?, in: Zanger, C. (Hrsg.): Stand und Perspektiven der Eventforschung, Wiesbaden 2010, S. 37-58.

SCHLESINGER, T. (2010): Zum Phänomen kollektiver Emotionen im Kontext sportbezogener Marketing-Events, in: Zanger, C. (Hrsg.): Stand und Perspektiven der Eventforschung, Wiesbaden 2010, S. 133-150.

SCHLESINGER, T. (2008): Emotionen im Kontext sportbezogener Marketing-Events, Hamburg 2008.

SCHLÜTER, J. (2012): Super Bowl bricht US-Zuschauerrekord, http://www.quotenmeter.de/cms/?p1=n&p2=54800&p3, abgerufen am 03.02.2013.

SCHWIER, J.; SCHAUERTE, T. (2009): Die Theatralisierung des Sports, in: Willems, H. (Hrsg.): Theatralisierung der Gesellschaft: Soziologische Theorie und Zeitdiagnose, Wiesbaden 2009, S. 419-438.

SEIPPEL, O. (2006): The Meanings of Sport: Fun, Health, Beauty or Community, in: Sport in Society, Vol. 9, 2006, No. 1, pp. 51-70.

SOLBERG, H. A.; HANSTAD, D. V.; THØRING, T. A. (2010): Doping in Elite Sport - Do the Fans Care? Public Opinion on the Consequences of Doping Scandals, in: International Journal of Sports Marketing & Sponsorship, Vol. 11, 2010, No. 3, pp. 185-199.

STILLER, J.; ALFERMANN, D. (2005): Selbstkonzept im Sport, in: Zeitschrift für Sportpsychologie, 12. Jg., 2005, Nr. 4, S. 119-126.

WANN, D. L.; BRANSCOMBE, N. R. (1990): Die-Hard and Fair-Weather Fans: Effects of Identification on BIRGing and CORFing Tendencies, in: Journal of Sport & Social Issues, Vol. 14, 1990, No. 2, pp. 103-117.

WHEATON, B. (2000): "Just Do It": Consumption, Commitment, and Identity in the Windsurfing Subculture, in: Sociology of Sport Journal, Vol. 17, 2000, No. 3, pp. 254-274.

WOPP, C. (2006): Handbuch zur Trendforschung im Sport, Aachen 2006.

WORATSCHEK, H. (2002): Theoretische Elemente einer ökonomischen Betrachtung von Sportdienstleistungen, in: Zeitschrift für Betriebswirtschaft (Ergänzungsheft), 2002, Nr. 4, S. 1-21.

ZANGER, C.; DRENGNER, J. (2009): Eventmarketing, in: Bruhn, M.; Esch, F.-R.; Langner, T. (Hrsg.): Handbuch Kommunikation: Grundlagen – Innovative Ansätze – Praktische Umsetzungen, Wiesbaden 2009, S. 195-213.

ZANGER, C.; SCHWEIZER, J. (2004): Das Eventpotential der 150 wichtigsten Sportarten, München 2004.

ZANGER, C.; SCHWEIZER, J. (2003): Faszination Sport, in: Stüwe, B. (Hrsg.): Faszination, Wiesbaden 2003, S. 46-60.

ZHANG, Z.; WON, D.; PASTORE, D. L. (2005): The Effects of Attitudes Toward Commercialization on College Students' Purchasing Intentions of Sponsors' Products, in: Sport Marketing Quarterly, Vol. 14, 2005, No. 3, pp. 177-187.

Cornelia Zanger

Events und Sport – Ergebnisse der Podiumsdiskussion

Teilnehmer an der Podiumsdiskussion:

Erik R. Kastner → OPUS Marketing GmbH, Wien

Hans R. G. Rück→ Professor und Dekan des FB Touristik/Verkehrswesen, FH Worms

Hans Jürgen Schulke → Professor für Medienmanagement, Macromedia Hochschule für Medien und Kommunikation, Hamburg

Cornelia Zanger → Professorin für Marketing und Handelsbetriebslehre, TU Chemnitz

Moderation: Michael Hosang → ISES Europe, Vice Presisdent Education

In der Podiumsdiskussion wird das Konferenzthema „Events und Sport" aufgegriffen und an Hand von Beispielen sehr intensiv diskutiert. Dabei wird deutlich, dass herausragende Sportereignisse ohne das Sponsoring von Unternehmen im aktuellen Umfeld nicht mehr denkbar sind. Ausgangspunkt der Diskussion ist der österreichische Extremsportler Felix Baumgartner und sein Stratos Sprung aus fast 40 km Höhe, gesponsert durch die Firma Red Bull. Im Schwerpunkt dreht sich die Podiumsdiskussion um folgende Fragen:

- Welchen Nutzen erzielen Unternehmen mit Events im (Extrem)Sport?
- Wie werden Sportevents zum Erfolg?
- Wo liegen Chancen und Risiken im Sportsponsoring?
- Wie wird Sportsponsoring zum Erfolg für den Sponsor?
- Sporterlebniswelten – Die Zukunft von Sport und Events?

Im Folgenden werden wichtige Gedanken der Diskussion kurz zusammengefasst:

(1) Welchen Nutzen erzielen Unternehmen mit Events im (Extrem)Sport?

Am Beispiel des Red Bull Stratos Events sind sich die Teilnehmer der Podiumsdiskussion einig, dass dieses weltweit wahrgenommene Medienereignis eine unglaubliche Kommunikationswirkung generiert hat. Herr Schulke verweist insbesondere auf die zeitgemäße, neue Form der Berichterstattung, die zunächst die sozialen Medien, im Stratos Beispiel insbesondere Youtube, nutzt, um Bekanntheit zu generieren, so dass die klassischen Medien dann „automatisch" aufgrund der hohen allgemeinen Aufmerksamkeit und des Interesses berichten. Herr Kastner benennt die hohen Sponsoringkosten, die sich für die Aktion von Felix Baumgartner nicht bei den veranschlagten 50 Mio. Euro bewegten, sondern nach Insiderinformationen bei ca. 100 Mio. Euro gelegen haben sollen. Die Runde ist sich jedoch einig, dass die Erhöhung von Markenbekanntheit und die Stärkung des Markenimage ein hohes Sponsoringinvestment dann rechtfertigen, wenn es geschickt für eine Kommunikation mit der Zielgruppe ausgenutzt wird. 400 Mio. Google Hits für Red Bull und „nur" 250 Mio. für Coca Cola belegen diese virale Kommunikationswirkung, wie Herr Rück aktuell im Internet abgerufen hat.

(2) Wie werden Sportevents zum Erfolg?

Die Diskutanten setzen sich zunächst mit der Frage auseinander, was sind eigentlich Sportevents. Man ist sich schnell einig, dass es sich beim Red Bull Stratos Beispiel um eine Marketingaktion handelt, bei der Sport eigentlich nur die Kulisse bildet, vor der ein Medienereignis inszeniert wird. Das Sportereignis ist Teil eines Geschäftsmodells, das im Fall von Red Bull nicht nur aus dem Getränk, sondern vor allem aus einem Medienkonzept besteht. Im Zielfokus steht die Medienresonanz, die zunächst durch die Social-Media-Kanäle entwickelt und in medialer Zweitverwertung über PR in die Breite der Zielgruppen getragen wird.

Nicht einig ist man sich in der Frage, ob klassische Werbung angesichts der raschen Verbreitung von Botschaften in sozialen Netzwerken, wie das Red Bull Beispiel zeigt, überhaupt noch erforderlich ist. Herr Kastner betont in diesem Kontext jedoch die Initialzündung, die die „Red Bull verleiht Flügel" Kampagne und damit die klassische Werbung für Markenbekanntheit und –image von Red Bull brachte. Aktuell spricht also doch viel dafür, dass ein integriertes Kommunikationskonzept entwickelt werden muss, das die verschiedenen Kanäle zu einer gemeinsamen Markenbotschaft zusammen führt. Wichtig sind dabei auch die Synergien, die über eine Multikanalansprache erreicht werden können.

Herr Schulke hebt am Beispiel Bundesligafußball hervor, dass eigentliche Sportevents leibhaftig sein müssen und nicht nur virtuell bleiben können. Im Mittelpunkt steht entweder das aktive Mitkämpfen und reale Wetteifern oder das Zuschauen mit großer Leidenschaft. Insofern bieten Sportevents ein sehr großes Motivations- und Emotionalisierungspotential für aktive Teilnehmer und Zuschauer. Frau Zanger betont in diesem Zusammenhang die hervorragenden Möglichkeiten, Sportevents in die Marketingkommunikation von Unternehmen einzubinden, wenn es gelingt mit der Sportart die eigene Zielgruppe zu erreichen, d. h. wenn eine hohe Passfähigkeit zwischen am Event Interessierten und der Zielgruppe der Marke besteht.

(3) Wo liegen Chancen und Risiken im Sportsponsoring?

Aufmerksamkeitsstarke Sportevents sind ohne die Unterstützung durch Sponsoren kaum noch denkbar. Allerdings wird die Entscheidung für eine Veranstaltung für den potentiellen Sponsor immer schwieriger, da die Anzahl der Sportveranstaltungen auf Weltniveau zunehmend größer wird.

In der Podiumsdiskussion werden einerseits mehrfach die großen Chancen angesprochen, die das Sponsoring von Sportevents für Unternehmen bietet in Form von Bekanntheit, Medienpräsenz und positivem Imagetransfer. Andererseits heben die Diskutanten aber auch die erheblichen Risiken für Sponsoren hervor: Wenn es sich nicht um ein Exklusivsponsoring handelt wie im Red Bull Beispiel, sondern sich unzählige Unternehmen auf der Wall wiederfinden vor der Spieler und Trainer beispielsweise bei Fußballbundesligaspielen interviewt werden, dann sieht Herr Schulke das als verbranntes Geld an, da der einzelne Sponsor kaum im Sinne der oben genannten Chancen partizipieren kann. Frau Zanger berichtet in diesem Zusammenhang von einer empirischen Studie, in der zur Fußball-WM die Wahrnehmung von Sponsoren und Unternehmen, die als Trittbrettfahrer auftraten (so genannte Ambusher), verglichen wurde. Die Studie kam zu dem Ergebnis, dass die befragten Konsumenten angesichts der vielen Marketingaktivitäten verwirrt waren und die Sponsoren nicht zweifelsfrei identifizieren konnten. Das führt die Diskutanten zur Frage nach den Bedingungen für ein erfolgreiches Sponsoring von Sportevents.

(4) Wie wird Sportsponsoring zum Erfolg für den Sponsor?

Das Podium kann zu dieser Frage aus wissenschaftlicher und aus praktischer Sicht Erfolgsfaktoren benennen.

Zunächst wird das Problem der Passfähigkeit von Sponsor und Event hinsichtlich der zentralen Imagedimensionen herausgearbeitet (Imagefit). Nur wenn diese Passfähigkeit gegeben ist, besteht von Beginn des Sponsoringengagements an die Möglichkeit für einen positiven Imagetransfer.

Herr Kastner weist auf Lernprozesse beim Kunden hin und begründete damit das Gewohnheitsfit, das sich beispielsweise für die Marken Mastercard und Ford als Hauptsponsoren der Fußball-Europameisterschaft entwickelte. Herr Rück betont die Passfähigkeit der Zielgruppe der Sportart (z. B. Breitensport oder Trendsport) zur Marke des Sponsors (Zielgruppenfit) und Frau Zanger weist auf die Notwendigkeit eines längerfristigen Sponsoringengagements hin, ohne das keine nachhaltigen Kommunikationserfolge für den Sponsor entstehen können. Schließlich ist man sich darin einig, dass Sportsponsoring von Unternehmen nicht halbherzig betrieben werden kann, sondern dass mit der Unternehmensentscheidung pro Sportsponsoring auch ein entsprechendes Budget zur Verfügung gestellt werden muss.

(5) Sporterlebniswelten – Die Zukunft von Sport und Events?

Abschließend diskutieren die Teilnehmer auf dem Podium Entwicklungsperspektiven für den Bereich Sport und Events. Einvernehmlich stellen sie fest, dass die Zukunft nicht in der Konzipierung singulären Sportevents liegen wird. Es bilden sich vor dem Hintergrund von Sportarten und Veranstaltungsstätten und/oder Veranstaltern (Vereinen oder professionelle Sportveranstaltungsagenturen) Sporterlebniswelten heraus, die Sport multisensual, d. h. mit allen Sinnen erlebbar werden lassen. Am Beispiel von Bayern München und der Allianzarena stellt Herr Schulke eine exzellent ausgestaltete und alle Facetten der Sinne ansprechende Fußballerlebniswelt vor. Dazu gehören neben den fußballnahen Kernbereichen wie Training, Spiele, Trainer- und Schiedsrichterausbildung auch ein breiteres Publikum ansprechende Erlebnisbereiche wie Stadionbesichtigungen, Hospitality, Location für private und Firmenevents und Begegnungsstätte für öffentliche Veranstaltungen. Als weitere Beispiele werden der Lauf von Fisherman´s Friend am Nürburgring und die professionell organisierte Wok-WM von Stefan Raab genannt. Sporterlebniswelten zeichnen sich durch Kontinuität aus und bieten die Möglichkeit zur Mitgestaltung durch reale und virtuelle Communities. Sporterlebniswelten bieten in dieser Form aufgrund ihrer klaren Imagepositionierung eine günstige Plattform für die Markenkommunikation und sind damit eine wichtige Zukunftsperspektive für die Entwicklung von Events im Sportbereich.

Hans Jürgen Schulke

Sportevents und Corporate Social Responsibility

Abb.1: Foto ABB-Volunteer

1 Sind Sportevents ein geeignetes CSR-Instrument?

Im dritten Chemnitzer Kongress zur Eventforschung wird erstmals das Thema Sport und dessen Events in den Mittelpunkt gestellt. Das ist berechtigt wie notwendig, denn der Sport ist fester, vermutlich sogar größter Bereich der weiter wachsenden Eventbranche. Sie ist geprägt von Professionalisierungsdynamik mit entsprechenden Anforderungen an die personellen Ressourcen. Das gilt für den Sportbereich in besonderer wie unterschiedlicher Weise, da ein Teil seiner Veranstaltungen aufgrund ergiebiger Einnahmen mit hoher hauptamtlicher Mitarbeit organisiert werden, bei vielen anderen die Organisation mehr oder weniger durch ehrenamtliche Funktionsträger und freiwillige Mitarbeit geprägt ist.

Schwerpunkt des Beitrags ist die Frage, ob die Rekrutierung geeigneter Mitarbeiter durch die Einbindung von Sportevents in das bei vielen Unternehmen geförderte „Corporate Volunteering" so optimiert werden kann, dass die erforderliche professionelle Qualität der Organisation erreicht wird. Die Antwort ist offen, denn die populären Veranstaltungen des Sports sind bislang kaum mit „Corporate Volunteering (CV)" und der dahinter stehenden Philosophie einer „Corporate Social Responsibility (CSR)" von Wirtschaftsunternehmen verbunden worden. Im Mittelpunkt großer Sportereignisse stehen nicht soziale Anliegen, sondern sportliche Erfolge, mediale Präsenz und wirtschaftlicher Gewinn.

Insofern ist zunächst eine begriffliche und konzeptionelle Klärung vorzunehmen, d. h. die Standortbestimmung sportlicher Großveranstaltungen in der Eventforschung – ist jede Sportveranstaltung selbstverständlich auch ein Event (sind Olympische Spiele, analog dazu Kirchentage, Weihnachtsfeste und traditionelle musikalische Festspiele selbstredend „Events“ ?!?), haben Sportevents in der Vielzahl von Sportveranstaltungen eine besondere Qualität und liefert sie einen Ansatz für Unternehmen, die über CSR-Konzepte ihre Kommunikationspolitik verbessern wollen?

Der Beitrag bewegt sich neben unabgeschlossenen begrifflichen Klärungen von Sportveranstaltungen und Sportevents in zwei Desideraten der sportlichen Eventforschung, nämlich Eignung von Sportveranstaltungen für CSR-Konzepte und Personalmanagement bei Non-Profit-Veranstaltungen. Entsprechend dem Forschungsstand sollten vorerst kasuistisch Erfahrungen dokumentiert und diskutiert werden, die deskriptiven Charakter haben. Im vorliegenden Beitrag soll dies beispielhaft am Engagement des weltweiten Technologiekonzerns ABB bei den Nationalen Spielen von Special Olympics Deutschland (SOD) erfolgen. Die dort gemachten Erfahrungen beim freiwilligen Mitarbeitereinsatz können Wirkungszusammenhänge analysieren und Forschungsperspektiven erkennen lassen.

Insofern enthält der Beitrag zwei Schwerpunkte. Zunächst sollen grundsätzliche Überlegungen den Zusammenhang von „Sportevents“ und „Corporate Social Responsibility“ klären (Abschnitte 2-6) und sodann Erfahrungen aus einem Kooperationsprojekt etwaige Gestaltungspotentiale verdeutlichen (Abschnitte 7-9).

2 Zum Stand der Diskussion zu Sportveranstaltungen und Sportevents

Spektakuläre Sportveranstaltungen befinden sich weiterhin im Aufwind. Die Zahl nationaler und internationaler Sportgroßveranstaltungen wie Meisterschaften, Pokalrunden, Tourneen oder Weltcupserien nimmt durch Einbeziehung weiterer Sportarten, neuer Wettkampfformen und Verdichtung des Veranstaltungskalenders zu. Olympische Spiele oder Fußballweltmeisterschaften sind hochkomplexe Eventleuchttürme mit einer Dauer von mehreren Wochen, speziell errichteten Eventstätten, Millionen Zuschauern in den Arenen und Milliarden an den Fernsehschirmen – dementsprechend auch Ereignisse, die Milliardeninvestitionen verlangen und volkswirtschaftlich von hoher Bedeutung sind. Sie sind die größten Ereignisse heutiger Unterhaltungsindustrie. Auch die Zahl und Bedeutung breitensportlicher Events wie Turnfeste, urbane Festivals wie Mission Olympics, regionale Spiel- und Kulturfeste, neuerdings innerstädtische Firmenläufe oder Massenläufe über Hindernisse (Urbanathlon u. ä.) oder spektakuläre Spiele des Behindertensports (Paralympics, Special Olympics) wächst.

Gründe der Popularität des Sports, genauer seiner Veranstaltungen, sind Einfachheit seiner Idee (es geht um die Ermittlung des Besten im agonalen Vergleich nach allen verständlichen Regeln), seine ihm konstitutive authentische Spannung aufgrund der Chancengleichheit beim Leistungsvergleich (der Wettkampf ist per se Grundform einer attraktiven Inszenierung), breite Mitgliederbasis (ein Drittel der deutschen Bevölkerung ist Mitglied in einem Sportverein, ubiquitär werden bspw. etwa 400 Mio. aktive Fußballspieler gezählt), seine organisatorische Infrastruktur (weltweit gibt es große Stadien, Arenen und andere Wettkampfstätten) und seine nahezu permanente Präsenz in den Medien. Eine Sportveranstaltung erfüllt also aus sich selbst heraus wichtige Kriterien der Eventtheorie: Innovation, Spannung, Emotionalisierung, aktive Beteiligung, besonderes Ambiente – sie bedeutet für die meisten Beteiligten ein dem Alltag enthobenes ganzheitliches Erlebnis, das Eintauchen in eine eigene „Sportwelt" (vgl. Nufer/Bühler 2010; Schmid 2006). Ist also jede größere Sportveranstaltung zwangsläufig auch ein Sportevent?

Eine semantische Analyse zeigt keine begriffliche Klarheit; der Eventbegriff ist mehrdeutig. Zunächst heißt er schlicht übersetzt Ereignis bzw. Veranstaltung und „Sportevent" kann insofern bedeutungsgleich für „Sportveranstaltung" angewendet werden. Auch in seiner heute üblichen Füllung mit Kriterien wie neuartig, emotionalisierend, aktivierend, die als gemeinschaftliches Ganzheitserlebnis inszeniert werden (vgl. Schulze 1996), ist nahezu jede Sportveranstaltung ein Event. Die Bezeichnung „Sportevent" tritt in der Alltagssprache wie in der fachlichen Literatur erst seit rund 15 Jahren auf, wird aber keineswegs einheitlich als neuer Bedeutungsinhalt diskutiert und bestimmt (vgl. Horch/Heydel/Sierau 2004; Hermanns/Riedmüller 2003; Bette/Schimank 2000; Trosien/Dinkel 2000). Es gibt eine oft zufällige Verwendung der Bezeichnungen Sportveranstaltung, Sportgroßveranstaltung, Sportereignis, Sportfeste, Meisterschaften, Spiele oder eben Sportevents; in der Fachliteratur finden sich mitunter innerhalb eines Absatzes mehrere synonym genutzte Verwendungen (vgl. Nufer/Bühler 2010). Der Begriff Sportevent hat mitunter negative Konnotationen bei denjenigen, die traditionsreiche Sportereignisse als Ausdruck einer anspruchsvollen Festkultur interpretieren und wird andererseits oft synonym mit der Bezeichnung „Sportveranstaltung" verwendet, die schon seit langem gebräuchlich ist.

In der Literatur unbestritten ist ein Professionalisierungsschub bei der Organisation von hochwertigen Sportereignissen, der durch spezifische Organisationseinheiten in Verbänden oder externe Agenturen, Sportberichterstattung, Architektur, universitäre Ausbildungsgänge, Fachzeitschriften, Kongresse etc. bestätigt wird. Folgerichtig ist auch die Forschungsaktivität in diesem Feld gewachsen. Heute finden sich in der Literatur zu Sportevents Untersuchungen zu Veranstaltungstypen (Größe, Wiederholbarkeit, Dauer, Zuschauerresonanz etc.), Finanzierungsfragen, Bewerbungsverfahren, politische Steuerung, Veranstaltungsrechten, Vermarktung und Sponsoring, Medienresonanz und –technologie, Tourismusförderung, Eventbauten und Stadtplanung, Nachhaltigkeitssicherung bis hin zu spezifischen Managementfragen wie Projektmanagement, Personalrekrutierung, Finanzsteuerung, Prozessevaluierung etc. (vgl. u. a. Franke 2012; Büch/Männig/Schulke 2011). Die Arbeiten sind hinsichtlich Umfang, analytischen Tiefe, empirischen Absicherung und praktischen Relevanz unterschiedlich, die sportwissenschaftliche Diskussion verläuft eher noch verstreut.

Synoptisch gilt: Eine umfassende und konsistente „Theorie der Sportevents", die eine eigenständige Qualität gegenüber Sportveranstaltungen formuliert, gibt es bislang nicht. Rar sind konzeptionell stringente Managementhandbücher zur Organisation von Sportevents; diese werden quasi nebenher in Handbüchern zum Sportmanagement und Sportmarketing angesprochen. Die vielfältigen Forschungsaktivitäten sind noch nicht systematisch geordnet. Einer der wenigen systematischen Versuche zu einer konsistenten Konzeption von Sportevents liegt bei Schmid (2006) vor, der sich allerdings auf den Spitzensport beschränkt und neue Formen im Grenzbereich von Sport und Unterhaltung nicht aufnimmt. Konsequenter als andere sieht er Sportevents als Eventmarketing mit klaren unternehmerischen Interessen.

Er knüpft damit an der heutigen Eventforschung (vgl. Zanger 2010) an; dort haben (Sport)Events in betriebswirtschaftlichem Verständnis eine konstitutive Kommunikationsfunktion. Sie sind Teilbereich des Eventmarketings und stehen mit ihren werblichen Aktivitäten im Leistungsaustausch mit unternehmerischen Kommunikationsinteressen. Diese Perspektive ist wichtiger Hintergrund für die Beantwortung der Frage, ob Sportevents mit einer unternehmerischen CSR-Orientierung eine dauerhafte Perspektive im Eventmarkt besitzen und worin ihre besonderen kommunikativen Potentiale liegen könnten.

3 Sportveranstaltungen und Sportevents – ein Differenzierungsversuch

Sportveranstaltungen gibt es, wenn man den Begriff „Sport" im Sinne von Vergleich körperlicher Leistungsfähigkeit weit fasst, schon lange. Die ersten Olympischen Spiele fanden vor 2500 Jahren statt, Reiterwettkämpfe in anderen Kulturen haben ähnlich lange Traditionen, Ritterturniere seit über 1000 Jahren. Sie alle fanden in einem kulturellen Kontext statt, der durchaus alltagsenthobene, neuartige, emotionalisierende Qualitäten besaß und - im Sinne eines „Gesamtkunstwerks" - in einem kultischen Rahmen inszeniert wurde. Das galt auch für erste Turnfeste, die vor 200 Jahren auf der Hasenheide in Berlin den modernen Sport begründeten - hier vor allem das Vereinswesen - und dabei in eine nationalstaatliche Perspektive eingebunden waren (vgl. Schulke 2011).

Sport im engeren Sinne ist der nach verbindlichen, allgemein gültigen Regeln stattfindende Wettbewerb um eine spezifische körperliche Überlegenheit in bestimmten Sportarten, die mit einem messbaren Ergebnis endet. Der Begriff „Wett"bewerb verweist auf das Wetten um den Sieg, woraus sich zur Sicherung der Spannung und des Wettgewinns als neue Qualität die Notwendigkeit der Chancengleichheit für alle Aktiven und die Quantifizierung des Resultats ergab (der „Rekord" wird erstmals nominiert). Über Pferderennen auf festgelegten Bahnen, vermessene Regattastrecken beim Rudern sowie geregelte Ballspiele (Hockey, Football, Tennis, Badminton, Golf) entstand schließlich weltweit über Clubs und Schulen ein System, das es auf anderen Feldern der Kultur (Musik, Literatur, darstellende Künste, Wissenschaft) in dieser Inszenierungsform nicht gibt. Von regionalen über nationale und kontinentale bis zu weltweiten Meisterschaften in Sportarten bilden die Sportveranstaltungen ein stabil geregeltes System, das sich ständig erweitert und bekanntlich in den Olympischen Spielen Höhepunkt und zahllose Zuschauer findet. Seit ihrem Wiederbeginn 1896 in Athen verstehen sie sich auch immer als ein sinnstiftendes Fest, welches in einem umfassenden Spannungsbogen von Eröffnungs- und Abschlussfeier sowie kultischen Zeremonien choreografiert wird (vgl. Schulke 2013; Werron 2010; Schmid 2006).

Die Bezeichnung Event ist in den letzten 20 Jahren durch die Interessen der Werbewirtschaft geprägt. Angesichts der Massenproduktion von Gütern wie Dienstleistungen und der Marktkonkurrenz der Anbieter ist die Bildung von positiv besetzten, eindeutig identifizierbaren Produktmarken ein wichtiger Erfolgsfaktor. Das gilt umso mehr, weil Konsumenten heute einer nie dagewesenen Informationsflut ausgesetzt sind. Aufgrund der geringen bzw. für den Konsumenten nicht mehr nachvollziehbaren Qualitätsunterschiede bei massenhaft hergestellten Produkten ist Aufgabe der unternehmerischen Kommunikation, einerseits große bzw. genau definierbare Bevölkerungsgruppen zu erreichen und andererseits ein positives Image für das Produkt zu bewirken. Diese Konnotation wird aus dem gelegentlich verwendeten Pleonasmus „Eventveranstalter" deutlich.

Die Kommunikationspolitik gilt nicht nur für den ökonomischen Sektor. Auch Städte und Regionen, Bildungseinrichtungen und Krankenkassen, politische und soziale Organisationen befinden sich in der Konkurrenz mit anderen Anbietern und entwickeln werbliche Konzepte für die eigene Organisation oder deren Produkte; so etwa beim Stadt- und Regionalmarketing für touristische Interessen (vgl. Schwark 2009). Neben Kommunikationsinstrumenten wie Anzeigenwerbung oder Messestände bilden Events einen wirkungsvollen Zugang zu Öffentlichkeit und Kundengruppen, können mehr als andere Aufmerksamkeit und Bindung herstellen. Entsprechend werden geeignete Events gesucht oder Firmenjubiläen, Aktionärsversammlungen, Papstbesuche und Parteitage als Events inszeniert. Sie erhalten aktuell durch interaktive social media neue Möglichkeiten und Beschleunigungen.

Sportevents sind für die unternehmerische Kommunikationspolitik besonders geeignet, da sie mit ihrem spannungssteigernden Verlauf Aufmerksamkeit wecken, sportliche Aktivität für viele Menschen positiv besetzt ist, mit Sportevents große Menschenmengen vor Ort und mit Medien (wie TV-Übertragungen) erreicht werden, erfolgreiche Sportler prominente Sympathieträger sind und ein dauerhaftes System wie der Bundesligaspielbetrieb oder eine Weltcupserie häufigere Wiederholung des Kontaktes zum Adressaten mit einem hohen Wiedererkennungswert verspricht.

In diesem Sinne scheint es hilfreich, künftig differenziert von Sportveranstaltungen und von Sportevents zu sprechen. Sportveranstaltungen sind demnach wettkampfspezifische Ereignisse in geregelten Sportarten, die von den Aktiven und meist auch von direkt beteiligten Zuschauern mit hoher Motivation betrieben werden. Sie sind eingelagert in pädagogische Ziele (Anerkennung von Regeln), kulturelle Muster (Gemeinschaftsgefühl, Geselligkeit, festliches Erleben) und soziale Unterstützung (ehrenamtliche Tätigkeit, Integration von Randgruppen). Getragen werden sie von überwiegend ehrenamtlich geprägten Sportverbänden, die ihrerseits neben großen sportlichen Veranstaltungen auch Sonderveranstaltungen durchführen (Kongresse zur Fortbildung, Mitgliederversammlungen, Verbandsjubiläen), auch diese können tausende Teilnehmer haben. Sie können auch unterschiedliche Aktivitäten an einem Ort zusammenführen und zu einem übergreifenden Fest verbinden (Turnfeste, Festivals des Sports, Olympische Spiele).

Sportevents gehen weiter, sind nicht nur auf Aktive und Zuschauer ausgerichtet: Sie bieten im Sinne des Eventmarketings (gelegentlich auch als Eventsponsoring bezeichnet; vgl. Nufer/Bühler 2013; Schmid 2006) die Kommunikationspotentiale einer

Sportveranstaltung bewusst externen Interessenten an, mit denen sie ihre Veranstaltung als Kommunikationsfläche für Werbebotschaften ausgestalten, ohne ihre sportlich-kulturelle Identität aufzugeben. Als Gegenleistung erhalten die Sportorganisationen für kommunikationsgeeignete Events Finanzmittel und/oder geldwerte Sachleistungen (dazu können auch Kommunikationsleistungen bspw. durch einen Medienpartner gehören).

Insofern haben Sportevents ihre aus Idee, Regelwerk und kultureller Tradition gewachsene Identität mit Kommunikationsinteressen ihrer Wirtschaftspartner abzustimmen, was sich u. a. in der Zahl der Werbebanden, Festlegung von für Fernsehübertragungen geeigneter Wettkampfzeiten, Hospitality-Angeboten für Kunden, Sexappeal bei der Sportkleidung und Spielunterbrechungen für Werbezeiten zeigt. Immer wieder treten öffentliche Diskussionen darüber auf, ob nicht eine Dominanz der Kommunikationsinteressen der Wirtschaftspartner oder einer Stadt/eines Landes die traditionelle Identität des Sportereignisses gefährdet (zuletzt die Vergabe der Fußball-WM nach Katar, mit der die dortige Landesregierung eine umfassende internationale Wahrnehmung ihres Staates erwartet). Umgekehrt erhalten Sportevents Finanzmittel, die Veranstaltungsmanagement auf hohem Niveau ermöglichen und damit auch deren Attraktivität für Wirtschaftspartner steigern.

In diesem bilateralen Verhandlungs- und Gestaltungsprozess erweisen sich fallweise sportlich hochwertige Meisterschaften oder Feste für bestimmte Kommunikationsziele als ungeeignet und finden – nicht selten zum Unverständnis und Enttäuschung ihrer Organisatoren – keine finanzstarken Partner. So gesehen zeigt sich ein gespaltener Markt zwischen Sportveranstaltungen und Sportevents, der in der Praxis dazu führt, dass kommunikationspolitisch interessante Sportevents ihre Qualität und Akzeptanz weiter steigern können, während sportlich durchaus hochwertige Veranstaltungen auf anderen Wegen ihre Finanzierung finden müssen (staatliche Zuwendungen, Stiftungsmittel und Spenden, Zuschauereinnahmen und Mitgliedsbeiträge) – das oft vergeblich, da bspw. staatliche Instanzen nicht nur soziale oder pädagogische Kriterien anlegen, sondern die Bewerbung um große Sportevents unter der Perspektive des Stadt- und Regionalmarketings betrachten.

Die an externe Kommunikationsinteressen gebundenen Sportevents bilden kein abgeschlossenes Muster, sondern differenzieren sich aus bzw. entwickeln sich weiter. Entsprechend der Nachrichtenwerttheorie verbrauchen sich Informationen im Laufe der Zeit und somit müssen sich Events mit ihren Botschaften erneuern. Im Sinne einer solchen Differenzierung kann man als Vorstufe zu sportlichen Marketingevents von Eventsponsoring im Sport sprechen, d. h. von Seiten des Sponsors werden keine konzeptionellen Gestaltungsmaßnahmen eingebracht, sondern vor allem Branding des Unternehmens betrieben (Werbebanden, Namensrechte, Beflockung von Trikots etc.; vgl. Nufer/Bühler 2013).

In den letzten Jahren sind Veranstaltungsformate initiiert worden – so etwa beim Stratossphärenflug durch Red Bull und Stefan Raab mit seiner WOK-Olympiade eines TV-Senders; in gewisser Weise auch vielbesuchte Gruppenhindernisläufe von Markenartiklern und Zeitschriften (Men´s Health, Fisherman Friends) – , die nicht an Verbände und Wettkampfregeln gebunden sind, womit sie ihre Substanz als Sportveranstaltung verlieren und zu sportiv-unterhaltenden Marketingevents werden. Derzeit ist schwer zu beurteilen, ob sich solche Formate langfristig etablieren werden (vgl. Büch/Maenning/Schulke 2011). Insgesamt zeichnet sich eine Differenzierung ab zwischen Sportveranstaltungen ohne wirtschaftliche Kooperation und Sportevents mit Eventsponsoring, Sporteventmarketing und sportiven Marketingevents.

Eine Differenzierung zwischen Sportveranstaltung und Sportevent ist hilfreich, weil sie eine genauere Prüfung herausfordert, welche Sportveranstaltung sich mehr und welche sich weniger als Sportevent - d. h. für die Erbringung von Kommunikationsleistungen fachfremder Wirtschaftsunternehmen oder auch anderer Institutionen - anbieten. Das gilt in neuer Weise für unternehmerische CSR-Philosophie als verbreitetes, im Sport wenig diskutiertes Konzept unternehmerischer Philosophie und Kommunikationspolitik. Mit ihr soll eine soziale Botschaft - beispielsweise ökologisch vertretbare Materialien zu verwenden, bildungsferne soziale Gruppen zu fördern oder sich für eine gesunde Lebensweise einzusetzen - vermittelt werden, was beim Sport durch den Charakter der Veranstaltung, d. h. ihre Athleten, die Zuschauer, das Regelwerk, beim Catering oder Sportmaterial erfolgen kann. Die soziale Botschaft soll zugleich unternehmensintern Loyalität und Bindung der Mitarbeiter steigern.

Mit einer CSR-Philosophie im Eventmarketing ergibt sich eine weitere, grundlegend andere Sichtweise auf das Marketing mit Sportevents. Ein Unternehmen nutzt nicht mehr Sport zur Bekanntheitssteigerung wegen massenwirksamer Strahlkraft der Veranstaltungen oder Imagetransfer durch Stars, Spannung und Rekorde, sondern durch ausgewiesene soziale Werte. Dann gilt mehr als anderswo: Jede kommunikationspolitische Konzeption kann nur wirksam werden, wenn sie etwas kommuniziert, was glaubwürdig ist – werbetechnisch formuliert einen Fit zwischen Ereignis und Produkt/Marke bzw. bei CSR dem ganzen Unternehmen. Was liefern Sportevents an sozialer Glaubwürdigkeit?

4 Aktuelle Widersprüche im sportbezogenen Eventmarketing

Zweifelsfrei sind in der Werbewirtschaft Events ein herausragendes Instrument innerhalb des Kommunikationsmix und genauso zweifelsfrei ist die Eignung des populären Sports für das Eventmarketing (vgl. Hermanns/Riedmüller 2003). Dafür sprechen die Investitionen der Werbewirtschaft in diesem Bereich sowie die immer noch steigende Summen für Trikotsponsoring oder Naming-Rights. Schlussendlich sind Länder und Städte bereit, für internationale Premiumveranstaltungen des Sports hohe finanzielle Investitionen zu tätigen in der Hoffnung, damit einer Stadt oder Region internationale Anerkennung zu verschaffen (vgl. Franke 2012).

Ein kritischer Blick deutet gleichwohl auf eine beginnende Erosion des Mantras „Sportgroßveranstaltung = positive öffentliche Wahrnehmung“ hin. Gewissheiten geraten in Zweifel. Einige aktuelle Beispiele für Glaubwürdigkeitsbrüche aus den letzten Monaten:

- Immense Kostenanforderungen/-steigerungen für die Infrastruktur von Sportevents führen zu Widerstand in der Bevölkerung bzw. belasten das Image der geldgebenden Stadt (Olympiabewerbung München 2018, aktuell Volksentscheide gegen Olympia 2020 in Wien und in der Schweiz, gegen eine MTB-Radstrecke in Kirchzarten)

- Umweltbelastende Formel 1-Rennen in Großstädten (Monaco) und Millionenbeträge für Rennfahrer ohne erkennbaren sportlichen Erfolg bei einem qualitäts- und preisorientierten Unternehmen (Michael Schumacher und Mercedes)

- Dopingüberführung und Betrugsverdacht u. a. in Radrennen bei prominenten Sportlern versus Vertrauensanspruch für die unternehmerische Dienstleistung (Jan Ulrich und Telecom, Schumacher und Gerolsteiner)

- Wegen ihrer sportlichen Verlässlichkeit populäre Testimonials setzen sich für undurchschaubare Wett- und Finanzprodukte ein (Boris Becker, Oliver Kahn)

- Zuschauerausschreitungen und gewalttätige Fans im Stadion widersprechen der Familienorientierung eines Dienstleisters aus der Foodbranche (1. FC Köln und Rewe)

- Fehlender Markenfit bei der „Gesundheitskasse" AOK, die gesundheitsriskante Sportarten wie Handball und Fußball bei Bundesligamannschaften fördert (HSV Handball, Hertha BSC)

- Ausbleibender Bekanntheitsgewinn bei (zu) vielen Subsponsoren eines Fußballbundesligisten (Sponsorenwand in der Flashzone); mittelständische Unternehmen erreichen relevante Zielgruppen nicht wegen Streuungsverlusten

- Extreme Regelverletzungen von hochbezahlten Spielern eines Bundesligavereins mit öffentlich breit kommentierten Sanktionen, der von einem staatlichen Mobilitätsdienstleister mit hohem Sicherheitsanspruch gefördert wird (Hertha BSC und Deutsche Bahn)

Beispiele für Glaubwürdigkeitslücken lassen sich fortsetzen (vgl. Franke 2012). Die Bereitschaft in Unternehmensvorständen bzw. bei den Verantwortlichen in Marketing-, Sponsoring- und Werbeabteilungen, die Zusammenarbeit mit den Veranstaltern von Sportevents kritisch zu prüfen, scheint zuzunehmen (Telekom, Rabobank, Hansa Rostock). Vermehrt wird angestrebt, ein positives Image von Produkten und Dienstleistungen in ganzheitliche, von gesellschaftlichem Verantwortungsbewusstsein geprägte Eventwelten einzubinden, die über den tagesaktuellen sportlichen Wettkampf oder die Fokussierung auf eine prominente Einzelperson hinausreichen(vgl. Bender 2007).

Das wachsende Angebot auf dem Eventmarkt erleichtert den Verantwortlichen eine Neuorientierung. Das gilt nach innen für den Sport, wo die wachsende Zahl sportlich hochwertiger Veranstaltungen jederzeit neue unternehmerische Optionen ermöglicht. Das gilt ebenso für außersportliche Felder, wo mit Musik- und Kinofestivals, Theaternächten, Ausstellungswochen, Kirchentagen oder Wissenschaftskongressen qualifiziert organisierte und attraktiv inszenierte Events angeboten werden – auch eine Folge der Professionalisierung der Event-Branche. Die außersportlichen Formen enthalten weniger Vorgaben an internationalem Regelwerk und technischer Ausstattung, haben geringeres Skandalisierungspotential, sind in anerkannte kulturelle Netze eingebunden und nicht selten auch kostengünstiger zu veranstalten. Sportevents stehen also in Konkurrenz untereinander und mit anderen Sektoren des Eventmarktes.

Nicht zuletzt geht es bei der Entscheidung, mit welchen Events ein Unternehmen seine Markenwelt kommunizieren will, auch um unternehmensinterne Akzeptanz. Mitarbeiter eines Unternehmens verfolgen dessen werbliche Kommunikationspolitik hinsichtlich inhaltlicher Glaubwürdigkeit und finanzieller Angemessenheit. Das Sponsorenengagement bei einem Event ist kritisch zu prüfendes Element verbindender Unternehmenskultur, das nicht überall konsequent eingesetzt wird. Angesichts zunehmender Bedeutung des Humankapitals ist eine stärkere Berücksichtigung sozialer Aspekte bei der Eventauswahl zu erwarten.

5 CSR als neues Konzept in der unternehmerischen Kommunikationspolitik

Seit rund 20 Jahren widmen sich Unternehmen in Deutschland verstärkt dem Thema Corporate Social Responsibility (CSR). Die Managementliteratur zu diesem Thema ist respektabel, die Selbstdarstellung von Unternehmen beeindruckend. Nicht selten wird allerdings auch der Verdacht geäußert, CSR sei eine PR-Aktion zur Imageverbesserung, ohne dies in Produkterstellung, Personalführung oder Unternehmenskultur vertiefend umzusetzen. Zur Beurteilung unternehmerischer CSR-Aktivitäten sind die in der Literatur ausformulierten Umsetzungskonzepte als Folie auf tatsächliche Aktivitäten zu legen.

CSR-Konzepte sind strategische unternehmerische Antworten auf öffentliche, auch kundenspezifische Kritik an einseitigen und kurzfristigen Gewinnorientierungen wie auch geringer Bindung der Mitarbeiter an Unternehmensziele, wodurch das immer wichtiger werdende soziale Kapital vernachlässigt wird (vgl. Schneider/Schmidtpeter 2012; Bender 2007; Hiß 2006,). Konzepte zu mehr sozialer und ökologischer Verantwortung werden statt dessen umfassend in Unternehmenskulturen integriert (Good Governance, Customer Relationship Management), neue Abteilungen eingerichtet, Personalstellen geschaffen, Stiftungen ausgestattet, Publikationen erstellt, Haushaltstitel nominiert, Projekte initiiert, Preise ausgelobt und Feierstunden für Geleistetes veranstaltet (vgl. Schulz 2009). CSR ist bei immer mehr Unternehmen auf der Tagesordnung und hat tiefgreifende Konzepte formuliert. Die Politik unterstützt durch Grundsatzerklärungen, Din-Normen und steuerliche Entlastungen konkrete Versuche, soziale Defizite durch CSR-Initiativen zu verringern.

Oft werden hinter der CSR-Orientierung altruistische Motive vermutet, nicht eine systematische Kommunikationsstrategie nach außen und innen mit klar definierten Zielen und ausformulierten Botschaften. Dieses System umfasst verschiedene Elemente und Ebenen. In ihm sollten sich interessierte Sportveranstalter auskennen und sich selbst zunächst als Stakeholder positionieren.

Nach dem Grünbuch der EU von 2001 ist CSR ein Konzept, das Unternehmen als Grundlage dient, auf freiwilliger Basis soziale Belange und Umweltbelange in ihre Unternehmenstätigkeit und in die Wechselbeziehungen mit den Stakeholdern zu integrieren. In ISO-Norm 26000 „Guidance on Social Responsibility" ist das CSR-Konzept ausformuliert (vgl. Schneider/Schmidpeter 2012). Als wesentliche Praktiken zur Verankerung gesellschaftlicher Verantwortung werden zwei Punkte formuliert:

- Anerkennung und Verinnerlichung der gesellschaftlichen Verantwortung
- Identifizierung und Aktivierung der Anspruchsgruppen.

Die Din-Norm beschreibt Kernthemen sowie Handlungsfelder und gibt Empfehlungen. Es handelt es sich um Organisationsführung, Menschenrechte, Arbeitspraktiken, Umwelt, faire Betriebs- und Geschäftspraktiken, Konsumentenanliegen, Einbindung und Entwicklung der Gemeinschaft.

Zusammenfassend lässt sich für das Konzept Corporate Social Responsibility festhalten:

- Mit CSR beteiligt sich ein Unternehmen nachhaltig und umfassend an der Lösung konkreter sozialer Probleme.
- CSR setzt auf Glaubwürdigkeit der Initiative mit Philosophie, Produkten und sozialer Praxis des Unternehmens.
- CSR verlangt in sozialer und räumlicher Praxis ein ausdifferenziertes Konzept, das alle relevanten Unternehmensbereiche umfasst und Mitarbeiter aktiv einbindet.
- Den Maßstab bilden Konzepte wie Corporate Citizenship mit Initiativen am Standort des Unternehmens, die Instrumente wie Corporate Giving (Spenden durch Mitarbeiter), Corporate Volunteering (Freiwilligenarbeit) und Social Sponsoring (vom Unternehmen nach sozialen Kriterien ausgewählte Projekte) beinhalten.
- Ziel sind in ihrem sozialen Erfolg messbare Aktivitäten. Eine systematische Evaluation der gesetzten Ziele ist für CSR-Initiativen selbstverständlich.

Alle Aktivitäten sind auch ausgerichtet, Philosophie und Leistungsfähigkeit des Unternehmens zu dokumentieren und in die Öffentlichkeit zu bringen. CSR erschöpft sich nicht selbstreferentiell, ist nach innen wie außen unternehmerische Kommunikationspolitik. Gleichwohl ist sie nicht klassische Werbung, nutzt also nicht Partner primär als massenwirksame Kommunikationsplattform.

Die konkreten CSR-Maßnahmen haben nicht selten Eventcharakter bzw. Events bilden Treibriemen längerfristiger Projekte, indem sie Öffentlichkeit erreichen, zum Mitmachen motivieren und zur Identifizierung der Idee beitragen (Fundraising–Events mit Schulen, feierliche Preisverleihungen, Fußballturniere mit Prominenten, Benefiz-Konzerte). Insofern ergeben sich Schnittmengen zu Veranstaltungen des Sports. Organisatoren des Sports müssen die unternehmerischen Interessen wahrnehmen, prüfen und gezielt aufgreifen – ein einmaliges hochleistungssportliches Spektakel wird für CSR-Konzepte kaum kompatibel sein. Damit ist die Frage zur Eignung von Events für CSR-Politik nicht abschließend beantwortet, doch die Voraussetzungen klarer geworden. CSR verlangt eine besondere Qualität von Sportevents.

6 Zu Praxis und Potentialen von CSR im Sport

Mit CSR-Botschaften eröffnen sich neue Potentiale in einem oft marktschreierischen Werbemarkt, aber auch Risiken. Nicht zuletzt stellen sie an Sportorganisatoren neue Herausforderungen, denn die Verknüpfung eines Sportereignisses mit einer überzeugenden CSR-Botschaft ist nicht allein mit Massenpräsenz einer Sportart und populären Testimonials zu erreichen, sondern verlangt einen präzisen Fit zwischen dem attraktiv inszenierten öffentlichen Ereignis und der spezifischen sozialen Botschaft.

Sport hat ob seiner Größe, seines entwickelten Netzwerks und sozialen Aufgaben wie Jugendbetreuung, Gesundheitsförderung, Integration von Migranten ein offenkundiges Potential für CSR-Aktivitäten. Unternehmen und Sportorganisationen kommen sich angesichts der Dynamik zum Thema CSR erkennbar näher. Beispielhaft ist der „Goldene Stern des Sports", wo bundesweit Banken gemeinsam mit dem DOSB beeindruckende soziale Projekte aus Vereinen mit respektablen Beiträgen auszeichnen. 2500 Vereine haben sich 2012 beteiligt. Sind die Sportorganisationen sich ihres Potentials bewusst, wird das hinreichend aktiviert, gibt es schon flächendeckend und bis in den Vereinsalltag Kooperationen mit Unternehmen? Ergibt sich durch eine weite Verbreitung von CSR-Aktivitäten im Sport bereits ein drittes Standbein zur Finanzierung des organisierten Sports neben Mitgliedsbeiträgen und staatlicher Zuwendung?

Die bislang registrierbaren CSR-Aktivitäten im Sport sind vielgestaltig bis unübersichtlich, in ihrer Zahl wachsend und in Einzelfällen erfolgversprechend: Die Sterne des Sports wurden genannt, Mission Olympics motiviert über hundert Städte sportlicher zu werden, teilnehmerstarke Läufe werden zum Fundraising für Kranke genutzt, Integrationsprojekte für Menschen mit Migrationshintergrund aufgelegt, Bundesligavereine und Fußballverbände bilden ihrerseits CSR-Abteilungen mit eigenen Projekten und vermitteln ihre Sponsoren an lokale Projekte. Mittlerweile dürften im Sport rund 50 Preise für soziales Engagement ausgelobt sein (vgl. Schulz 2009). Einige Sportvereine und Verbände haben durch die CSR-Orientierung der Unternehmen Impulse zur Schärfung des eigenen Selbstverständnisses erfahren, wertvolle Angebote neu initiiert oder bestehende in sozialer Perspektive weiter entwickelt. Tabellenplätze, Rekorde und Zuschauerzahlen treten in den Hintergrund.

Noch sind die Aktivitäten nicht systematisch gezählt, ein Monitoring wäre wünschenswert. Denn auch das gilt es bei einer entstehenden „CSR-Bürokratie" fallweise zu notieren: Wichtige Projekte erhalten nur kurzfristig eine Anfangsfinanzierung und drohen schnell mangels Eigenmitteln auszulaufen, aufwändige Antragsverfahren mit ungewissem Erfolg sind zu durchlaufen, Personalkosten – oft Korsettstange für freiwilliges Engagement – werden ausdrücklich nicht finanziert, mitunter misst die Werbeabteilung des Unternehmens weiter an medialer Präsenz den Erfolg, die repräsentative Darstellung bei einer Preisverleihung findet mehr Aufmerksamkeit in der Unternehmensführung als die konkrete soziale Arbeit vor Ort.

Es gibt keine verlässlichen Erfahrungen und Zahlen über Umfang und Schwerpunkte aller sportlichen CSR-Aktivitäten, Arbeitskonzept, Dauer und langfristiger Erfolg sind nicht dokumentiert und Ergebnisse bleiben ungesichert. Die Aktivitäten sind noch nicht nach den Instrumenten zum Corporate Citizenship geordnet. Einheitliche Rahmenbedingungen für Kooperationen, Standards für Erfolg sind offen – sie wären Voraussetzung für das Verhindern von Enttäuschungen. Bis zu einer stabilen Säule der Sportförderung durch CSR-Aktivitäten bleibt offensichtlich noch ein langer Weg.

Die aktuelle Situation entsteht auch, weil Sportorganisationen bei der angestrebten Zusammenarbeit mit Unternehmen CSR (zu) oft als monetärer Zauberstab für Gewünschtes gilt und Gewohntes an sportlichen Wettkämpfen geboten wird. Perspektivisch müssen sich beide Partner in den jeweils anderen hineindenken. Hier steht ein Unternehmen mit komplexen Strukturen, kompetenten Produkten und werblichen Interessen, dort ein gemeinnütziger Sportverband oder –verein mit geregelten Wettkampfstrukturen und begrenzten ehrenamtlichen Ressourcen. Für längere Kooperation muss Übereinstimmung gefunden werden, die auf beiderseitiger sozialer Glaubwürdigkeit, gemeinsamen Interessen und Machbarkeit liegt. Ein Unternehmen kann nicht Sport für Jugendliche fördern, wenn es von Kinderarbeit profitiert oder Ausbildungsplätze streicht, ein Sportverein nicht bei einem Jugendturnier Alkohol oder aggressive Fans dulden. Inhalt und Image gehören zusammen.

Angesichts der Forschungsdesiderate empfiehlt sich, zunächst einzelne praktische Erfahrungen zu sammeln, zu interpretieren und einzuordnen. Es geht um CSR-Projekte mit klarer Problemstellung und hohem Konkretisierungsgrad. Aus ihrer Summe wird mittelfristig ein verlässlicher Überblick zu gewinnen sein. Daraus lässt sich eine Forschungsperspektive formulieren, die wiederum Umsetzungskonzepte verspricht. Der vorliegende Text will dazu anhand eines Beispiels beitragen.

7 Personalmanagement und Corporate Volunteering bei Sportevents

Verschiedentlich wird vermutet, CSR sei nur nach außen gerichtete PR-Initiative. Das kann in Einzelfällen sein. Tatsächlich sind differenzierte Konzepte entwickelt und erprobt (und in der Literatur dokumentiert; vgl. Habisch/Schmidpeter/Neureiter 2007), die Maßstäbe setzen und die bislang im Sport wenig diskutiert wurden. Das Corporate Citizenship (CC) stellt einen Teil der gesellschaftlichen Verantwortung von Unternehmen dar und bezeichnet das über die Geschäftstätigkeit gehende Engagement zur Lösung offensichtlicher sozialer Probleme im regionalen wie überregionalen Umfeld und ist damit auch potentielle Schnittstelle zu regionalen Vereinen und Eventveranstaltern.

Konkrete Instrumente im CC-Konzept sind Corporate Giving (Spenden), Social Sponsoring und Corporate Volunteering (CV) (vgl. Schewe 2010 Blumberg/Scheubel; 2007). Letzteres ist der freiwillige Einsatz von Beschäftigten eines Unternehmens bei konkreten sozialen Projekten, die über einen gewissen Zeitraum gehen und gezielter Vorbereitung bei den Mitarbeitern bedürfen. CV ist Teil des Personalmanagements eines Unternehmens, denn mit ihm sollen die sozialen Kompetenzen – Wahrnehmen und Umgang mit anderen Lebenswelten – erweitert werden (Diversity Management).

Gemeinsames Potential bildet Corporate Volunteering, weil Personalentwicklung eines Unternehmens mit dem Bedarf an professionellen Mitarbeitern bei einer Sportveranstaltung eine Schnittmenge bilden, sofern diese CSR-Potential bietet: Mitarbeiter kooperieren mit haupt- und ehrenamtlichen Kräften des Veranstalters und bringen fachliche wie soziale Kompetenzen ein. Die Projektleitung bleibt in der Regel beim externen Veranstalter

Das bedeutet Herunterbrechen einer wichtigen sozialen Aufgabe nach innen auf die Beschäftigten des Unternehmens – ein vom Sport selten aktiviertes Potential, das an beiderseitiger Glaubwürdigkeit anknüpfen kann. Die Bewältigung sozialer Aufgaben im Sport hilft tatsächlich betroffenen Menschen, was die Mitarbeiter positiv emotional erfüllt und die soziale Kompetenz erhöht, während das Unternehmen Anerkennung bei Mitarbeitern und positive Darstellung in der Öffentlichkeit erfährt.

Auch ein CSR-Stakeholder „Sportveranstalter" kann mit Corporate Volunteering gewinnen. Der organisierte Sport lebt vom ehrenamtlichen Engagement und freiwilliger Mitarbeit. Nicht immer bleibt die Anfangsmotivation bei den Freiwilligen erhalten, berufliche und familiäre Anforderungen nehmen Zeit und Aufgabe und individuelle Kompetenz sind nicht unbedingt deckungsgleich. Die Integration von freiwilligen Mitarbeitern aus einem Partnerunternehmen verspricht mehr Kontinuität, Kompetenz, Kreativität und Kooperation. Sie kann längerfristige Mitarbeit vorbereiten, was Unternehmen und Sport enger bindet. Nicht zuletzt stärkt die Kooperation eines Sportveranstalters mit einem leistungsstarken und bekannten Unternehmen dessen öffentliche Anerkennung.

Das gilt besonders für Großveranstaltungen, die mit ihrer öffentlichen Begeisterung zum Helfen einladen. Olympische Spiele, Fußball- und Leichtathletikweltmeisterschaften, auch Turnfeste und Kirchentage sind bewährte Orte freiwilliger Bereicherung. Allerdings sind nicht immer tausende individueller Volunteers vorhanden bzw. hilfreich einzusetzen. Unter- und Überforderung mit Motivationsverlust, begrenzte zeitliche Verfügbarkeit, Kommunikationsbrüche sind Hemmnisse. In der Eventgesellschaft mit einem Markt voller Konkurrenten werden auch Sportveranstaltungen nach Qualität gemessen. Corporate Volunteering verspricht zu mehr Qualität beizutragen, ohne Kosten zu steigern.

Ein Versprechen ist keine Realität. CV bei einer Non-Profit-Organisation wirft Fragen auf. Eine größere Gruppe von Mitarbeitern aus einem hochentwickelten Unternehmen kann Statusfragen gegenüber bereits tätigen hauptamtlichen Mitarbeitern provozieren, Alters- und Erfahrungsunterschiede können Kooperationsfallen sein, professionelle und ehrenamtliche Strukturen müssen vermittelt werden, ein hochflexibles Projektmanagement kann auf tradiertes Verwaltungshandeln stoßen, eine „freundliche Übernahme" der Projektleitung durch Führungskräfte des Unternehmens ist nicht auszuschließen. Eine Erkundungsfahrt in die Empirie von Sport und CSR beginnt: Corporate

Volunteering durch den Konzern ABB bei den Nationalen Spielen von Special Olympics Deutschland (SOD).

8 Special Olympics Deutschland als Organisator großer Sportevents

Special Olympics (SO) ist die weltweit größte Sportbewegung für Menschen mit geistiger Behinderung in 180 Ländern. Sie wurde in den 70er Jahren des vorigen Jahrhunderts von der Kennedy-Familie initiiert. Special Olympics ist vom Internationalen Olympischen Komitee (IOC) anerkannt und autorisiert, den Begriff „Olympics" zu nutzen. Ihr konzeptioneller Ansatzpunkt ist, mit sportlichen Vergleichen in zahlreichen Sportarten und allen Leistungsniveaus Menschen mit geistiger Behinderung zu eigener sportlicher Aktivität anzuregen, ihr Selbstbewusstsein zu steigern und in der Öffentlichkeit für die Anerkennung dieser Sportler zu werben. Letzteres ist das kommunikationspolitische Ziel von SO.

SO veranstaltet weltweit, kontinental, national und regional spezielle „Olympische Spiele" in derzeit 25 Sportarten und mit allen olympischen Zeremonien (Eröffnungs- und Abschlussfeier, Fackellauf, Hymne, Flamme, Fahne, Siegerehrungen mit Medaillen), allerdings ohne die traditionelle Diskriminierung in (wenige) Gewinner und Verlierer. Damit werden Menschen, die häufig unbeachtet bleiben oder Ablehnung erfahren, öffentlich wahrgenommen und persönlich gefeiert. Ergänzt werden die „Special Games" durch Programme für Gesundheitsförderung, Familienbetreuung, Bildungsangebote u. a. für Athleten und Betreuer sowie wissenschaftliche Aktivitäten. Mit ihnen wird versucht, die durch die nationalen und regionalen Spiele bei den Athleten freigesetzte Motivation in ein regelmäßiges Sporttreiben zu verlängern und dafür das fördernde Umfeld zu schaffen. Bei SO handelt es sich unverkennbar nicht um einen spektakulären Zuschauer- und Mediensport. Es gibt keine Rekorde, doch unverkennbar wichtige soziale Werte. Sind demnach die Spiele von Special Olympics ein geeignetes Feld für CSR-Aktivitäten?

Hierzulande ist Special Olympics Deutschland e.V. (SOD) Träger und Organisator der im jährlichen Wechsel stattfindenden nationalen Sommer- und Winterspiele. An den letzten Sommerspielen im Münchener Olympiapark 2012 waren insgesamt über 15.000 Personen in 19 Sportarten und wettbewerbsfreien Mitmachangeboten als Aktive und Organisatoren beteiligt, davon 2.500 Volunteers. Bei regionalen Spielen sind bis zu 2.000 Personen in 6-10 Sportarten aktiv beteiligt (vgl. Schulke 2012 a).

Die letzten Spiele fanden durch die authentische Fröhlichkeit der Athleten wie auch wegen des anspruchsvollen kulturellen Rahmens in den Medien und in der Politik eine unerwartet hohe Resonanz. Zur Veranstaltung in München im Jahr 2012 wurden insgesamt knapp 20 Stunden TV-Übertragungen registriert, überwiegend in lokal und sozial geprägten Sendeformaten. Insofern bildet dieses Ereignis keine Kommunikationsplattform wie die großen Zuschauersportarten. Die Einnahmemöglichkeiten sind damit eng begrenzt (keine staatliche Sportförderung, da nicht Leistungssport; keine Einnahmen aus Mitgliederbeiträgen oder Ticketing und TV-Verträgen); es bleibt zur Finanzierung durch Wirtschaftsunternehmen nur ein Social Sponsoring bzw. Social Giving ohne langfristige Verträge und Sicherheiten, ansonsten ein von Spielen zu Spielen zu erneuerndes Fundraising.

Neben diesen Instrumenten aus dem Arsenal der Corporate Citizenship gibt es ein weiteres Instrument, das bislang kaum Einsatz bei Sportevents gefunden hat, gleichwohl eine längerfristige Kooperation zwischen Sportveranstaltern und Wirtschaftsunternehmen verspricht: Corporate Volunteering.

Es ist evident, dass die besonderen „Olympischen Spiele" von SOD hohe Anforderungen an das Veranstaltungsmanagement stellen, da die Aktiven oft motorisch eingeschränkt sind, Lese- und Orientierungsschwierigkeiten haben, gesundheitlich gefährdet sind, sich anders verständigen müssen, sensibler Begleitung bedürfen. Politisch erfahren die Spiele gewachsene Aufmerksamkeit, denn mit der von der UNO verabschiedeten Behindertenrechtskonvention (BRK) - sie hat in Deutschland Gesetzeskraft - wird die Inklusion von behinderten und nichtbehinderten Menschen gefordert. Die Nationalen Spiele sind wichtiges Praxisfeld für Inklusion im und durch Sport. Entsprechend finden sich bei den nationalen Spielen von SOD höchste politische Repräsentanten, die neben exakter Organisation angemessener protokollarischer Begleitung bedürfen.

Für die anspruchsvollen Aufgaben verfügt SOD als Non-Profit-Organisation nur über geringe finanzielle und damit personelle Ressourcen. Letzteres bedeutet in der Organisationspraxis eine kleine vollberufliche Kernmannschaft mit eher bescheidenem Gehaltsniveau. Ansonsten ist man auf ehrenamtliche Führung und freiwilliges Personal angewiesen.

Die vom Verband häufig registierte Abwärtsspriale, bestehend aus Anforderungen, Ressourcen und Defiziten (vgl. Abb. 2), hat zur Konsequenz, keine finanziellen Ressourcen zur Verbesserung der Personalsituation im hauptamtlichen Bereich zu erhalten. Die wiederum sind als Korsettstangen in der Aufbauorganisation des Projektmanagements wichtige Voraussetzung für Betreuung und Bindung von nur kurzzeitig eingesetzten Volunteers.

Abb. 2: Abwärtsspirale der Anforderungen, Ressourcen und Defizite

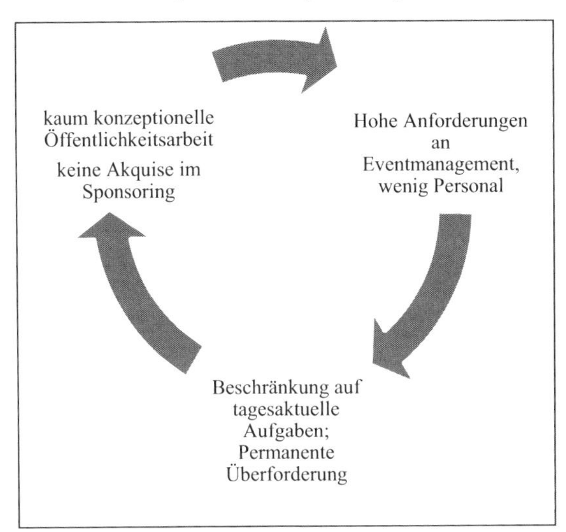

Diese Gefahren hat SOD bislang abwehren können durch über 20 Jahre gewachsene Kompetenz in der ehren- wie später auch hauptamtlichen Projektführung und ein konsequentes Stakeholdermanagement. Dennoch bleiben sie latent vorhanden, wenn ehrenamtliches Engagement nachlässt und die Ansprüche an die Veranstaltung steigen (vgl. Schulke 2012b).

Kompetentes Personal ist wesentlicher Erfolgsfaktor für effektive Organisationsabläufe und Strahlkraft großer Sportveranstaltungen. Dieses mit Freiwilligen zu erhalten, verlangt Personalmanagement mit

- frühzeitiger Bedarfsplanung quantitativ und qualitativ
- Rekrutierung einer genügend großen Zahl an Freiwilligen
- Findung von kompetenten Key-Volunteers für wichtige Aufgaben (z. B. Pensionäre)
- Ausdauernde Motivierung für das Ziel
- Qualifizierung für die Aufgabe
- Stützung bei der Umsetzung

- langfristige Bindung an die soziale Aufgabe u. a. durch Anerkennungskultur

SOD bietet mit seinen Spielen ein attraktives Engagement für Volunteers, da der Wert dieser sozialen Aufgabe unstreitig ist, alle Mitarbeitenden von den Aktiven eine hohe emotionale Wertschätzung erfahren und sie sich mit viel Selbstverwirklichungsmöglichkeiten einbringen können. Gleichwohl gelingt bei der großen Zahl benötigter Volunteers keineswegs an jeder Stelle ein verlässlicher und kompetenter Einsatz. Insbesondere Schüler sind mitunter zeitlich überfordert und Einzelvolunteers in notwendigen Hilfstätigkeiten unterfordert, beide sind in Kommunikation und Kompetenz für ein Projektmanagement möglicherweise nicht erfahren genug. Vorrangiges Ziel im Personalmanagement von SOD muss sein, ein effektives Rekrutierungssystem für qualifizierte freiwillige Mitarbeit zu finden. Hier bieten sich Unternehmen an, die CSR bis zum Corporate Volunteering nachhaltig durchgestalten.

Corporate Volunteering wurde bei SOD zunächst durch Einzelpersonen eingeführt, erst sukzessive zu einem stabilen System bei Partnern ausgebaut. Für viele Partner bildet es heute eine unverzichtbare Säule für die Kooperation mit SOD bei deren Großveranstaltungen. Die Partner von Special Olympics erkennen, wie sehr sportlich-soziales Engagement der Mitarbeiter die Bindung im Unternehmen und schließlich auch die Personalentwicklung fördert: Mitarbeiter des Bayerischen Rundfunks helfen bei der Kommunikation der Aktiven, das Industrieunternehmen Würth organisiert mit seinen Beschäftigten eine große Sportart, ein regionaler Bauunternehmer die Transporte, von der AOK engagieren sich gesundheitskompetente Sachbearbeiter an bewegenden Mitmachangeboten. Die längsten und umfangreichsten Erfahrungen mit Corporate Volunteering liegen beim Premiumpartner ABB vor. Im folgenden werden sie ausgewertet.

Forschungsmethodisch wird ein trianguläres Verfahren gewählt (vgl. Flick 2008), das aus verschiedenen Bereichen und aus unterschiedlichen Blickwinkeln empirische Fakten sammelt. Gesammelt und gesichtet wurden Protokolle des Organisationskomitees, Gruppengespräche mit Organisatoren, offene Interviews mit Volunteers, Dokumentenanalysen von Protokollen, Verträgen u. ä., Inhaltsanalysen von Zeitungen, Fernsehsendungen, Blogs; statistische Vergleiche mit früheren Spielen und Unternehmensdaten. Unterstützt und abgeglichen wurden die Erfahrungen mit Ergebnissen aus etwa 40 Diplom-, Master-, BA- und Projektarbeiten, die in den letzten Jahren zu Nationalen Spielen erstellt wurden. Teile von ihnen sind in Dokumentationsbänden über wissenschaftliche Kongresse enthalten, die SOD regelmäßig durchführt (vgl. bspw. Milles/Meseck 2011).

9 Corporate Volunteering bei Special Olympics durch Mitarbeiter von ABB

„Ich nehme aus dieser Woche bei den Nationalen Spielen extrem viel mit und komme mit einem breiten Grinsen nach Hause, das wochenlang anhält.“ *Bernd Rörig, ABB in Mannheim*

Ein langjähriges erfahrungsgesättigtes Konzept zum Corporate Volunteering (CV) liegt bei dem weltweit agierenden Technologiekonzern ABB vor, der seine deutsche Zentrale in Mannheim hat. Weltweit beschäftigt er 145.000 Mitarbeiter, in Deutschland etwa 10.000. Die Mitarbeit von Beschäftigten des Unternehmens bei Veranstaltungen war zunächst durch eine Mitarbeiterin initiiert, die SO in den USA kennengelernt hatte. Sie wurde nach ersten positiven Erfahrungen bald unternehmensstrategische Entscheidung. Die Zusammenarbeit von ABB Deutschland und Special Olympics begann im Jahr 2000 zum 100-jährigen Jubiläum des Unternehmens und war ausdrücklich als langfristige CSR-Initiative des Vorstandes definiert, das auch Social Sponsoring und Corporate Giving umfasste. Das Corporate Volunteering hat sich im Laufe der Jahre erheblich erweitert und festere Strukturen hinsichtlich Gewinnung und Vorbereitung der Beschäftigten gebildet. CV ist in ein stimmiges CSR-Konzept eingebettet, bildet eine tragende Säule.

Die Analyse der Aktivitäten des Unternehmens erfolgt auf fünf Ebenen.

Führungsebene: Die Förderung von Special Olympics ist seit 2000 das längste und umfangreichste Sponsoring von ABB Deutschland (vgl. ABB o. J.). Sie wurde durch den Vorstand initiiert und durch viele gemeinsame Aktivitäten bspw. mit Behindertenwerkstätten bekräftigt. Der Vorstand bezeichnet die Förderung von Sportlern mit geistiger Behinderung als „Herzenssache“. Die deutsche Unternehmensspitze äußert bei Veröffentlichungen und zentralen Versammlungen immer wieder ihre Verbundenheit mit Special Olympics. Bei Ehrungen würdigt das Management das Engagement der Mitarbeiter als freiwillige Helfer. Wichtige Kunden werden zu den Nationalen Spielen eingeladen und bei einem besonderen Empfang begrüßt. Sowohl der Vorstand wie Mitglieder des Konzernbetriebsrats und des Managements kommen regelmäßig zu den Nationalen Spielen und bleiben dort über einen längeren Zeitraum, begrüßen Mitarbeiter wie Kunden und Athleten, nehmen an Siegerehrungen teil. Regelmäßig werden mit der Leitungsebene aktuelle Themen und Initiativen von SO erörtert. In einem kürzlich erschienenen Beitrag in der Zeitschrift „Faktor Sport" des DOSB hebt der Vorstandsvorsitzende Peter Terwiesch insbesondere das Corporate Volunteering hervor: „Es ist für beide Seiten ein Geben und Nehmen...2000 Mitarbeiter haben bereits als freiwillige Helfer geholfen und bringen ihr Knowhow ein. Im Gegenzug wächst das Verantwortungsbewusstsein und sie trainieren die Teamfähigkeit...Die Partnerschaft hilft, eine neue Sicht auf vermeintlich Gewohntes zu lernen. Von den Erfahrungen profitieren die ABB-Helfer nicht nur persönlich, sie tragen ihre Kreativität in den Arbeitsalltag hinein mit Impulsen für unsere Unternehmenskultur." (Terwiesch 2012)

Öffentlichkeitsarbeit: Die gesamte Initiative von SOD und ABB mit dem Titel „Gemeinsam grenzenlos" ist im Arbeitsbereich Unternehmenskommunikation angesiedelt und wird von dort unternehmensintern gesteuert. Sie wird konsequent nach innen und außen vertreten. In der Kundenzeitschrift „Connect", im Mitarbeitermagazin „Kontakt" und auf der ABB-Website ist sie regelmäßig Thema, Blogs sind eingerichtet und Fotogalerien einsehbar. Darüber hinaus gibt es seit 2012 einen gemeinsamen „Online-Treffpunkt" www.gemeinsam-fuer-specialolympics.de. Beim Branding von SOD-Veranstaltungen oder –Publikationen ist ABB prominent vertreten wie umgekehrt SOD vom Unternehmen kommuniziert wird. Das ABB-Engagement wird in den Medien offensiv vertreten. Regelmäßig erscheinen Pressemitteilungen. Selbst bei großen Fachmessen wie in Hannover wird das Thema aktionsorientiert vorgestellt und es werden Fundraisings initiiert. Bei Pressekonferenzen und Medientagen ist ABB durch ihre Volunteers präsent. Gegenüber Geschäftspartnern gilt das Gleiche, hier finden regelmäßige Treffen zu dem Thema bzw. Veranstaltungen statt. Eine mehrseitige Info-Broschüre stellt das Engagement und seine Gründe dar (ABB o.J.). Bei den jährlichen Nationalen Spielen ist ABB mit einem großen Sponsorenzelt vertreten. Im Jahr 2002 hat ABB den Preis „Pro Ehrenamt" des DSB, 2010 den angesehenen Deutschen Preis für Wirtschaftskommunikation („Goldener Funke") für ihr Engagement bei SOD erhalten. Special Olympics stellt ein Segment neben anderen in der Öffentlichkeitsarbeit von ABB dar, Verbindungen zu anderen Themenfeldern (z. B. Forschung, Bildung und Wissenschaft) sind noch nicht erkennbar.

Personalabteilung: Die Abteilung fördert aktiv und zunehmend systematisch das Konzept Corporate Volunteering, wobei auch der Betriebsrat einbezogen ist. Hervorgehoben werden Sozialkompetenz, Flexibilität, Teamfähigkeit bei ungewohnten Anforderungen und prozessunabhängige Qualifikationen, die bei dem Freiwilligeneinsatz gefördert werden. Das ist plausibel, da 75% der Mitarbeiter erklären, sie hätten vor ihrem Einsatz noch keinen Kontakt mit geistig behinderten Menschen gehabt (vgl. Pietsch 2012). Es gilt als Grundsatz, dass die Volunteers keine unternehmensinternen Gratifikationen erhalten. Sie müssen für den Zeitraum der Spiele Urlaub oder Freizeitausgleich nehmen, werden nur bei Fahrt und Unterkunft unterstützt. Es werden u. a. Kommunikationsaktivitäten durchgeführt, um neue Helfer zu gewinnen und einen Erfahrungsaustausch zu erleichtern. Da die Zahl der Bewerbungen höher liegt als die benötigte Zahl, wird darauf geachtet, genügend Neulinge einzubeziehen. Die Personalleitung bestätigt den enormen Entwicklungsschub bei vielen Auszubildenden, für die ein größeres Kontingent an Plätzen freigehalten wird („Sie kommen als neue Menschen wieder!"). Die Abteilung organisiert auch Schulungsmaßnahmen für ihre Freiwilligen. Pietsch (2012) kommt in ihrer Analyse zu dem Schluss, dass das Unternehmen ABB am meisten im Personalbereich durch das CV bei Special Olympics profitiere. Sie verweist dabei auch auf die Möglichkeit, das CV bei ABB für das Personalmarketing zu nutzen.

Mitarbeiter: Die Zahl der freiwilligen Helfer wie auch der Bewerbungen hat sich in den bald 15 Jahren sukzessive erhöht. Es gibt mittlerweile mehr Bewerbungen als Plätze. Insgesamt haben bisher über 2000 Mitarbeiter der deutschen ABB als Freiwillige mitgewirkt, d. h. etwa 20% der deutschen Mitarbeiter. Es gibt Gruppen, die sich regelmäßig austauschen oder persönlich treffen. Die Bewertung ihres Engagements ist durchweg positiv („Der etwas andere Urlaub", „tolle Erfahrung", „Schönste Woche des Jahres", „eigene Werte in Fragegestellt und Anstoß zur Selbstreflektion", „Ich lerne wieder, was im Leben wichtig ist", „für eigene gesellschaftliche Rolle emotional sehr sensibilisiert", „das beste Training in sozialer Kompetenz...und das schönste dazu", u. a. Pietsch 2012). Einige Mitarbeiter halten dauerhaft Kontakt zu Einrichtungen und Aktiven, die sie bei den Spielen kennengelernt haben. Beim ABB-Fußballturnier der verschiedenen Standorte werden ausdrücklich Mannschaften und Spieler aus naheliegenden Behinderteneinrichtungen einbezogen. Bei einer nichtrepräsentativen Befragung einer Mitarbeitergruppe erklärten weit über 90%, sie wollten gerne wieder mitmachen; 74% wollten später vor Ort weiter helfen. Seit kurzem liegt eine fundierte empirische Studie vor, die differenziert die Erfahrungen der Mitarbeiter u. a. aus einer Online-Befragung diskutiert und die positiven Einschätzungen der Mitarbeiter bestätigt (vgl. Pietsch 2012).

Unternehmenskultur: Special Olympics ist fester Bestandteil des Konzernalltags. Das Engagement für Special Olympics ist in der Unternehmenskultur verankert und findet sich in Unternehmenspublikationen und in Jahresberichten wieder, ist Gesprächsthema in der Kantine oder bei Feiern und Ehrungen. Aus der Mitarbeiterschaft werden neue Ideen entwickelt, es findet ein reger Austausch über Social Media statt. ABB-Mitarbeiter übernehmen mittlerweile bei den SOD - Veranstaltungen ganze Wettbewerbsbereiche in großen Sportarten und vom Gesundheitsprogramm, inszenieren Siegerehrungen, sind bei Mitmachangeboten aktiv oder bauen funktionsgerechte Fackeln. Das eigens eingerichtete ABB-Team in der Unternehmenskommunikation organisiert ideenreich Stationen des Fackellaufs, richtet Blogs im Internet ein, initiiert eine virtuelle Wunschbox für Teilnehmer, richtet ein großes Zelt als Kommunikationspunkt aus und präsentieren während wie auch außerhalb der Spiele eindrucksvolle Fotoausstellungen der Athleten. Auch in ihrer Freizeit nehmen ABB-Mitarbeiter an lokalen inklusiven Sportveranstaltungen aktiv teil (vgl. ABB o. J.; S. 5). Eine Mitarbeiterin, die bereits mehrfach an Spielen von SO als Volunteer teilgenommen hat, hat im Rahmen eines dualen Studiums ihre schriftliche Hausarbeit zu dem Engagement der Mitarbeiter von ABB geschrieben (s. o.). Als in wirtschaftlich weniger erfolgreichen Zeiten eine Diskussion über die verschiedenen Sponsorenengagements des Konzerns begann, wurde aus der Mitarbeiterschaft prioritär die Fortsetzung der Kooperation mit SO gefordert. Der deutsche ABB-Vorstand bezeichnete stets das Engagemment für SOD und insbesondere Corporate Volunteering als zentralen Teil der Unternehmenskultur. Mittlerweise ist dieses Konzept bereits zu ABB Großbritannien und ABB Italien exportiert worden, Mitarbeiter aus der Schweiz und Tschechien sind in Spiele in Deutschland einbezogen. Kurzum – das CV bei den Spielen von SOD ist bei ABB auf allen Ebenen und in vielen Bereichen lebendig.

Zusammengefasst: Es liegt bei ABB ein über 15 Jahre in der Praxis entwickeltes differenziertes Kooperationskonzept zur CSR mit SOD vor, bei dem das CV eine tragende Säule bildet. Mitarbeiter wie Unternehmensführung betrachten das CV von ABB als lebendige Erfolgsgeschichte, wobei der Gewinn des Unternehmens nach der differenzierten Analyse und Evaluation des Corporate Volunteerings durch Pietsch (2012) mehr in der Personalentwicklung als in der Kommunikationspolitik gesehen wird. In letzterem scheinen die Potentiale für eine positive Darstellung des CV etwa bei kommunikativen Aktivitäten von ABB immer wirkungsvoller genutzt, in der (wissenschaftlichen) Fachpresse jedoch nicht vollends ausgeschöpft. In die vielfältigen Forschungsprojekte, die von ABB gefördert werden, ist das Thema nicht einbezogen. Das könnte bspw. bei Mitarbeiterzufriedenheitsanalysen oder zur Rekrutierungsforschung erfolgen. Es ist eine interessante unternehmensorganisatorische Frage, ob das Thema CV eher über die Unternehmenskommunikation/ Marketingabteilung gesteuert oder in der Personalabteilung angesiedelt wird. Gleichwohl ergibt sich bei ABB insgesamt ein stimmiger Verbund zwischen Sponsoring, Kommunikationspolitik, CV und CSR, der wesentlicher Grund für das im Sponsoring ungewöhnlich lange Engagement sein dürfte.

Auch von SOD wird die Zusammenarbeit in diesem Bereich als insgesamt störungsfrei und für die Organisation der Spiele sehr hilfreich erachtet, zumal noch sechsstellige Beträge an Special Olympics Deutschland jährlich als Social Sponsoring sowie verschiedentlich Initiativen zum Social Giving hinzukommen. ABB wird als „der" Premiumpartner von SOD angesehen und auch entsprechend in der verbandlichen Kommunikationspolitik berücksichtigt. Allerdings hat SOD seinerseits noch kein längerfristiges ausdifferenziertes Konzept zum CV für seine diversen Veranstaltungen und andere Partner formuliert, dementsprechend auch nicht mit seinen eigenen Organisationsbereichen (Fundraising, Personalentwicklung, Bildung und Forschung, ansatzweise in der Öffentlichkeitsarbeit) verknüpft. Der Verband greift Initiativen und Angebote von ABB gern auf, handelt selbst weniger antizipativ. Mit anderen Partnern hat die Kooperation im Bereich des CV gerade erst begonnen, so dass noch keine Ergebnisse vorgelegt werden können.

Allerdings hat der Verband vor einigen Jahren einen Marketingbeirat konstituiert, in dem die wichtigsten fördernden Unternehmen vertreten sind. Dieser könnte das Instrument sein, durch das umfassende Konzepte zum Corporate Volunteering formuliert und evaluiert werden.

10 Ergebnisse und Perspektiven

CSR-orientierte Unternehmen und die Organisationen des Sports befinden sich erkennbar auf dem Weg zu mehr gemeinsamen Aktivitäten. Das wird auch bei Sportevents sichtbar, was neuartige inhaltliche Verknüpfungen fordert. Es dominieren auch beim Social Sponsoring kommunikationspolitische Interessen bei den Unternehmen, die nicht überall von den Sportveranstaltern erkannt und erfüllt werden (können). Am weitesten fortgeschritten gelten in diesem Prozess diverse Awards als Anreiz für Vereine, mit denen Unternehmen ihr CSR-Engagement dokumentieren wollen, ohne es damit in der eigenen Organisationstiefe verankern zu müssen. Zunehmend registriert werden können Aktionen zum Social Giving. Bemerkenswert sind auch Vereine der Fußballbundesliga bzw. der DFB und die DFL, die in ihren Aktivitäten eine Doppelrolle als Wirtschaftsunternehmen und Sportveranstalter einnehmen. Sie betonen zur Imageverbesserung mit konkreten Aktionen ihr CSR-Engagement und nutzen für deren Kommunikation ihre eigenen populären Sportveranstaltungen wie auch die Kooperationsbereitschaft von Sponsoren und den Medien.

Ein wichtiger Schritt zu Langfristigkeit des CSR-Engagements und Qualitätsgewinn bei sportlich-sozialen Events kann der Schritt zur unternehmensinternen Aktivierung der Mitarbeiter sein (Corporate Volunteering). Es gilt Mitarbeiter mit ihren Kompetenzen für ein Engagement in sportlichen Projekten zu begeistern, sie zu qualifizieren und zu binden – umgekehrt sie im Sinne eines Diversity Managements emotional wie sozial zu bereichern. Das wiederum führt zu einer stärkeren Bindung des Personals an das Unternehmen und erhöht zugleich prozessunabhängige Qualifikationen bei den Mitarbeitern. CV ist insofern wichtiges Instrument der unternehmerischen Personalentwicklung. Nach außen vermag das für ein Unternehmen zu mehr Imagegewinn führen als die Mitfinanzierung eines spektakulären Events und hoher Gagen der Akteure.

CV kann bei klar strukturierten Konzepten zu erheblicher Unterstützung der Veranstalter führen, die bei zahlreichen meist unbekannten Volunteers frühzeitig auf verlässliche personifizierte „Korsettstangen" und eingespielte Teams setzen können. Zudem erhöht ein erfolgreiches Corporate Volunteering offensichtlich die Bereitschaft zu einem monetären Social Sponsoring. Die Partner ABB und SOD betonen in der dargestellten Fallstudie, dass die Mitarbeiter aus beiden Bereichen Wichtiges gelernt haben und die Zusammenarbeit gerne fortsetzen wollen. Das war nicht selbstverständlich zu erwarten, denn unterschiedliche Organisationsstrukturen und -kulturen trafen aufeinander.

Die ersten Versuche einer konsequenten Freiwilligengewinnung über Mitarbeiter von Partnerunternehmen scheinen erfolgversprechend, wenn diese durch Schulungsmaßnahmen, Kommunikationsaktivitäten und Bindungsprozesse begleitet werden. Langfristig können beide Partner gewinnen. Allgemein formuliert: Sportevents mit einer glaubwürdigen sozialen Verpflichtung - diese gilt es für jedes Ereignis zweifelsfrei herauszuarbeiten - scheinen grundsätzlich auch zum CV geeignet und bieten insofern eine über herkömmliche Kommunikationstools hinausgehende Kooperationsperspektive. Dieses Potential ist von Non-Profit-Organisationen bislang kaum erkannt, denn lediglich 6,1% der CV-Aktivitäten sind von diesen initiiert worden (vgl. Berger 2011; Schewe/Borgstädt/Schleithoff 2010). Erste Initiativen aus dem Non-Profitbereich - siehe Special Olympics und ABB - sind hinreichend erprobt und als erfolgreich zu beurteilen. Bei SOD werden sie zunehmend von anderen Partnern aufgegriffen, andere Initiativen stehen am Anfang und lassen sich noch nicht bewerten.

Relativierend gilt es festzuhalten, dass beim geschilderten CV zwischen Special Olympics und ABB Mitarbeiter vorwiegend auf der ausführenden Ebene eingebunden worden sind. Es bleibt noch zu klären, ob auch auf mittleren und höheren Ebenen etwa durch Trainees oder (temporär freigestellte) Abteilungsleiter die Zusammenarbeit ähnlich reibungslos funktionieren würde. Ein recruitment potentieller Führungskräfte (in der Personalentwicklung als „secondments" bekannt) hat noch nicht systematisch stattgefunden.

Berücksichtigt werden sollten auch besondere Rahmenbedingungen für die Nationalen Spiele: Die Aktivierung von Menschen mit geistiger Behinderung zum Sporttreiben weckt bei nahezu allen Volunteers Empathie und Respekt für „ihre" Athleten, das weit über ein vom Unternehmen erwartetes sozial korrektes Verhalten gegenüber unbekannten Personengruppen hinausgeht. Der zutiefst humanitäre Wert dieser Aufgabe erleichtert das Gewinnen von freiwilligen Helfern wie auch die Präsentation in den Medien. Damit verbunden ist eine selbstverständliche Akzeptanz der Veranstaltungen auf allen Ebenen von Auszubildenden bis zu Politikern aus der Staatsspitze. Schließlich und wesentlich ist die Tatsache, dass Special Olympics mit seinen Spielen ein ausgefeiltes, erfahrungsgesättigtes Organisationskonzept von großer Strahlkraft aufweist – verbunden mit einem über Jahrzehnte entwickelten professionellem Management-Knowhow bei vielen überwiegend ehrenamtlich tätigen Personen. Wenn die unternehmerische Logik („Corporate") von Personalentwicklung die Räume und die Kraft zur Selbstorganisation bei den Mitarbeitern nicht mehr öffnen würde, könnten die Spiele an Ausstrahlung und die Volunteers an Motivation verlieren.

Erfahrungen und Bedingungen wie die von SOD und ABB weisen viele Sportveranstaltungen noch nicht auf. Gleichwohl könnten sie sich auf den Weg machen, ihr CSR-Potential freizulegen und die erhoffte Förderung zu erhalten. Das kann ein schwieriger - weil unbekannter - Weg sein, doch ist er vielleicht für viele Sportveranstalter der einzige, zu einem finanziell gesicherten hochwertigen Event zu werden.

Literaturverzeichnis

ABB DEUTSCHLAND (o. J.): Gemeinsam grenzenlos, Informationsbroschüre Mannheim.

BENDER, S. (2007): CSR als strategisches Instrument der Unternehmenskommunikation, Bonn 2007.

BERGER, R. (2011): Corporate Volunteering in Deutschland, Frankfurt 2011.

BETTE, K. H.; SCHIMANK, U. (2000): Sportevents. Eine Verschränkung von „erster" und „zweiter Moderne“, in: Gebhardt, W.; Hitzler, R.; Pfadenhauer, M. (Hrsg.): Events. Soziologie des Außergewöhnlichen, Opladen 2000, S. 307-324.

BLUMBERG, M.; SCHEUBEL, V. (2007): Hand in Hand – „Corporate Volunteering“ als Instrument der Personalentwicklung, Bremen 2007.

BRUNNER, S.; ELLERT, G.; SCHAFMEISTER, G. (Hrsg.) (2013): Die Fußball-WM 2010 im wissenschaftlichen Fokus - Interdisziplinäre Analyse einer sportlichen Großveranstaltung, Köln 2013.

BÜCH, H.-P.; MAENNIG, W.; SCHULKE, H.-J. (Hrsg.) (2012): Internationale Sportevents. Wettbewerb-Inszenierung-Manipulation, Aachen 2012.

BÜCH, H.-P.; MAENNIG, W.; SCHULKE, H.-J. (Hrsg.) (2011): Internationale Sportevents im Umbruch?: Instrumentalisierung, Digitalisierung, Trivialisierung, Aachen 2011.

EUROPÄISCHE KOMMISSION (2001): Grünbuch Rahmenbedingungen soziale Verantwortung, Brüssel 2001.

FLICK, U. (2008): Triangulation. Eine Einführung, 2. Aufl., Wiesbaden 2008.

FRANKE, M. (2012): Städtische Bewerbungen um internationale Sportevents, Köln 2012.

FRIDERICI, M. R.; HORCH, H.-D.; SCHUBERT, M. (Hrsg.) (2002): Sport, Wirtschaft und Gesellschaft, Schorndorf 2002.

HABISCH, A.; SCHMIDPETER, R.; NEUREITER, M. (HRSG.) (2007): Handbuch Corporate Citizenship: Corporate Social Responsibility für Manager, Berlin 2007.

HERMANNS, A.; RIEDMÜLLER, F. (Hrsg.) (2003): Sponsoring und Events im Sport, München 2003.

HIß, S. (2006): Warum übernehmen Unternehmen gesellschaftliche Verantwortung? : Ein soziologischer Erklärungsversuch, Frankfurt 2006.

HORCH, H.-D.; HEYDEL, J.; SIERAU, A. (Hrsg.) (2004): Events im Sport, Köln 2004.

MILLES, D.; MESECK, U. (Hrsg.) (2011): Inklusion und Empowerment. Wirkungen sportlicher Aktivität für Menschen mit geistiger Behinderung, Kieler Schriften zur Sportwissenschaft, Kiel 2011.

NUFER, G.; BÜHLER, A. (2013): Event-Marketing im Sport, in Nufer, G.; Bühler, S. (HRSG.): MARKETING IM SPORT. Grundlagen, Trends und internationale Perspektiven des modernen Sportmarketing, 3. Aufl., Berlin 2013, S. 293-322.

NUFER, G.; BÜHLER, A. (Hrsg.) (2010): Management im Sport: Betriebswirtschaftliche Grundlagen und Anwendungen der modernen Sportökonomie, 2. Aufl., Berlin 2010.

PIETSCH, J. (2012): Corporate Volunteering als Instrument der Personalarbeit: Nutzenermittlung am Praxisbeispiel eines etablierten Corporate Volunteering-Programms, Hamburg 2012.

SCHEWE, G.; BORGSTÄDT, M.; SCHLEITHOFF, D. (2010): Corporate Volunteering - eine Bestandsanalyse für Deutschland, Münster 2010.

SCHMID, U. (2006): Event-Management im Spitzen-Wettkampfsport: Entwicklungen, Ziele und Organisationsprinzipien, Hamburg 2006.

SCHNEIDER, A.; SCHMIDPETER, R (Hrsg.) (2012): Corporate Social Responsibility: Verantwortungsvolle Unternehmensführung in Theorie und Praxis, Stuttgart 2012.

SCHULKE, H. J. (2013): Ist das Stadion der Zukunft der Marktplatz?, in: Brunner, S.; Ellert, G.; Schafmeister, G. (Hrsg.): Die Fußball-WM 2010 im wissenschaftlichen Fokus - Interdisziplinäre Analyse einer sportlichen Großveranstaltung, Köln 2013, S. 67-91.

SCHULKE, H. J. (2012a): Bewegend, begeisternd, bereichernd, belehrend – die 8. Nationalen Sommerspiele von Special Olympics, in: Olympisches Feuer, 2012, Nr. 2, S. 24-29.

SCHULKE, H. J. (2012b): Beschäftigte im Ehrenamt, in: Faktor Sport, 2012, Nr. 4, S. 60-63.

SCHULKE, H. J. (2011): War Jahn ein Moderner?, in: Jahn-Report, 2011, Nr. 32, S. 4-9.

SCHULZ, S. (2009): Corporate Social Responsibility-Awards: Der Markt der CSR-Awards und die Bedeutung für Unternehmen in Deutschland, Hamburg 2009.

SCHULZE, G. (1996): Die Erlebnisgesellschaft: Kultursoziologie der Gegenwart, Frankfurt 1996.

SCHWARK, J. (2009): Städteranking Sportgroßveranstaltungen – eine vergleichende Untersuchung, Bocholter Hochschulschriften, Bocholt 2009.

SOENNECK, S. (2008): Behindertenhilfe. Beispiel Gemeinsam Grenzenlos, in: Habisch, A.; Schmidpeter, R.; Neureiter, M. (Hrsg.): Handbuch Corporate Citizenship: Corporate Social Responsibility für Manager, Berlin 2008, S. 387-392.

TERWIESCH, P. (2012): Interview, in: Faktor Sport, 2012, Nr. 4, S. 63.

TROSIEN, G.; DINKEL, M. (Hrsg.) (2000): Ökonomische Dimensionen von Sport-Events, Butzbach-Griedel 2000.

WERRON, T. (2010): Der Weltsport und sein Publikum: Zur Autonomie und Entstehung des modernen Sports, Weilerswist 2010.

ZANGER, C. (Hrsg.) (2010): Stand und Perspektiven der Eventforschung, Wiesbaden 2010.

ZEMANN,C. (2005): Erfolgsfaktoren von Sportgroßveranstaltungen. Entwicklung eines Verfahrens zur Ex-ante-Analyse sportlicher Großereignisse, Mannheim 2005.

Bernd Oliver Schmidt

Biathlon WM 2012 – Vierschanzentorunee 2011/2012 – Ein Beitrag zur Praxis der Evaluation von Sportgroßveranstaltungen

1 Ausgangslage der Untersuchung

In Zusammenarbeit mit einer im Wintersport führenden Vermarktungsagentur hat die Fakultät für Sportmanagement an der Fachhochschule für angewandtes Management (FHAM), Erding, bei zwei Großevents des vergangenen Sport-Winters Publikumsbefragungen durchgeführt: bei der Biathlon-WM in Ruhpolding sowie bei zwei Veranstaltungen der Vierschanzentournee – Oberstdorf (D) und Bischofshofen (A).

1.1 Erkenntnisinteressen der Befragung

Im Zentrum der Erkenntnis standen: a) einerseits konkrete Fragestellungen des Vermarkters, die sich in erster Linie auf das Verhalten der Zuschauer während der Veranstaltung bezogen; b) angesichts der Unternehmen Actavis und Polar, die erst zu dieser Saison in das Sponsoring der jeweiligen Veranstaltungen eingestiegen waren, sollte die Untersuchung andererseits einen Überblick über Einstellungen der Zuschauer zu den (neuen wie auch etablierten) Sponsoren liefern; c) des Weiteren Motivationen und Erwartungshaltungen der Zuschauer.

Die Befragung sollte zudem die beiden Veranstaltungen – Vierschanzentournee und Biathlon-WM – einem Vergleich unterziehen sowie die Zufriedenheit der Besucher mit dem sportlichen Event und angebotenen Dienstleistungen eruieren.

1.2 Forschungsdesign

Die Untersuchung war quantitativ ausgerichtet und wurde mittels Fragebogen durchgeführt, dessen Beantwortung durch die Probanden durchschnittlich 12 Minuten in Anspruch nahm.

Die Interviewer verteilten sich auf dem jeweiligen Gelände und wählten die Probanden nach einem Zufallsprinzip aus.

Bei der Biathlon-WM in Ruhpolding wurden 419 Personen an vier Veranstaltungstagen befragt. Die Untersuchung war hier zweigeteilt: In einer Befragung außerhalb der Chiemgau-Arena wurde die Bekanntheit der Sponsoren der Biathlon-WM bei den Besuchern erhoben, zu einem Zeitpunkt als der Kontakt der Probanden mit den Kommunikationsmaßnahmen der Sponsoren innerhalb des Geländes noch nicht stattgefunden hatte. Auf diese Weise sollten Informationen zur Wirkung der (medialen) Kommunikations-Anstrengungen der Sponsoren im Vor- und Umfeld der Biathlon-WM generiert werden. Diese Befragung fand vor dem Gelände, außer Sichtweite der Chiemgau-

Arena statt (N=185). Innerhalb des Geländes wurde die Primäruntersuchung durchgeführt (N=234).

Die Zuschauerbefragung bei der Vierschanzentournee 2011/2012 erstreckte sich auf jeweils einen Tag in Oberstdorf und im österreichischen Bischofshofen (N=181). Der Fragebogen, der bei der Vierschanzentournee zum Einsatz kam, wurde für die Untersuchung der Biathlon-WM in einigen Dimensionen modifiziert und ergänzt. Durchgeführt wurden die Befragungen durch Studierende der FHAM.

1.3 Ausgewählte Erkenntnis-Ziele

Im Folgenden sollen ausgewählte Ziele und entsprechende Ergebnisse dargestellt werden.

- Demographische Aspekte
- Motivation des Besuchs der Veranstaltungen
- Verhalten der Zuschauer in den Wettkampfpausen
- Interesse und Kaufabsichten der Zuschauer an bzw. von Merchandising-Artikeln (Vierschanzentournee)
- Bekanntheit der Sponsoren (Biathlon-WM)
- Sympathie der Sponsoren (Biathlon-WM)
- Event-Sponsor Fit (Biathlon-WM)

2 Präsentation ausgewählter Ergebnisse

2.1 Demographische Aspekte – das Alter

Hinsichtlich der Altersstruktur der Zuschauer zeigt sich zwischen Biathlon-WM und Vierschanzentournee ein deutlicher Unterschied. Bei der Biathlon-Veranstaltung sind 59,1% der Befragten zwischen 41 und 70 Jahre alt. Bei der Vierschanzentournee fallen 38,6% in diese Altersgruppe. Zahlenmäßig stärkste Altersgruppen bilden im Biathlon die 51- bis 60-Jährigen (26,1%), bei der Vierschanzentournee die 20- bis 29-Jährigen (28,7%).

Abb. 1: Demographischer Aspekt: Alter. Vierschanzentournee 2011/2012 und Biathlon-WM 2012 im Vergleich

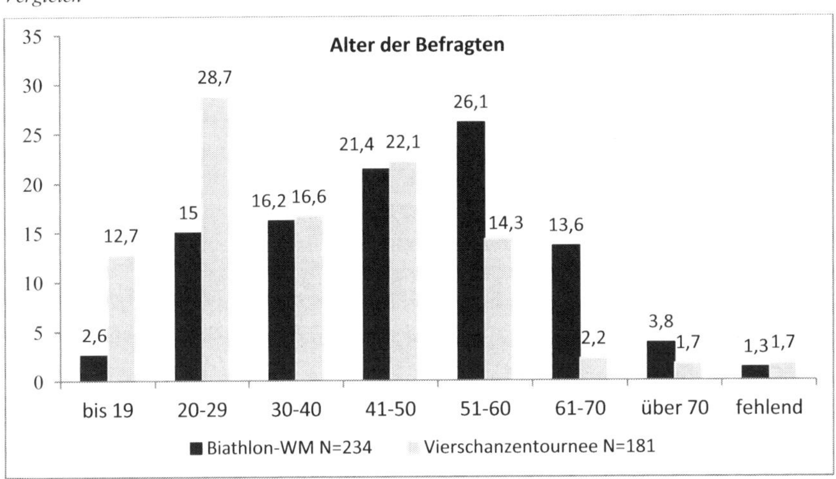

2.2 Motivation des Besuchs der Veranstaltung

Mit der Frage „Wie wichtig sind Ihnen während der Veranstaltung folgende Aspekte? (0=überhaupt nicht wichtig; 5=sehr wichtig) wurde die Motivation für den Besuch der Veranstaltung erhoben.

Abb. 2: Vierschanzentournee 2011/2012: Motivation des Besuchs

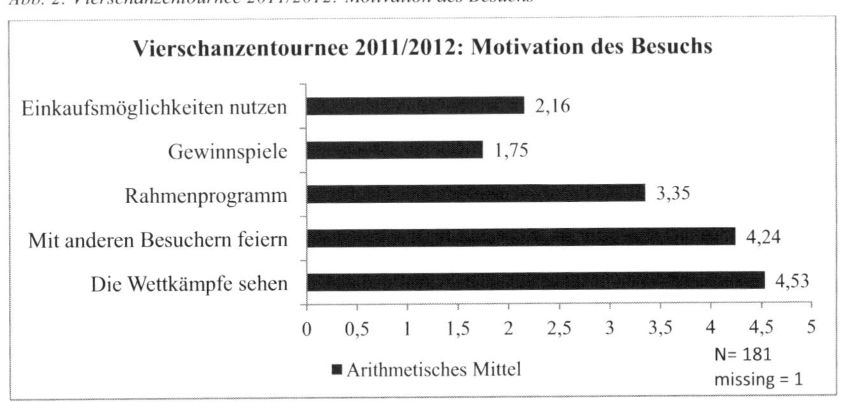

Abb. 3: Biathlon-WM 2012: Motivation des Besuchs

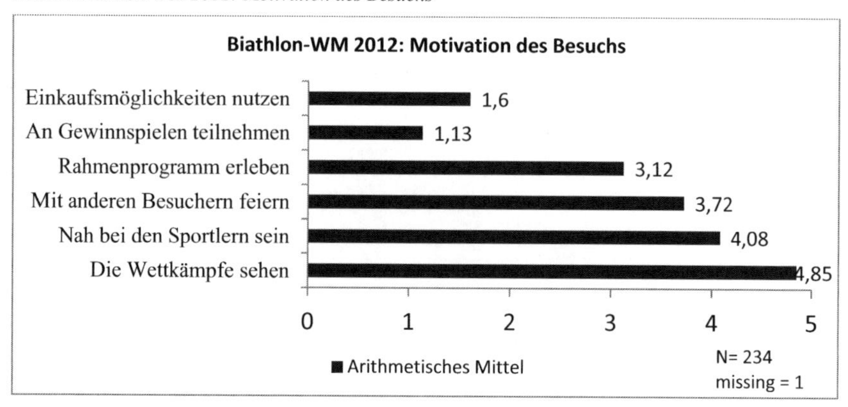

Für das Publikum der Biathlon-WM stellen sportbezogene Motive das dominierende Kriterium dar: „Die Wettkämpfe sehen" (MW=4,85) steht dabei im Vordergrund. Dieses Motiv wurde innerhalb der Untersuchung der Biathlon-WM weiter differenziert: Die Zuschauer wünschen sich, dass die „Sportwettkämpfe spannend verlaufen" (MW=4,80) und „Sport auf höchstem Leistungsniveau" (MW=4,60) geboten wird.

Bei der Vierschanzentournee bildet der Sport ebenfalls das Hauptmotiv („Die Wettkämpfe sehen", MW=4,53). Neben dem Sport betonen hier die Zuschauer den Aspekt „mit anderen Besuchern feiern" (MW=4,24).

„An Gewinnspielen teilnehmen" oder auch die vorhandenen „Einkaufsmöglichkeiten nutzen", wird – wie die Abbildungen 2 und 3 belegen – von den Zuschauern bei beiden Veranstaltungen als wenig relevant betrachtet.

Auf den ersten Blick scheint das Rahmenprogramm der Veranstaltungen für das Publikum keine zentrale Bedeutung zu besitzen (MW Vierschanzentournee = 3,35; MW Biathlon = 3,12). Differenziert man jedoch beim Biathlon diese Variable nach dem Alter der Befragten, so zeigen sich hier unterschiedliche Einschätzungen. In der Gruppe der 51- bis 60-Jährigen wird das Rahmenprogramm von 71% der Befragten als ein „wichtiges" oder „sehr wichtiges" Element der Veranstaltung bewertet.

Abb. 4: Biathlon-WM 2012. Motivation des Besuchs. Variable: Das Rahmenprogramm erleben. Differenziert nach Altersgruppen. Angaben in absoluten Nennungen.

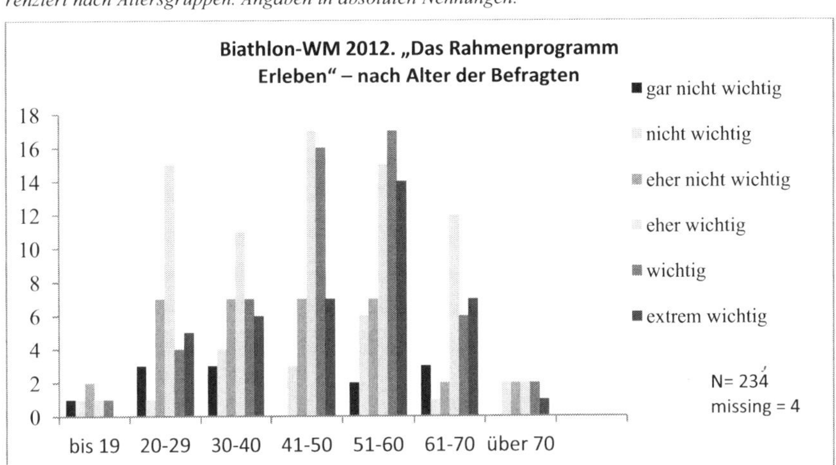

2.3 Vierschanzentournee: Verhalten in den Wettkampfpausen – Kauf und Kauferwägung von Merchandising-Artikeln

Das Verhalten der Zuschauer in den Pausen und Wartezeiten der Vierschanzentournee wurde mit der Frage „Wie nutzen Sie die Pausen/Wartezeiten bis zum nächsten Wettbewerb? (Mehrfachnennungen möglich)" (N=181) erhoben. 82% der Zuschauer verwenden die Wartezeiten und Wettkampfpausen darauf, sich mit Verpflegung zu versorgen. Nur etwa jeder fünfte Zuschauer nutzt diese Zeiten, um Sponsorenstände (20%) und Fanartikelstände (21%) zu besuchen.

Abb. 5: Vierschanzentournee 2011/2012: Nutzung der Wettkampfpausen und Wartezeiten

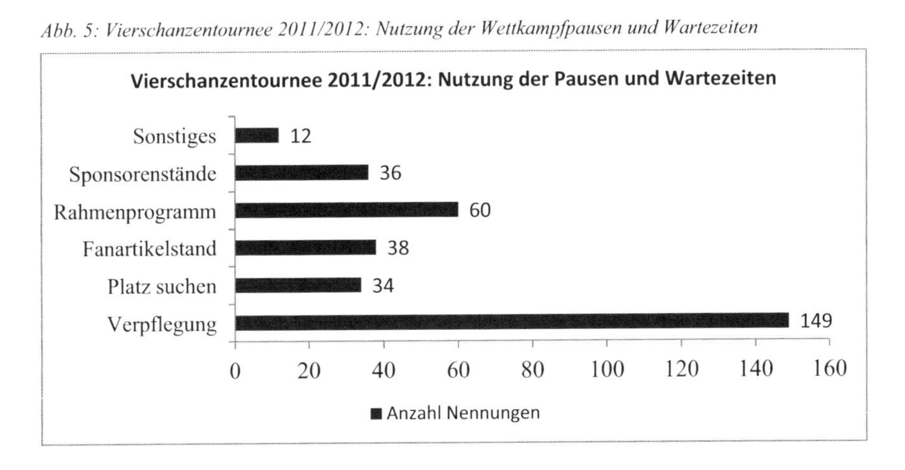

Hinsichtlich der Merchandising-Artikel wurden die Probanden gefragt, ob sie Merchandising-Artikel bereits erworben haben oder diesbezüglich eine Kaufabsicht besteht. 55% der Befragten haben weder Merchandising Artikel erworben noch einen Kauf ins Auge gefasst.

Abb. 6: Vierschanzentournee 2011/2012: Kauf oder Kauferwägung von Merchandising-Artikeln

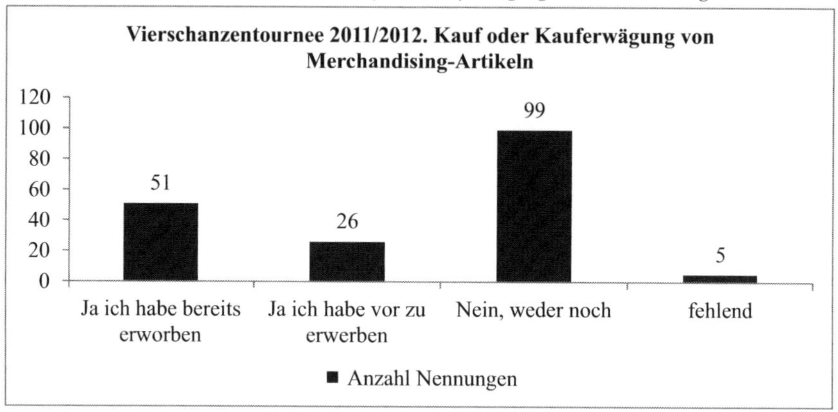

2.4 Biathlon-WM: (Ungestützte) Bekanntheit der Sponsoren

Bei der Befragung vor der Chiemgau-Arena (N=185) wurde die Bekanntheit der Sponsoren (ungestützt) mit der Frage erhoben: „Können Sie uns bitte die Sponsoren der diesjährigen Biathlon WM nennen?“ [1]

Die Sponsoren lassen sich gemäß der Dauer ihres Engagements im Biathlon-Sport in zwei Gruppen teilen. Bereits über mehrere Jahre präsentieren sich: Die Deutsche Kreditbank (DKB), Erdinger Alkoholfrei, der Baumarkt Bauhaus, der Heiztechnik-Hersteller Viessmann und der Stromanbieter und Erdgaslieferant E.ON. Auf kürzeres Engagement blicken zurück: BMW (2010/2011), der ERP-Anbieter IFS (2010/2011), der Sportuhrenhersteller Polar (2011/2012) sowie der Arzneimittel-Distributor Actavis (2011/2012).

[1] Wie schon im Kapitel Forschungsdesign betont: In der Befragung noch vor Betreten des Geländes sollte eruiert werden, ob den Besuchern die Sponsoren als solche bereits bekannt waren. Auf diese Weise wurden Rückschlüsse zur Effektivität der Kommunikationsmaßnahmen der Sponsoren im Vor- und Umfeld der WM gezogen.

Die Erhebung brachte folgende Ergebnisse: (vgl. Abb. 7)

- Trotz jungen Engagements als Sponsor im Biathlon-Sport seit 2010 ist BMW der spontan am häufigsten genannte Sponsor.
- Auch die DKB, Erdinger Alkoholfrei und Viessmann, die als Sponsoren im Biathlon bereits über Jahre auftreten, sind in den Köpfen der Besucher als Sponsoren präsent. E.ON wird von den Zuschauern hingegen weitaus weniger mit dem Sponsoring der Biathlon-WM assoziiert.
- Bauhaus bleibt in der spontanen Abfrage der Bekanntheit ungenannt; ebenso die „jungen" Sponsoren Polar, Actavis und IFS.

Abb. 7: Biathlon-WM 2012, Ruhpolding. Ungestützte Bekanntheit der Sponsoren

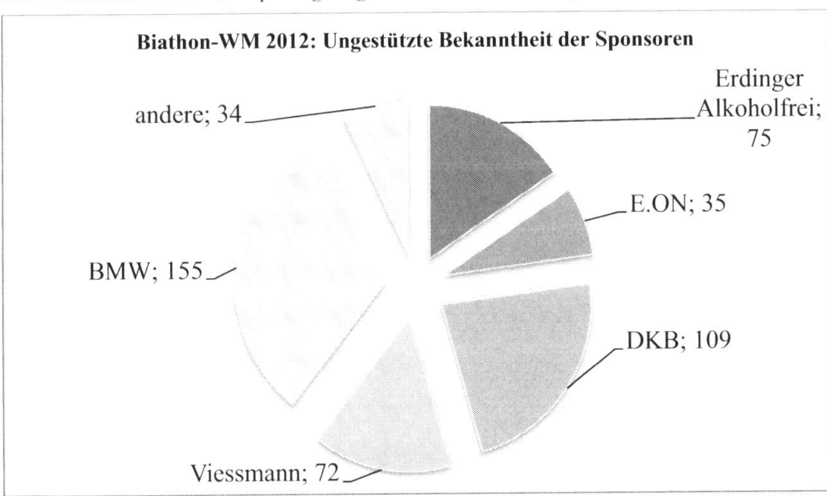

Die Erhebung der ungestützten Bekanntheit zeigt insgesamt jedoch auch, dass lediglich 36% der Befragten in der Lage sind, spontan mehr als zwei Sponsoren der WM zu nennen.

2.5 Sympathie der Sponsoren

Neben der ungestützten Bekanntheit (außerhalb der Chiemgau-Arena) wurde die gestützte Bekanntheit innerhalb der Arena abgefragt. Hier wurde zusätzlich die Dimension Sympathie erhoben, mit der die Zuschauer den jeweiligen Sponsoren begegnen. Die diesbezügliche Frage lautete: „Unabhängig davon, ob das Unternehmen bei diesem Event Sponsor ist und unabhängig davon, ob Ihnen das Unternehmen bekannt ist, bitte sagen Sie uns, wie sympathisch Ihnen das Unternehmen grundsätzlich ist anhand einer Skala von 0=gar nicht sympathisch bis 5=sehr sympathisch.“

Abb. 8: Biathlon-WM 2012, Ruhpolding: Sympathie der Sponsoren

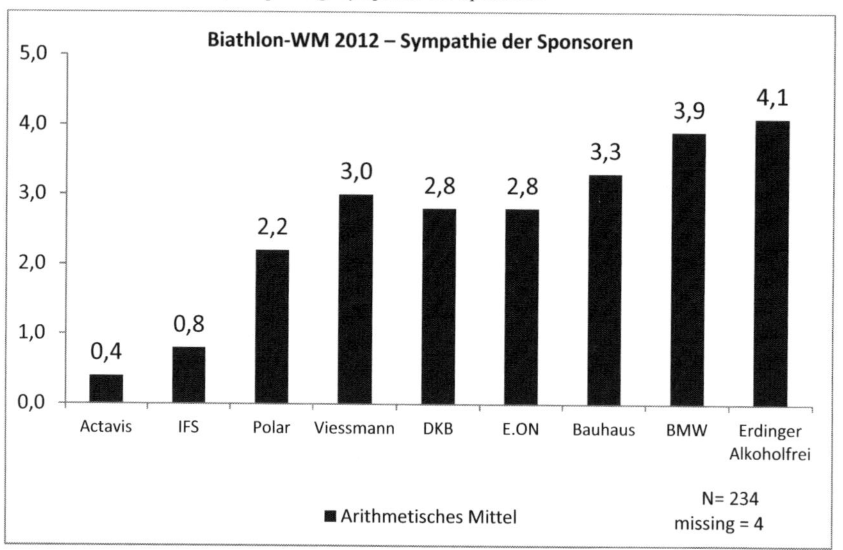

Sympathie wird in der Konsumentenverhaltensforschung als emotionales Konstrukt mit positiver Valenz definiert (vgl. Möll 2007, S. 38f.). Sympathie bildet aus dieser Perspektive eine Komponente der (positiven) affektiven Einstellung gegenüber einer Marke oder einem Produkt. Mit zunehmender Stärke der positiven Einstellung zum Produkt (oder der Marke) wiederum, so die hypothetische Annahme, steigt die Kaufwahrscheinlichkeit (vgl. Kroeber-Riel/Weinberg/Gröppel-Klein 2009, 220f).

Erdinger Alkoholfrei (MW=4,1) und BMW (MW=3,9) erreichen bei den Zuschauern die höchsten Sympathiewerte. Sympathie bringen die Zuschauer auch durchaus dem Sponsor Bauhaus (MW=3,3) entgegen. Viessmann (MW=3,0), die DKB (MW=2,8) und E.ON (MW=2,8) jedoch erzielen – hält man sich das langjährige Engagement der Unternehmen im Biathlon vor Augen – eher unbefriedigende Ergebnisse. Wenig überraschend ist die Bewertung der Sponsoren IFS (MW=0,8) und Actavis (MW=0,4), die den Zuschauern als Sponsoren kaum bekannt sind. Sie werden dementsprechend in der Dimensionen Sympathie negativ beurteilt, während sich Polar, obgleich ebenfalls neuer Sponsor im Biathlon, von letzteren beiden deutlich (positiv) abhebt.

2.6 Event-Sponsor Fit

Studien der Marketing-Forschung beschäftigen sich mit der Passung zwischen Event und Sponsor (=Fit). Werden aus Sicht der Zuschauer (ein positives) Event und Sponsor als kongruent beurteilt, erhöht dies die Effektivität des Sponsorings für das jeweilige Unternehmen. Der Imagetransfer in einer hohen Passung (Fit) zwischen Event und Sponsor fördert positive Einstellungen gegenüber dem Sponsor; als Folge eines erfolgreichen positiven Imagetransfers, so zeigen Studien (vgl. Mazodier/Merunka 2012), erhöhen sich die Kaufabsichten der Rezipienten. Durch eine hohe Passung zwischen Event und Sponsor wird bisweilen eine Steigerung des Markenwertes des Sponsors bewirkt.[2]

Der Event-Sponsor Fit wurde mit der Frage untersucht: „Unabhängig davon, ob das Unternehmen bei diesem Event Sponsor ist und unabhängig davon, ob Ihnen das Unternehmen bekannt ist, und unabhängig davon, ob Ihnen das Unternehmen sympathisch ist, bitte sagen Sie uns, wie gut das Unternehmen ihrer Meinung nach als Sponsor zu diesem Event passt anhand einer Skala von 0=passt gar nicht bis 5=passt sehr gut."

Abb. 9: Biathlon-WM 2012, Ruhpolding: Event-Sponsor Fit

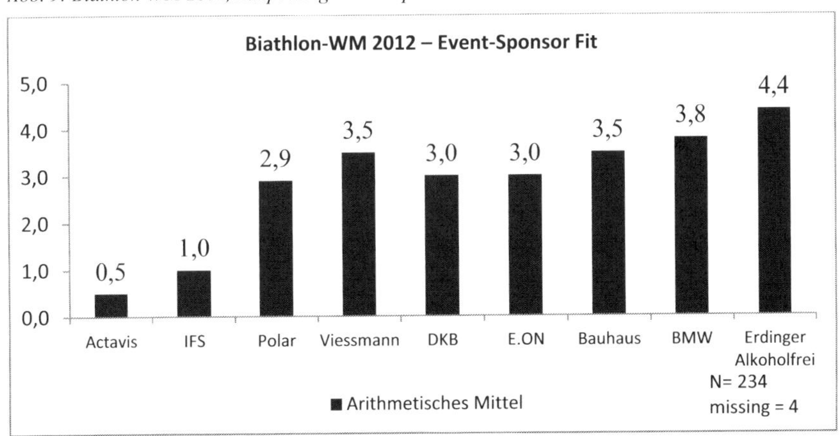

---

[2] Eine Zusammenfassung der Forschung zu den Effekten der Kongruenz bzw. des Fits zwischen Sponsor und Event findet sich bei Mazodier/Merunka 2012, S.807ff. Zum Imagetransfer durch Events vgl. Drenger 2008; Nufer 2012, S. 163ff.

Erdinger Alkoholfrei (MW=4,4) erzielt den Spitzenwert hinsichtlich der Passung mit dem Event, der Biathlon-Veranstaltung. Es folgt mit einigem Abstand BMW (MW=3,8) – ein junger Sponsor im Biathlon. Auch die Unternehmen Viessmann (MW=3,5) und Bauhaus (MW=3,5), deren Werte knapp darunter liegen, erhalten positive Ergebnisse. Die Unternehmen E.ON (MW=3,0) und DKB (MW=3,0) erreichen hingegen – betrachtet man auch hier das langjährige Engagement im Biathlon – kaum zufrieden stellende Werte. Ihnen attestieren die Zuschauer eine eben noch genügende Passung. Diesen beinahe ebenbürtig ist der „junge“ Sponsor Polar (MW=2,9). IFS (MW=1,0) und Actavis (MW=0,5) rangieren auch hier im unteren Negativbereich.

2.7 Fazit

Die Biathlon-WM in Ruhpolding zeigt sich in der Gesamtzufriedenheit der Zuschauer mit dem Event als eine äußerst attraktive Veranstaltung. Nicht zuletzt deswegen wurden an acht Wettkampftagen bei der WM in Ruhpolding offiziell 218.000 Zuschauer gezählt – damit war die WM 2012 die meist besuchte Biathlon-WM aller Zeiten. Zentrales Motiv für den Besuch dieser Veranstaltung ist der Biathlon Sport per se. Die Zuschauer stellen dabei einen spannenden und auf hohem Niveau geführten Wettkampf in den Vordergrund. Auch die Vierschanzentournee zieht die Besucher über den dargebotenen Sport an; den Skisprung-Wettkampf zu sehen, bildet das Hauptmotiv für den Besuch des Events. Die Zuschauer der Vierschanzentournee legen zudem erhöhten Wert auf ein gemeinschaftliches Feiern

Am Rahmenprogramm der Veranstaltungen zeigen die Zuschauer auf den ersten Blick mittleres Interesse. Differenziert man jedoch den Durchschnittswert nach dem Alter der Befragten, so zeigt sich bei der Biathlon-WM in Ruhpolding, dass für die Gruppe der 51-60-Jährigen dem Rahmenprogramm eine zentrale Rolle innerhalb der Veranstaltung zukommt.

Die Wettkampfpausen der Skisprung-Veranstaltung verbringen die Zuschauer in der Hauptsache damit, sich mit Verpflegung zu versorgen. Am Angebot an Merchandising-Artikeln zeigt das Publikum der Vierschanzentournee kein ausgeprägtes Interesse.

BMW ist in einer ungestützten Befragung der Zuschauer der bekannteste Sponsor der Biathlon-WM 2012. Erdinger Alkoholfrei, dicht gefolgt von BMW, nimmt in puncto Sympathie und Event-Sponsor Fit die Spitzenposition ein und erzielt hervorragende Werte.

Der Deutschen Kreditbank (DKB) und dem Energielieferanten E.ON sind Defizite in der Beurteilung des Sponsorings durch die Zuschauer zu attestieren. Diese engagieren sich bereits über Jahre hinweg im Biathlon, dennoch erreichen sie in puncto Sympathie und Event-Sponsor Fit wenig überzeugende Werte. Mit Ihnen gleichauf liegt bereits der Sportuhrenhersteller Polar, der erst seit der Saison 2011/2012 im Biathlon-Sport als Sponsor auftritt. Für IFS und Actavis, die sich ebenfalls erst seit der Saison 2010/2011 bzw. 2011/2012 als Sponsoren im Biathlon engagieren, offenbart die Untersuchung fehlende Bekanntheit beim Publikum und damit einhergehend auch fehlende Akzeptanz als Sponsoren der Biathlon-WM.

3. Ausblick: Auftragsforschung mit wissenschaftlichem Instrument

Die vorliegenden Evaluationen widmeten sich aus einer 360° Perspektive den Erkenntnisinteressen von Vermarktern, Veranstaltern und Sponsoren. Dabei war es das Ziel, sich dem Phänomen Sportgroßveranstaltung zu nähern, indem eine breite Palette von Eventdimensionen in die Untersuchungen einbezogen wurde: Psychische Konstrukte - wie Einstellungen und Motivation - sowie das Verhalten der Zuschauer wurden vielfältig abgefragt. Einen erheblichen Teil der Untersuchung machte die Evaluation des Bereichs Sponsorings aus. Zudem wurde die Zufriedenheit des Publikums mit der Veranstaltung wie auch Facetten der angebotenen Dienstleistungen beleuchtet.

Ziel ist es nun, aus diesen Erfahrungen und Ergebnissen heraus und in der Diskussion mit Veranstaltern, Vermarktern und Sponsoren die Gegenstände künftiger Untersuchungen von Sportgroßveranstaltungen zu definieren. Es soll ein effizientes wissenschaftliches Messinstrument entstehen, ein Set aus qualitativen und quantitativen Methoden, das valide Ergebnisse als Basis für Handlungsableitungen für die Praxis generiert und in der Lage ist, unterschiedliche Sportgroßveranstaltungen – im Sinne des Benchmarking – zu vergleichen.

Literaturverzeichnis

DRENGNER, J. (2008): Imagewirkungen von Eventmarketing. Entwicklungen eines ganzheitlichen Messansatzes. 3. Aufl., Wiesbaden 2008.

KROEBER-RIEL, W.; WEINBERG, P.; GRÖPPEL-KLEIN, A: (2009): Konsumentenverhalten. 9. Aufl., München 2009.

MAZODIER, M.; MERUNKA, D. (2012): Achieving brand loyalty throuh sponsorship: the role of fit and self-congruity, in: Journal of the Academic Marketing Science, Vol. 40, 2012, No. 6, pp. 807-820.

MÖLL, T. (2007): Messung und Wirkung von Markenemotionen. Neuromarketing als verhaltenswissenschaftlicher Ansatz. Wiesbaden 2007.

NUFER, G. (2012): Event-Marketing und -Management. Grundlagen – Planung – Wirkungen – Weiterentwicklungen, 4. Aufl., Wiesbaden 2012.

Jan Drengner, Julia Köhler

Stand und Perspektiven der Eventforschung aus Sicht des Marketing

1 Einleitung

Veranstaltungen, die ihren Besuchern etwas Außergewöhnliches bieten, sind kein neues Phänomen moderner westlicher Gesellschaften. Vielmehr inszenierten auch die Menschen vergangener Epochen Feste und Feiern, die im Sinne einer „organisierten Einzigartigkeit“ (Gebhardt 2000, S. 18) der Erreichung unterschiedlicher politischer, religiöser, sozialer oder wirtschaftlicher Ziele dienten (z. B. Gladiatorenkämpfe im römischen Reich, Massenspektakel im Nationalsozialismus oder Sozialismus, Karneval) (vgl. Gebhardt 2000). Bedingt durch diese historische Bedeutung von außergewöhnlichen und nicht-alltäglichen Veranstaltungen sowie durch die Vielfalt von Events und Zielen, die deren Organisatoren damit zu erreichen versuch(t)en, verwundert es nicht, dass sich verschiedene Wissenschaftsdisziplinen (z. B. Geschichtswissenschaften, Soziologie, Theaterwissenschaften, Sportwissenschaften, Wirtschaftswissenschaften) mit diesem Phänomen auseinandersetzen (vgl. Zanger 2010).

Im Mittelpunkt des folgenden Aufsatzes steht die Reflexion des bisherigen Standes der **wirtschaftswissenschaftlichen Eventforschung**, die sich mit dem Einsatz von Events zur Befriedigung menschlicher Bedürfnisse (z. B. Unterhaltung, Informationsgewinnung) auseinandersetzt. Aufgrund der Vielzahl von Untersuchungen in diesem Bereich (vgl. Kim/Boo/Kim 2013; Mair/Whitford 2013; Lee/Back 2005) liegt der Fokus dabei ausschließlich auf Studien zu den **Austauschprozessen** zwischen den durch Events betroffenen Akteuren (z. B. Eventbesucher, Eventorganisatoren, Eventsponsoren, Unternehmen und Einwohner von Veranstaltungsregionen). Da diese Prozesse den zentralen Erkenntnisgegenstand der Marketingwissenschaft bilden (vgl. Kuß 2011, S. 32; Bagozzi 1975), erfolgt im Weiteren die Betrachtung aus Sicht des **Marketing**. Studien zur Optimierung unternehmensinterner Prozesse im Rahmen des strategischen und operativen Eventmanagements (z. B. Budgetierung von Events, Eventcontrolling) finden somit keine Berücksichtigung. Somit besteht das Ziel dieses Beitrags darin, Wissenschaftlern, Praktikern und Studierenden einen systematischen Überblick über die bisherigen Erkenntnisse der wirtschaftswissenschaftlichen Eventforschung aus einer Marketingperspektive zu geben sowie Empfehlungen für zukünftige Studien zu entwickeln. Unter den Begriff des Events werden im Weiteren solche Veranstaltungen subsumiert, die a) für die Eventbesucher eine Abwechslung von deren Alltag darstellen (Einzigartigkeit) (vgl. Gebhardt 2000, S. 18ff.) sowie b) von Unternehmen und nicht-kommerziellen Organisationen genutzt werden, um bestimmte, im Vorfeld definierte Ziele zu erreichen[1].

Die in diesem Beitrag diskutierten Forschungsergebnisse beruhen auf einer **Sichtung nationaler und internationaler Veröffentlichungen** in Form von wirtschaftswissenschaftlich orientierten Fachzeitschriften, Monographien (insb. Dissertationen) sowie Sammelbänden. Da auch sport- und tourismuswissenschaftliche Publikationen wichtige Erkenntnisse zu den durch Events induzierten Austauschprozessen liefern, wurden Studien aus diesen Bereichen ebenfalls berücksichtigt. Weiterhin liegt der Schwerpunkt der Analyse auf empirisch belegten Forschungsresultaten. Die zitierten Quellen sind dabei als prototypische Beispiele für den jeweiligen Forschungsbereich zu verstehen und erheben somit keinen Anspruch auf eine vollständige Aufzählung aller Studien zum jeweiligen Analyseschwerpunkt.

Wie der folgende Abschnitt verdeutlicht, werden Forschungen aus drei verschiedenen Untersuchungsbereichen der wirtschaftswissenschaftlichen Eventforschung in die Analyse einbezogen (Events als kommerzielle Dienstleistung, Eventmarketing, Veranstaltungssponsoring). Im Fokus des dritten Abschnitts stehen die Austauschprozesse zwischen den durch Events betroffenen Akteuren. Zunächst werden dabei Studien diskutiert, die Austauschprozesse zwischen **einzelnen Akteuren** einer Veranstaltung (z. B. zwischen Veranstalter und Eventbesucher) analysieren. Danach konzentriert sich die Diskussion auf die vielfältigen Wirkungsverflechtungen zwischen **mehreren Anspruchsgruppen** eines Events, wobei neben den verschiedenen Effekten von Veranstaltungen (ökonomisch, sozial, ökologisch) auf die Veranstaltungsregion, das Eventnetzwerk einschließlich der darin agierenden Stakeholder sowie ihrer Beziehungen Beachtung finden. Mit einer solchen Makro-Perspektive des Marketing (vgl. Hunt 1976, S. 20) folgt der Beitrag der Forderung verschiedener Marketingtheoretiker (vgl. z. B. Webster/Lusch 2013; Vargo/Lusch 2011; Layton 2007), auch die „...big system consequences of small system thinking and actions“ (Webster/Lusch 2013, S. 392) im Rahmen des Marketing stärker zu berücksichtigen. Der Beitrag endet mit einer zusammenfassenden kritischen Würdigung der bisherigen Erkenntnisse der wirtschaftswissenschaftlichen Eventforschung sowie einer Diskussion des zukünftigen Forschungsbedarfs.

---

[1] Ausgehend von diesem Begriffsverständnis werden die Begriffe „Event“ und „Veranstaltung“ im Weiteren synonym verwendet.

2 Untersuchungsbereiche der wirtschaftswissenschaftlichen Eventforschung

Der Einsatz von Veranstaltungen zur Erreichung wirtschaftlicher Ziele ist sehr vielfältig (vgl. Zanger/Drengner 2009, S. 197f.), was sich seitens der Eventforschung in verschiedenen Untersuchungsbereichen widerspiegelt. Eine erste Gruppe von Studien analysiert Veranstaltungen, die Unternehmen sowie andere Organisationen (z. B. Sportvereine) ihren Zielgruppen im Sinne einer **kommerziellen Dienstleistung** gegen Entgelt (z. B. Eintrittskarten) anbieten, um über diesen Weg einen unmittelbaren wirtschaftlichen Erfolg zu erzielen (z. B. Gewinn). Beispiele für solche Veranstaltungen sind Musik-Festivals wie *Rock am Ring*, Sportveranstaltungen wie die *Formel 1* oder Festspiele wie die *Bregenzer Festspiele*.

Eine zweite Gruppe setzt sich mit Veranstaltungen auseinander, die zur Erreichung von Kommunikationszielen (z. B. Information, Imageaufbau, Beziehungspflege) zum Einsatz kommen. Hierzu zählt einerseits das **Eventmarketing**, bei dem Unternehmen eigene Veranstaltungen (sog. Marketing-Events) inszenieren (z. B. *Coca-Cola Christmas Tour*), um ihre Zielgruppen zu erreichen. Andererseits lassen sich Ereignisse für die Kommunikation nutzen, die von Dritten organisiert werden. Dies wird als **Veranstaltungssponsoring** bezeichnet (z. B. Sponsoring der Fußball Weltmeisterschaft 2014 durch *Coca-Cola*).

Letztlich sind für die wirtschaftswissenschaftliche Eventforschung nicht nur Veranstaltungen von Bedeutung, die auf die Erreichung kommerzieller Ziele von Unternehmen abstellen. Vielmehr widmet sich eine dritte Gruppe von Studien den Effekten von Veranstaltungen (z. B. Festivals, Sportveranstaltungen, Festspiele) in den austragenden Städten bzw. Regionen und deren Nutzung im Rahmen des **Stadt- und Regionalmarketings**. Bei diesen Veranstaltungen stehen die Interessen einer Kommune oder Region im Vordergrund, wie beispielweise die Steigerung des Bekanntheitsgrades, die Beeinflussung des Images einer Region oder die Stärkung der regionalen Wirtschaft (z. B. Hotelübernachtungen durch Eventteilnehmer).

3 Systematisierung der Eventforschung anhand der Austauschprozesse zwischen den betroffenen Akteuren

3.1 Mikro-, Meso- und Makro-Kontext als Systematisierungsgrundlage

Gemäß der Service-Dominant Logic beruhen wirtschaftliche Austauschprozesse immer auf dem jeweiligen **Service** der miteinander im Austausch stehenden Akteure. Das

Konzept des Service beschreibt in diesem Zusammenhang die Anwendung der Fähigkeiten und des Wissens eines Akteurs A (z. B. Unternehmen) zum Wohle eines anderen Akteurs B (z. B. Konsument, Geschäftskunde) (vgl. Vargo/Lusch 2004, S. 2). Indem Akteur B durch Rückgriff auf seine eigenen Ressourcen (z. B. Wissen, Fähigkeiten, soziale Kontakte, Eigentum) den Service des Akteurs A nutzt, generiert er für sich aus dem Service einen **Wert**. Einen (positiven) Wert schöpft B dann, wenn ihn der Service des Akteurs A besser stellt, wobei die Wirtschaftswissenschaften diese „Besserstellung“ anhand unterschiedlicher Begriffe konzeptualisieren (z. B. Wohlbefinden, Zufriedenheit, Lösung eines Problems) (vgl. Grönroos/Voima 2013).

Häufig sind die auf Märkten stattfindenden Wertschöpfungsprozesse jedoch nicht ausschließlich auf den Austausch zweier Akteure beschränkt. Vielmehr bestehen Interdependenzen mit einer Vielzahl anderer Akteure, die entweder ihrerseits die Wertschöpfung beeinflussen oder selbst durch den Austausch zwischen A und B betroffen sind (vgl. Chandler/Vargo 2011; Edvardsson/Tronvoll/Gruber 2011; Frow/Payne 2011). Dies gilt auch für die durch Events induzierten Austauschprozesse, weshalb im Weiteren die Erkenntnisse der Eventforschung anhand der **Anzahl** der jeweils betrachteten Akteure systematisiert werden. In Anlehnung an Chandler und Vargo (2011, S. 41ff.) erfolgt dabei eine Zuordnung der Forschungsergebnisse auf Mikro-, Meso- oder Makro-Kontext-Ebene (vgl. Abb. 1).

Abb. 1: Ebenen des Austausch zwischen Marktakteuren am Beispiel von Events

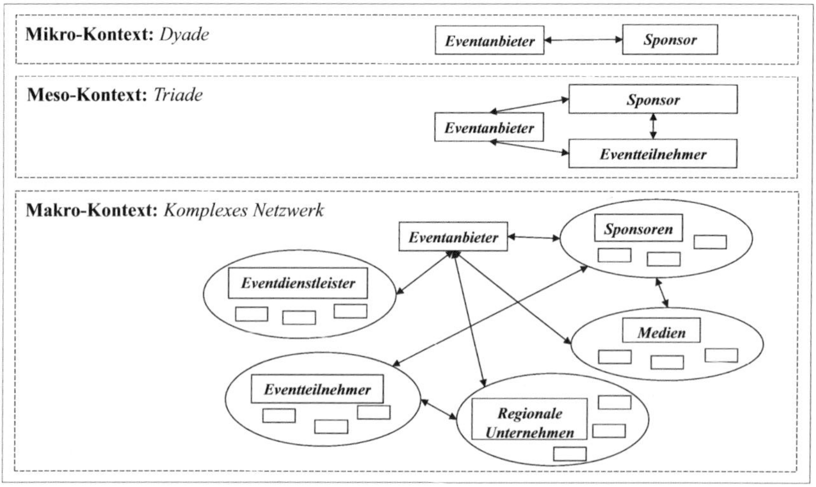

Mikro-Kontext: *Dyade*
Eventanbieter ↔ *Sponsor*

Meso-Kontext: *Triade*
Eventanbieter, *Sponsor*, *Eventteilnehmer*

Makro-Kontext: *Komplexes Netzwerk*
Eventanbieter, *Sponsoren*, *Eventdienstleister*, *Medien*, *Eventteilnehmer*, *Regionale Unternehmen*

Quelle: in Anlehnung an Chandler/Vargo (2011, S. 43)

Der **Mikro-Kontext** beschreibt den direkten Service-Austausch zwischen zwei Akteuren in Form einer reziproken dyadischen Beziehung. Ein Beispiel wäre der Abschluss eines Sponsoringvertrages zwischen einem Unternehmen und dem Organisator einer Sportveranstaltung. Hier erhält der Sponsor gegen die Bereitstellung von Finanzmitteln, Sach- oder Dienstleistungen vom Veranstalter das Recht, das Sportereignis für seine Marketingkommunikation zu nutzen. Da er auf diesem Weg seine Kommunikationsziele (z. B. Aufbau von Markenbekanntheit) besser erreichen kann und somit für sich aus der Veranstaltung Wert schöpft, kann das Event als Service des Veranstaltungsorganisators für den Sponsor verstanden werden.

Auf der **Meso-Kontext-Ebene** wird die Dyade um einen weiteren Akteur zu einer triadischen Beziehung erweitert. Dies ist beispielsweise der Fall, wenn das Sponsoring die Qualität der Sportveranstaltung erhöht, weil z. B. durch die Unterstützung des Sponsors der Komfort der Sportstätte verbessert wird oder durch hohe Preisgelder besonders bekannte Sportler für den Wettkampf verpflichtet werden können. In diesem Fall profitieren die Eventbesucher indirekt von der direkten Beziehung zwischen dem Sponsor und dem Organisator der Veranstaltung. Für den Sponsor hingegen ergibt sich die Chance, Kontakte zu seinen Zielgruppen aufzubauen (vgl. Abb.1).

Der **Makro-Kontext** bildet schließlich die Beziehungen zwischen mehr als drei Akteuren in Form eines Netzwerks ab und stellt somit die Synthese mehrerer simultan ablaufender direkter und indirekter Austauschprozesse dar (vgl. Chandler/Vargo 2011, S. 44). So erstellt der Organisator einer Sportveranstaltung gemeinsam mit mehreren Dienstleistern nicht nur für die Sponsoren und Eventteilnehmer einen Service. Vielmehr dient das Event auch den Medien als Inhalt für ihre Berichterstattung, wovon wiederum die Sponsoren aufgrund von Multiplikatoreffekten profitieren und zusätzlichen Wert schöpfen können. Schließlich führt das Sportereignis bei den in der Veranstaltungsregion agierenden Unternehmen zu Umsätzen, die z. B. aus den Hotelübernachtungen oder Restaurantbesuchen der Eventteilnehmer resultieren.

3.2 Forschungen zu Austauschprozessen auf Mikro-Kontext-Ebene

3.2.1 Überblick

Ein großer Teil der wirtschaftswissenschaftlichen Eventforschung setzt sich mit Austauschbeziehungen zwischen zwei Akteuren auseinander und kann somit der Mikro-Kontext-Ebene zugeordnet werden. Hauptsächlich stehen dabei Beziehungen zwischen Unternehmen bzw. nicht-kommerziell agierenden Organisationen auf der einen Seite und deren Zielgruppen auf der anderen Seite im Fokus. Das Erkenntnisinteresse dieser Studien liegt meist auf den mit dem Konsum von Veranstaltungen verbundenen psychologischen Prozessen, um daraus entsprechende Managementempfehlungen abzuleiten. Aufgrund der Dominanz dieser Studien konzentrieren sich die weiteren Ausführungen auf diesen Bereich, wobei die Systematisierung der Vielzahl von Forschungsergebnissen anhand der in Abb. 22 dargestellten Konstrukte erfolgt. Eine erste Gruppe von Studien untersucht **Prädispositionen** der jeweiligen Eventzielgruppen, um einen tieferen Einblick in die Gründe zu erhalten, warum sich Menschen für oder gegen den Besuch einer Veranstaltung entscheiden. Eine weitere Gruppe analysiert verschiedene Phänomene, die als **Mediatorvariablen** zwischen dem Besuch einer Veranstaltung und den vom Unternehmen beabsichtigten Wirkungen zu verorten sind. Letztlich stehen die **Wirkungen** von Events selbst im Zentrum der Eventforschung.

Abb. 2: Schema zur Systematisierung der Forschungen auf der Mikro-Kontext-Ebene

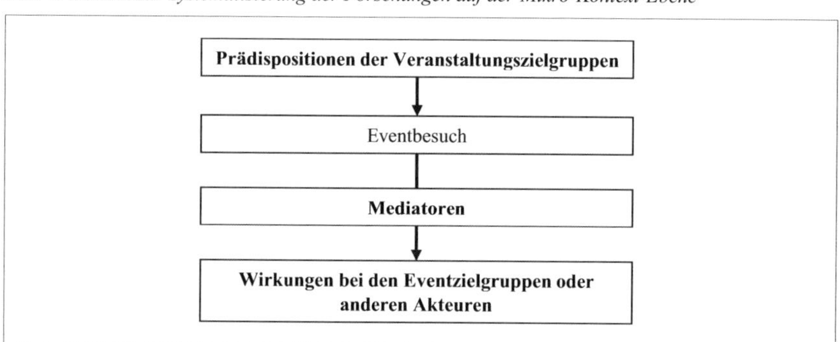

3.2.2 Forschungen zu Prädispositionen der Eventzielgruppen

Im Mittelpunkt der Forschungen zu den Prädispositionen der Eventzielgruppen stehen psychologische Konstrukte, anhand derer sich erklären lässt, warum Menschen Veranstaltungen besuchen. Ein zentrales Konzept sind dabei die **Motive des Veranstaltungsbesuchs**. Diese beschreiben zeitstabile Bewertungsneigungen einer Person, durch die bestimmt wird, ob und in welchem Ausmaß eine Veranstaltung für diese Person Anreize enthält, die Veranstaltung zu besuchen (vgl. Puca/Langens 2008, S. 193). Die umfangreichen Studien in diesem Bereich (vgl. Tab. 1) konnten mittlerweile eine Vielzahl von Motiven identifizieren, wie beispielsweise das Bedürfnis nach sozialen Kontakten (Anschluss-Motiv), den Wunsch nach Ablenkung und Zerstreuung (Eskapismus-Motiv) oder das Verlangen das eigene Wissen zu erweitern (Informationserwerbs-Motiv).

Tab. 1: Untersuchungsschwerpunkte und ausgewählte Studien zu den Prädispositionen der Eventzielgruppen

Untersuchungsschwerpunkt	Ausgewählte Studien
Motive des Eventbesuchs	Kim et al. 2012; Yolal/Çetinel/Uysal 2009; Beyer 2006; Bowen/Daniels 2005; Yuan et al. 2005; Zyl/Botha 2003; Funk/Mahony/Ridinger 2002; McDonald/Milne/Hong 2002; Mahony et al. 2002; Funk 2001; Trail/James 2001; Zhang et al. 2001; Formica/Uysal 1998
Involvement	Portlock/Rose 2009; Tsuji/Bennett/Leigh 2009; Drengner 2008; Sirgy et al. 2008; Alexandris/Tsaousi/James 2007; Martensen et al. 2007; Nitschke 2006; Grohs/Wagner/Vsetecka 2004; Lardinoit/Derbaix 2001

Ein weiteres prädispositionales Konzept zur Erklärung des Veranstaltungsbesuches ist das **Involvement** der potentiellen Eventzielgruppen. Allgemein beschreibt dieses Konstrukt den Grad der inneren Beteiligung, mit dem sich ein Konsument einem Stimulus zuwendet, wobei diese Beteiligung sowohl kurzfristiger Natur (sog. handlungsspezifisches Involvement) als auch dauerhaft (sog. prädispositionales Involvement) sein kann (vgl. Drengner 2013a, S. 126). Da Veranstaltungen meist mehrere Stimuli umfassen, werden in der Forschung auch mehrere Involvementtypen unterschieden (vgl. Drengner 2008, S. 104ff.): So beschreibt das Eventinhalt-Involvement das Interesse am Thema einer Veranstaltung (z. B. Sport, Musik), während das Umfeld-Involvement den Rahmen einer Veranstaltung (z. B. Veranstaltungsort) betrifft. Nutzen Unternehmen Veranstaltungen als Kommunikationsinstrument (Eventmarketing, Veranstaltungssponsoring) dann kann sich das Involvement der Konsumenten auch auf das im Mittelpunkt der jeweiligen Kommunikationsmaßnahme stehende Objekt (z. B. eine Marke) bzw. die damit verknüpfte Botschaft (z. B. Informationen zur Marke) richten. Generell kommen die in Tab. 1 aufgeführten Forschungen zu der Erkenntnis, dass ein hohes Involvement einer Person gegenüber einem oder mehreren dieser Stimuli die Wahrscheinlichkeit eines Veranstaltungsbesuchs erhöht.

3.2.3 Forschungen zu Mediatoren der Eventwirkung

Um die Wirkungen von Events bezüglich den im zweiten Abschnitt aufgeführten drei Untersuchungsbereichen (Events als kommerzielle Dienstleistung, Events als Instrument der Marketingkommunikation, Events als Instrument des Regionalmarketing) besser zu verstehen, hat die wirtschaftswissenschaftliche Eventforschung in der Vergangenheit eine Vielzahl von potentiellen Mediatoren analysiert. Tab. /2 führt dabei ausschließlich die Konstrukte auf, bei denen empirisch ein Einfluss auf verschiedene Erfolgsparameter (vgl. den folgenden Abschnitt) von Veranstaltungen nachgewiesen werden konnte. Zum Zweck einer besseren Systematisierung erfolgt eine Unterteilung dieser Determinanten in kognitive, affektive und komplexe Variablen.

Tab. 2: Untersuchungsschwerpunkte und ausgewählte Studien zu den Mediatoren der Eventwirkung

	Untersuchungsschwerpunkt	Ausgewählte Studien
kognitive Variablen	Platzierung und Gestaltung von eventspezifischen Kommunikationsmitteln (z. B. Werbebanner)	Sander 2004; Levin/Joiner/Cameron 2001; Harshaw/Turner 1999; Moore/Picket/Groove 1999; Quester/Farrelly 1998; Walliser 1997; Drees 1992; Hermanns/Drees/Wangen 1986
	Passfähigkeit zwischen Unternehmen und Event	Drengner/Jahn/Zanger 2011; Gwinner/Larson/Swanson 2009; Drengner 2008; Fleck/Quester 2007; Martensen et al. 2007; Barros/Silvestre 2006 ; Nitschke 2006; Grohs/Reisinger 2005; Gwinner 2005; Grohs/Wagner/Vsetecka 2004; Drengner/Gaus/Zanger 2004; Jagre/Watson/Watson 2001
	Informationsrate im Kommunikationsumfeld des Events	Sachse 2010; Sachse/Drengner 2010; Sachse/Drengner/Jahn 2010
affektive Variablen	während der Veranstaltung erlebte Emotionen	Biscaia et al. 2012; Drengner/Jahn 2012; Drengner/Jahn/Gaus 2012; Yang/Gu/Cen 2011; Drengner/Gaus/Jahn 2008; Drengner 2008; Lee et al. 2008; Martin et al. 2008; Caro/García 2007; Martensen et al. 2007; Madrigal 2003
	Flow-Erleben während der Veranstaltung	Jahn/Drengner 2013; Gaus/Müller 2012; Drengner 2008; Drengner/Gaus/Jahn 2008;
komplexe Variablen	globale Zufriedenheit mit der Veranstaltung	Chen/Lin/Chiu 2013; Papadimitriou 2013; Biscaia et al. 2012; Drengner/Jahn/Gaus 2012; Drengner/Jahn/Gaus 2010; Yoshida/James 2010; Martin et al. 2008; Caro/García 2007; Höck/Ringle 2007; Tsuji/Bennett/Zhang 2007; Baker/Crompton 2000; Wakefield/Blodgett 1996
	Analyse zufriedenheitsrelevanter Attribute der Eventqualität	Chen/Lin/Chiu 2013; Papadimitriou 2013; Osti/Disegna/Brida 2012; Ruihley/Greenwell 2012; Yoshida/James 2010; Martin et al. 2008; Höck/Ringle 2007; Minor et al. 2004; Crompton 2003; Baker/Crompton 2000; Getz/O'Neill/Carlsen 2001; Kennett/Sneath/Henson 2001; Wakefield/Blodgett 1996
	Einstellung zum Event	Alexandris/Tsaousi/James 2007; Dees/Bennet/Tsuji 2007; Martensen et al. 2007
	Image der Veranstaltung	Kaplanidou 2009; Drengner/Gaus/Jahn 2008; Drengner 2008; Kaplanidou/Vogt 2007; Xing/Chalip 2006; Li/Vogelsong 2006; Grohs/Wagner/Vsetecka 2004; Richards/Wilson 2004
	kritische Auseinandersetzung mit der kommerziellen Nutzung eines Events zur Erreichung von Kommunikationszielen	Choi et al. 2011; Dees et al. 2010; Kim/Smith/James 2010; Dees/Bennett/Villegas 2008; Alexandris/Tsaousi/James 2007; Dees/Bennet/Tsuji 2007; Ashill/Davies/Joe 2001

Forschungen zu kognitiven Variablen

Forschungen zu den kognitiven Variablen analysieren die bei den Eventbesuchern während einer Veranstaltung stattfindenden Informationsverarbeitungsprozesse, wobei sich die bisherigen Studien hauptsächlich auf den Einsatz von Events im Rahmen der Marketingkommunikation beziehen. Eine erste Gruppe von Analysen belegt, dass eine aufmerksamkeitsfördernde **Gestaltung** und **Platzierung von Kommunikationsmitteln** während einer Veranstaltung (z. B. große und farblich auffällige Werbebanner an zentralen Punkten des Eventgeschehens) die Wahrscheinlichkeit der Wahrnehmung dieser Kommunikationsmittel erhöht. Diese Erkenntnisse sind vor allem für das Veranstaltungssponsoring und das Eventmarketing von Bedeutung, da bei diesen Instrumenten die Wahrnehmung des Sponsors bzw. Eventveranstalters eine wichtige Voraussetzung für den Kommunikationserfolg ist.

Andere Forschungen untersuchen die mediierende Rolle des Konzeptes der **Passfähigkeit**, welches das subjektive Urteil des Konsumenten über die Gemeinsamkeiten zwischen dem Unternehmen auf der einen Seite und der zur Zielgruppenkommunikation genutzten Veranstaltung auf der anderen Seite beschreibt (vgl. Drengner 2013a, S. 245). Die dabei gewonnenen Erkenntnisse zeigen, dass eine mittlere bis hohe Passfähigkeit die Erreichung verschiedener Kommunikationsziele (z. B. Markenerinnerung, Imagetransfer) unterstützt (vgl. z. B. Gwinner/Larson/Swanson 2009; Drengner 2008, S. 215ff.; Grohs/Reisinger 2005). Darüber hinaus diskutieren einige Autoren Ansätze zur Konzeptualisierung und Operationalisierung des Konstruktes der Passfähigkeit (vgl. Drengner/Jahn/Zanger 2011; Fleck/Quester 2007; Drengner/Gaus/Zanger 2004).

Eine weitere Gruppe von Studien zum Veranstaltungssponsoring analysiert, welche Effekte die Vielzahl von Sponsoren und Ambushern[2] bei großen Sportveranstaltungen auf die Markenerinnerung haben. Ein zentrales Konzept bildet dabei die **Informationsrate**. Diese beschreibt die durch die Konsumenten wahrgenommene Summe der quantitativen und qualitativen Merkmale aller Kommunikationsaktivitäten, die im Umfeld einer Veranstaltung auftreten (z. B. Anzahl der mit einer Veranstaltung werbenden Unternehmen, Ähnlichkeit der dabei eingesetzten Kommunikationsmittel) (vgl. Sachse 2010, S. 89). Die in Tab. 2 aufgeführten Autoren kommen zu dem Schluss, dass eine zunehmende Informationsrate die Fähigkeit der Konsumenten schmälert, die mit der Sportveranstaltung verbundenen Sponsoren und Ambusher korrekt zu erinnern.

Forschungen zu affektiven Variablen

Affektive Variablen sind durch innere Erregungen gekennzeichnet, die die betreffenden Person mehr oder minder bewusst als angenehm oder unangenehm empfindet. Einen zentralen Untersuchungsgegenstand bilden hier die **Emotionen**, die die Konsumenten währen ihres Veranstaltungsbesuches empfinden (vgl. Tab. /2). Die bisherigen

---

2 Ambushing beschreibt das planmäßige Bestreben eines Unternehmens, welches nicht Veranstaltungssponsor ist, durch eventbezogene Kommunikationsmaßnahmen die Aufmerksamkeit der Konsumenten auf sich zu lenken, um somit von der Kommunikationsleistung der Veranstaltung (z. B. Veranstaltungsimage) zu profitieren (vgl. Sachse 2010, S. 39).

Forschungsergebnisse liefern Belege, dass positive Emotionen direkt oder indirekt[3] die Absicht eines wiederholten Veranstaltungsbesuches fördern, während negative Emotionen das Gegenteil bewirken (vgl. Biscaia et al. 2012; Yang/Gu/Cen 2011; Lee et al. 2008; Martin et al. 2008; Caro/García 2007). Darüber hinaus spielen Emotionen eine wichtige Rolle bei der Erklärung der Kommunikationswirkungen von Marketing-Events, da die während einer Veranstaltung erlebten Emotionen sowohl die Bewertung des Events als auch das Image des Eventobjekts beeinflussen können (vgl. Drengner 2008, S. 213ff.; Drengner/Gaus/Jahn 2008; Martensen et al. 2007).

Ein weiteres affektives Mediator-Konzept ist das **Flow-Erleben** der Veranstaltungsbesucher. Es beschreibt eine als vergnüglich empfundene holistische Erfahrung, die Menschen erleben, wenn sie mit intensiver innerer Beteiligung eine Tätigkeit ausüben (vgl. Csikszentmihalyi 1975, S. 36). Empirische Studien aus dem Bereich der Eventforschung belegen, dass sich Flow-Erlebnisse während einer Veranstaltung positiv auf die folgenden Konstrukte auswirken: die Beurteilung der Veranstaltung (vgl. Drengner 2008, S. 205f.), die während der Veranstaltung empfundenen Emotionen (vgl. Gaus/Müller 2012; Drengner 2008, S. 198f.) sowie die Wiederbesuchsabsicht der Eventteilnehmer (vgl. Jahn/Drengner 2013).

Forschungen zu komplexen Variablen

Komplexe Konstrukte umfassen sowohl kognitive als auch affektive Komponenten. Eine solche Variable ist die **Kundenzufriedenheit** (vgl. Tab. *1*2). Diese entsteht durch den Vergleich einer erhaltenen Leistung mit den Erwartungen bezüglich dieser Leistung (vgl. Homburg/Stock-Homburg 2008, S. 19), wobei diese kognitive Bewertung mit affektiven Erfahrungen (z. B. Freude, Ärger) einhergeht (vgl. Oliver 2010, S. 320ff.). Fast alle Autoren, die sich mit diesem Konzept im Rahmen der Eventforschung auseinandersetzen, betrachten Veranstaltungen i. S. einer kommerziellen Dienstleistung. Sie belegen, dass die Gesamtzufriedenheit mit einer Veranstaltung ein wichtiger Prädiktor des zukünftigen Verhaltens (z. B. Wiederbesuch, Weiterempfehlungsverhalten) der Eventbesucher ist.

In Anlehnung an klassische Ansätze zur Messung der Dienstleistungsqualität (z. B. SERVQUAL, vgl. Parasuraman/Zeithaml/Berry 1988) versucht außerdem ein Großteil der Kundenzufriedenheits-Studien, auf empirischem Weg wichtige **Attribute der**

[3] z. B. indem sie die globale Zufriedenheit mit der Veranstaltung beeinflussen (vgl. Lee et al. 2008; Caro/García 2007)

Veranstaltungsqualität zu ermitteln, welche letztlich die Beurteilung der Gesamtzufriedenheit determinieren (vgl. Tab. 12). Dies erfolgt meist anhand einer Unterscheidung von Kernattributen, welche das Wesen der Veranstaltung entscheidend prägen (z. B. Qualität der Künstler bei einem Musikfestival; Qualität der Wettkämpfe bei einem Sportevent), und sekundären Merkmalen, die ebenfalls die Qualitätswahrnehmung der Eventbesucher beeinflussen (z. B. Qualität des Caterings, des Personals oder des Veranstaltungsortes) (vgl. z. B. Yoshida/James 2010; Tsuji/Bennett/Zhang 2007).

Eine weitere komplexe Mediatorvariable ist die **Einstellung zur Veranstaltung**. Generell beschreibt das Konstrukt der Einstellung die Tendenz einer Person, einen Stimulus (z. B. Veranstaltung, Produkt, Marke) positiv oder negativ wertend einzuschätzen (vgl. Eagly/Chaiken 1993, S. 1). Gemäß der Forschungsergebnisse in diesem Bereich besteht ein positiver Kausalzusammenhang zwischen der Einstellung zu einem Event und der Absicht, das Event zu besuchen (vgl. Dees/Bennet/Tsuji 2007). Für den Fall, dass Unternehmen Veranstaltungen als Instrument zur Erreichung ihrer Kommunikationsziele einsetzen, konnten Martensen et al. (2007) außerdem positive Wirkungen der Einstellung zur Veranstaltung auf die Einstellung zum Kommunikationsobjekt (z. B. Marke, Unternehmen) nachweisen.

Andere Studien setzen sich mit dem **Veranstaltungsimage** auseinander, welches als mehrdimensionales Konstrukt die Gesamtheit aller Assoziationen umfasst, die Konsumenten mit einem Event verbinden (vgl. Drengner 2013a, S. 219ff.). Im Rahmen von Imagetransferprozessen (vgl. Gwinner 1997) übertragen die Eventteilnehmer diese Assoziationen auf andere Objekte, wie beispielsweise auf die Marke, die das Event zur Zielgruppenkommunikation nutzt (vgl. Drengner 2008; Grohs/Wagner/Vsetecka 2004), oder die Region, in der das Ereignis stattfindet (vgl. Kaplanidou 2009; Kaplanidou/Vogt 2007; Xing/Chalip 2006; Li/Vogelsong 2006).

Letztlich zeigen Forschungen zum Veranstaltungssponsoring, dass sich Konsumenten teilweise tiefgründig mit der **kommerziellen Nutzung von Veranstaltungen** zur Erreichung von Marketingzielen auseinandersetzen. Diese Erkenntnis ist einerseits dann von Relevanz, wenn Konsumenten das Sponsoring einer Veranstaltung als störend empfinden, weil dies den „einzigartigen Charakter“ des Events mindert. Ist das der Fall, kann daraus eine negative Einstellung gegenüber dem Sponsor resultieren (vgl.

Gwinner 2005, S. 169f.[4]). Andererseits können Personen eine positive Einstellung sowie Kaufverhaltensabsicht gegenüber einem Veranstaltungssponsor entwickeln, wenn dieser beispielsweise durch seine Unterstützung die Durchführung einer Veranstaltung überhaupt ermöglicht oder diese qualitativ verbessert (vgl. Choi et al. 2011; Dees et al. 2010; Kim/Smith/James 2010; Dees/Bennett/Villegas 2008).

3.2.4 Forschungen zu Wirkungen von Events

Wie der vorhergehende Abschnitt verdeutlicht, dient die Analyse der Mediatoren dazu, die Wirkungsmechanismen von Veranstaltungen hinsichtlich bestimmter Marketingziele besser zu verstehen. Ein großer Teil der wirtschaftswissenschaftlichen Eventforschung setzt sich dabei mit den Wirkungen solcher Veranstaltungen auseinander, die zur Erreichung von Kommunikationszielen genutzt werden (vgl. Tab. 3). Im Zentrum des Interesses stehen dabei zunächst kognitive Wirkungen, wie die Frage, in welchem Umfang die Konsumenten einer Veranstaltung den Sponsor eines Events bzw. dessen Botschaft überhaupt **wahrnehmen**. Gaus und Müller (2012) untersuchen darüber hinaus das **Lernen** von Informationen, die während eines Events geboten werden. Weiterhin existiert eine Reihe von Studien zu den **Einstellungs- und Imagewirkungen** von Veranstaltungen. Diese prüfen, in welchem Umfang es durch den Einsatz von Veranstaltungen im Rahmen der Kommunikationspolitik gelingen kann, die Bewertung einer Marke, eines Unternehmens, einer Region etc. positiv zu beeinflussen. Schließlich untersuchen McAlexander, Schouten und Koenig (2002) sowie Stokburger-Sauer (2010) die Eignung von Marketing-Events als Instrument des Beziehungsmarketing. Sie belegen, dass sich mit Marketing-Events die **Beziehungen** der an einer Veranstaltung teilnehmenden Konsumenten zu dem im Fokus der Veranstaltung stehenden Objekt (Marke, Produkt, Unternehmen) verbessern lassen.

[4] vgl. auch die Ausführungen von Drengner in diesem Sammelband zur den Risiken der Nutzung von Sporterlebniswelten als Kommunikationsplattform

Tab. 3: Untersuchungsschwerpunkte und ausgewählte Studien zu den Wirkungen von Events

Untersuchungsschwerpunkt	**Ausgewählte Studien**
Wahrnehmung von Sponsoren	Sachse/Drengner 2010; Wakefield/Bennett (2010); Ko et al. 2008; Barros/Silvestre 2006; McDaniel/Kinney 1999; McDaniel/Kinney 1996; Sandler/Shani 1993; Sandler/Shani 1989
Wahrnehmung der Sponsoringbotschaft	Tsuji/Bennett/Leigh 2009; Wakefield/Becker-Olsen/Cornwell 2007; Barros/Silvestre 2006; Cianfrone/Zhang 2006; Johar/Pham/Wakefield 2006; Koo/Quarterman/Flynn 2006; Grohs/Wagner/Vsetecka 2004
Lernen von Eventinhalten	Gaus/Müller 2012
Einstellungswirkungen	Nufer 2010; Weeks/Cornwell/Drennan 2008; Alexandris/Tsaousi/James 2007; Martensen et al. 2007; Koo/Quarterman/Flynn 2006; Sneath/Finney/Close 2005; Roy/Cornwell 2003
Imagewirkungen	Li/Kaplanidou 2013; Moon et al. 2011; Gwinner/Larson/Swanson 2009; Drengner/Gaus/Jahn 2008; Drengner 2008; Koo/Quarterman/Flynn 2006; Smith 2006; Kim/Morrison 2005; Lee/Lee/Lee 2005; Grohs/Wagner/Vsetecka 2004; Ritchie/Smith 1991
Beziehungswirkungen	Stokburger-Sauer 2010; McAlexander/Schouten/Koenig 2002
Bindung an die Veranstaltung	Chen/Lin/Chiu 2013; Papadimitriou 2013; Jahn/Drengner 2013; Biscaia et al. 2012; Drengner/Jahn/Gaus 2012; Drengner/Jahn/Gaus 2010; Yang/Gu/Cen 2011; Yoshida/James 2010; Lee et al. 2008; Martin et al. 2008; Caro/García 2007; Tsuji/Bennett/Zhang 2007; Baker/Crompton 2000

Einen weiteren Analyseschwerpunkt, der für alle Untersuchungsbereiche der wirtschaftswissenschaftlichen Eventforschung von Bedeutung ist, bilden Konstrukte zur Beschreibung der Stärke der **Bindung** von Konsumenten an eine Veranstaltung (z. B. Wiederbesuchsverhalten, Weiterempfehlungsbereitschaft). Wie in den o. g. Abschnitten gezeigt wurde, hängt die Bindungsstärke von einer Vielzahl von Mediatoren ab (z. B. Emotionen, Zufriedenheit).

3.3 Forschungen zu Austauschprozessen auf Meso-Kontext-Ebene

Studien, die der Meso-Ebene zuzuordnen sind, betrachten Austauschprozesse innerhalb triadischer Beziehungen zwischen verschiedenen Eventakteuren. Ein erster Forschungsstrang in diesem Bereich setzt sich mit den durch eine Veranstaltung bedingten sozialen Kontakten zwischen den Eventbesuchern auseinander, um daraus Managementempfehlungen für den Veranstalter abzuleiten. Im Mittelpunkt eines zweiten Forschungsstrangs stehen die Effekte, die Veranstaltungen auf verschiedene Akteure der Austragungsregion eines Events haben können. Die Erkenntnisse beider Gruppen werden im Weiteren ausführlicher diskutiert.

Forschungen zu den Interaktionen zwischen mehreren Eventbesuchern und dem Eventveranstalter

Bei den Forschungen aus diesem Bereich besteht die Triade darin, dass ein Unternehmen (Akteur A) mit seinem Event dem einzelnen Konsumenten (Akteur B) eine Plattform für Interaktionen mit anderen Konsumenten (Akteur C) bietet. Zur Analyse solcher Beziehungen greifen die Forscher hauptsächlich auf Erkenntnisse der Soziologie und Sozialpsychologie zurück. Grundlegende Erkenntnisse aus **soziologischer Perspektive** lieferten zunächst Sistenich und Zanger (vgl. Tab.), indem sie mittels verschiedener Theorien (Konstruktivisimus, Rahmenanalyse, Rollentheorie) die Interaktionsprozesse zwischen verschiedenen Eventteilnehmern und dem Veranstalter erklären. Auch Schlesinger (2010, 2008) nutzt eine soziologisch geprägte Betrachtungsweise, indem er das gemeinsame Erleben und Ausleben von Emotionen durch die Eventteilnehmer theoretisch betrachtet und empirisch untersucht. Im Rahmen eines **sozialpsychologisch geprägten Forschungsansatzes** analysieren Wolf, Jackson und Detlefsen (2012) das Potential verschiedener sozialpsychologischer Konzepte (z. B. Gruppenkohäsion, soziale Aktivierung) zur Erklärung der Interaktionen zwischen den Eventteilnehmern.

Tab. 4: Ausgewählte Studien auf der Meso-Kontext-Ebene zu den Interaktionen zwischen mehreren Eventbesuchern und dem Eventveranstalter

Untersuchungsschwerpunkt	Ausgewählte Studien
Konstruktivismus, Rollentheorie, Rahmenanalyse	Sistenich 1999; Zanger/Sistenich 1998; Zanger/Sistenich 1996
Identifikation mit anderen Eventteilnehmern: Psychological Sense of Communitiy, Communitas, Gruppenerlebnisse	Jahn/Drengner 2013; Drengner/Jahn 2012; Drengner/Jahn/Gaus 2012; Wolf/Jackson/Detlefsen 2012; Drengner/Jahn/Gaus 2010; Stokburger-Sauer 2010; McAlexander/Schouten/Koenig 2002
kollektive Emotionen	Schlesinger 2010; Schlesinger 2008

Die bisher genannten soziologisch und sozialpsychologisch geprägten Forschungen setzen sich hauptsächlich mit den Interaktionen zwischen den Eventteilnehmern (Akteure B und C) auseinander und berücksichtigen die Austauschprozesse mit dem Veranstalter (Akteur A) indirekt durch die Erarbeitung entsprechender Managementhinweise. Eine weitere Gruppe von Autoren nimmt hingegen ein stärkere Einbindung des Veranstalters vor, indem sie Modelle entwickelt und empirisch prüft, um die Wirkungen der Interaktionen der Eventteilnehmer auf erfolgsrelevante Marketingkonstrukte zu erklären. So belegen Drengner und Kollegen (vgl. Tab. 4), dass sich kollektive Erlebnisse positiv auf die Wiederbesuchsabsicht bezüglich der Veranstaltung auswirken. Gemäß der Forschungsresultate von Stokburger-Sauer (2010) sowie McAlexander,

Schouten und Koenig (2002) lassen sich außerdem mit Marketing-Events die sozialen Beziehungen zwischen den Veranstaltungsteilnehmern stärken, was wiederum die Bindung an die im Mittelpunkt des Events stehende Marke stärkt.

Forschungen zu den Effekten von Events auf die Veranstaltungsregion

Bei den Forschungen dieser Gruppe ergibt sich die triadische Beziehung daraus, dass der Veranstalter (Akteur A) mit dem Event einen Service für verschiedene Zielgruppen (z. B. Eventbesucher, Medien) (Akteur B) bereitstellt, dessen Inanspruchnahme sich auf die Wertschöpfungsprozesse der in der Veranstaltungsregion ansässigen Akteure (z. B. Restaurants, Tourismusanbieter, Einzelhandel, einheimische Bevölkerung) (Akteur C) auswirkt. Die durch diesen Austausch entstehenden Effekte in der Region bilden den Fokus dieses Untersuchungsgebietes. Ein Forschungsschwerpunkt liegt dabei auf den **ökonomischen Effekten** von Events, die vordergründig durch die eventbedingten Ausgaben von Veranstaltungsbesuchern in der Region generiert werden (vgl. Tab.5). Im Zentrum des Interesses stehen hier vor allem methodische Diskussionen zur Erhebung der eventbedingten Ausgaben sowie zum Ausgabenverhalten der Eventbesucher respektive dessen Determinanten. Weiterhin beschäftigt sich eine Reihe von Studien mit Verfahren zur Berechnung der ökonomischen Effekte. In diesem Zusammenhang kritisieren verschiedene Autoren, dass solche Studien häufig für politische Zwecke (z. B. Rechtfertigung von Fördermitteln) genutzt werden und deshalb auf großzügigen Annahmen und Berechnungen basieren (vgl. Crompton 2006, 1995), was letztlich deren Validität beeinträchtigt. Um solche Probleme zu minimieren und damit die Transparenz und Nachvollziehbarkeit ökonomischer Analysen für Außenstehende zu erhöhen, setzen sich weitere Forschungen mit potentiellen Fehlerquellen ökonomischer Wirkungsanalysen auseinander.

Tab.5: Untersuchungsschwerpunkte und ausgewählte Studien zu den Effekten von Events auf die Veranstaltungsregion

	Untersuchungsschwerpunkt	Ausgewählte Studien
Ökonomische Effekte	Erhebung der eventbedingten Ausgaben	Barquet et al. 2011; Li/Blake 2009; Frechtling 2006; Stynes/White 2006; Jackson et al. 2005; Preuss 2005; Gelan 2003; Crompton/Lee/Shuster 2001; Delpy/Li 1998; Crompton 1995; Crompton/McKay 1994; Bugan/Mules 1992
	Analyse des Ausgabenverhaltens respektive dessen Determinanten	Kim/Prideaux/Chon 2010; Preuß et al. 2010; Preuß/Kurscheidt/Schütte 2009; Boo/Ko/Blazey 2007; Mondello/Rishe 2004; Lee/Crompton 2003; Solberg/Andersson/Shibli 2002
	Verfahren zur Berechnung der ökonomischen Effekte	Kasimati/Dawson 2009; Porter/Fletcher 2008; Cela/Knowles-Lankford/Lankford 2007; Dwyer/Forsyth/Spurr 2006; Gibson et al. 2005; Jackson et al. 2005; Késenne 2005; Daniels 2004; Daniels/Norman/Henry 2004; Gans/Horn/Zemann 2003; Dwyer et al. 2001; Preuss 2004; Gelan 2003; Kurscheidt/Rahmann 1999; Preuß 1999; Burns/Hatch/Mules 1986
	Fehlerquellen ökonomischer Wirkungsanalysen	Köhler/Drengner 2012a; Stynes/White 2006; Lee/Taylor 2005; Baade/Matheson 2004; Crompton 2006; Késenne 1999; Crompton 1995
Soziale Effekte	Messung der Eventunterstützung sowie deren Einflussfaktoren bei einheimischer Bevölkerung	Balduck/Maes/Bühlens 2011; Deery/Jago 2010;; Gursoy/Kendall 2006; Deccio/Baloglu 2002; Bull/Lovell 2007; Mihalik/Simonetta 1999
	Messung der Wahrnehmung des Events durch einheimische Bevölkerung	Cheng/Charvis 2010; Ritchie/Shipway/Cleeve 2009; Gursoy/Kendall 2006; Kim/Petrick 2005; Fredline/Deery/Jago 2005; Waitt 2003; Cegielski/Mules 2002; Fredline/Faulkner 2002; Bachleitner/Zins 1999
	Identifikation und Beschreibung der sozialen Effekte	Wünsch 2012; Whitford 2009; Reid 2008
	Entwicklung von Skalen zur Messung der sozialen Effekte	Small 2008; Small/Edwards/Sheridan 2005; Fredline/Jago/Deery 2003; Delamere 2001; Delamere/Wankel/Hinch 2001; Rollins/Delamere 2007
Mediale Effekte	Inhalte der Medienberichterstattung	Belentschikow/Köhler/Geier 2012; Falkheimer 2007; Scott/Smith 2005; Green/Costa/Fitzgerald 2003
	Wirkungen der Medienberichterstattung	Ritchie/Shipway/Chien 2010; Hede 2005; Chalip/Green/Hill 2003

Eine weitere Gruppe von Autoren analysiert die Austauschprozesse zwischen dem Veranstalter, den Eventbesuchern und der einheimischen Bevölkerung, wobei die **sozialen Effekte** von Events für die Bevölkerung der Veranstaltungsregion im Mittelpunkt stehen (vgl. Tab. 5). Da sich Events sowohl positiv (z. B. Bürgerstolz) als auch negativ auf die Einwohner auswirken können (z. B. Umweltverschmutzung, mangelnder Zugang zu öffentlichen Einrichtungen), kann es nicht nur zur Wertschöpfung, sondern auch zur Wertzerstörung kommen. Diese tritt dann auf, wenn die eventinduzierten Austauschprozesse zweier Akteure (z. B. Eventorganisator und Eventbesucher) das Wohlbefinden eines dritten Akteurs (z. B. Einwohner) verringern (vgl. Plé/Cáceres

2010, S. 431). Wehren sich die betroffenen Einwohner gegen die eventbedingte Minderung ihrer Lebensqualität (z. B. durch Bürgerproteste, mangelnde Gastfreundschaft) kann dies den Erfolg der Veranstaltung sowie deren ökonomischen und touristischen Mehrwert für die Region gefährden (vgl. Fredline 2000, S. 2; Pearce/Moscardo/Ross 1996). Aus diesem Grund fokussieren die Untersuchungen vor allem darauf, diejenigen Prozesse und Faktoren zu identifizieren, die einen starken Einfluss auf die Wertererstellung besitzen. Dabei betrachten einige Studien, aus welchen Gründen die Einwohner Events unterstützen und wodurch diese Unterstützung beeinflusst wird. Andere Studien beschäftigen sich mit der Einstellung der einheimischen Bevölkerung gegenüber dem Event sowie ihrer Einflussfaktoren (z. B. Eventinteresse, Nähe zum Event). Bei einer dritten Gruppe von Studien steht sowohl die Identifikation als auch die Beschreibung positiver und negativer sozialer Effekte im Fokus. Schließlich konzentrieren sich einige Autoren auf die Entwicklung valider Skalen zur Messung der sozialen Effekte von Events.

Schließlich existieren Studien, die die **medialen Effekte** eines Events für die Veranstaltungsregion analysieren (vgl. Tab. 5). Diese befassen sich einerseits mit den Inhalten der Medienberichterstattung, die mithilfe qualitativer (z. B. bildliche Darstellung und vermitteltes Image des Austragungsortes) und quantitativer Inhaltsanalysen (z. B. Anzahl der Nennungen des Austragungsortes) ausgewertet werden. Andererseits untersuchen sie die Wirkungen der Medienberichterstattung auf verschiedene Eventzielgruppen (z. B. Eventbesucher, Einwohner, Öffentlichkeit). So prüfen Chalip, Green und Hill (2003) beispielsweise den medialen Einfluss einer Sportveranstaltung auf das Destinationsimage und die Besuchsintention. Eine Untersuchung von Ritchie, Shipway und Chien (2010) beschäftigt sich mit dem Einfluss der Medienberichterstattung auf die Einstellung der Einwohner gegenüber dem Event.

3.4 Forschungen zu Austauschprozessen auf Makro-Kontext-Ebene

An Events sind immer mehrere Akteure beteiligt, die miteinander über unterschiedliche Austauschprozesse – in Form eines Netzwerkes – in Beziehung stehen. Von diesem komplexen Geflecht betrachten Studien auf der Mikro- und Meso-Kontext-Ebene nur einen verkleinerten Ausschnitt in Form von Dyaden bzw. Triaden und blenden damit die unterschiedlichen, teilweise **konfligierenden Interessen** einzelner Akteure innerhalb des Netzwerkes aus. So zeigen einige Studien, dass Veranstaltungen positive Effekte bei regionalen Unternehmen und Tourismusanbietern erzeugen, indem sie die Wirtschaft stimulieren (vgl. Daniels/Norman 2003; Barker/Page/Meyer 2001) oder die Bekanntheit und das Image des Austragungsortes verbessern (vgl. Kim/Morrison

2005; Richards/Wilson 2004). Andere Studien belegen hingegen negative Effekte auf die einheimische Bevölkerung des Veranstaltungsortes, die sich z. B. in einer Verschlechterung der Lebensqualität widerspiegeln (vgl. Bull/Lovell 2007; Fredline/Jago/Deery 2003). Ein und dasselbe Service-Angebot kann somit nicht nur Wert generieren, sondern auch Wert zerstören, wie bereits vorangegangenen Abschnitt erläutert wurde.

Im Vergleich zu Forschungen zum Mikro- und Meso-Kontext setzen sich Studien auf der Makro-Kontext-Ebene mit mehreren Akteuren auseinander und besitzen damit das Potential, Austauschprozesse und daraus resultierende (potentielle) Konflikte offenzulegen. Den Ausgangspunkt für diese Forschungen bildet das Verständnis eines Events als sog. **Marketingsystem**. Ein Marketingsystem beschreibt ein Netzwerk von sozial und/oder ökonomisch agierenden Akteuren, die durch die sequentielle oder gemeinsame Teilnahme an Austauschprozessen direkt oder indirekt miteinander verbunden sind und dadurch Zugang zu Service-Angeboten erhalten sowie sich an deren Erstellung, Zusammenführung und Veränderung beteiligen (vgl. Layton 2007, S. 219). Wie oben bereits diskutiert, kann bei diesen Prozessen sowohl Wert geschaffen als zerstört werden.

Die folgende Tabelle verdeutlicht, dass sich die Forschungen auf der Makro-Kontext-Ebene anhand von fünf Analyseschwerpunkten systematisieren lassen. Eine erste Gruppe von Autoren untersucht **multiple Eventwirkungen** in Veranstaltungsorten bzw. -regionen. Dabei werden zwei oder mehr Wirkungsbereiche in einer gemeinsamen Analyse zusammengeführt und entsprechende Handlungsempfehlungen abgeleitet. Während bei einem Großteil der Studien die ökonomischen und sozialen Effekte im Fokus stehen (vgl. Köhler/Drengner 2012b; Pasanen/Taskinen/Mikkonen 2009; Wood 2005; Jones 2001; Burns/Hatch/Mules 1986), beziehen andere Untersuchungen neben diesen Effekten zusätzlich die ökologische Dimension mit in die Betrachtungen ein (vgl. Köhler 2013; Stettler et al. 2005; Gans/Horn/Zemann 2003). Das Ziel dieser multiplen Wirkungsanalysen besteht darin, die verschiedenen Effekte von Events (z. B. ökonomisch, sozial, ökologisch) für die regionalen Anspruchsgruppen offenzulegen und zu prüfen, ob diese in einem ausgewogenen Verhältnis stehen. Dies ist insofern bedeutend, da beispielsweise Austauschprozesse, die sich negativ auf die Lebensqualität der einheimischen Bevölkerung auswirken, den Erfolg der Veranstaltung sowie deren ökonomischen und touristischen Mehrwert für die Region gefährden können (z. B. durch Bürgerproteste, mangelnde Gastfreundschaft) (vgl. Fredline 2000, S. 2; Pearce/Moscardo/Ross 1996). Multiple Wirkungsanalysen tragen somit dazu bei, Optimierungspotenziale aufzudecken und die Akzeptanz der Veranstaltung bei den relevanten regionalen Akteuren des Eventnetzwerks zu erhöhen.

Tab. 6: Untersuchungsschwerpunkte und ausgewählte Studien auf der Makro-Kontext-Ebene

Untersuchungsschwerpunkt	Ausgewählte Studien
Multiple Wirkungen von Events (ökonomisch, sozial, ökologisch)	Köhler 2013; Köhler/Drengner 2012b; Pasanen/Taskinen/Mikkonen 2009; Stettler et al. 2005; Wood 2005; Gans/Horn/Zemann 2003; Jones 2001; Dwyer et al. 2000; Burns/Hatch/Mules 1986
Nachhaltigkeit von Events	Andersson/Lundberg 2013; Hall 2012; Rittichainuwat/Mair 2012; Fairley et al. 2011; Gration et al. 2011; Dickson/Arcodia 2010; Laing/Frost 2010; Wall/Behr 2010; Getz/Andersson 2009; Griffin 2009; Lamberti/Fava/Noci 2009; Mair/Jago 2009; Sherwood 2007; Hede 2008; Quinn 2006; Fredline et al. 2005
Stakeholdergruppen einschließlich ihrer Interessen, Rollen und Beziehungen (Stakeholder-Theorie)	Buch/Milne/Dickson 2011; Laing/Frost 2010; Getz/Andersson 2010; Andersson/Getz 2008; Getz/Andersson/Larson 2007; Spiropoulos/Gargalianos/ Sotiriadou 2006; Merrilees/Getz/O'Brien 2005; Reid/Arcodia 2002; Larson 2002; Larson/Wikström 2001
Beziehungsverhältnisse und -muster sowie Entwicklungsprozesse in Eventnetzwerken (Netzwerk-Theorie)	Izzo/Bonetti/Masiello 2012; Jones 2005; Stokes 2007; Erickson/Kushner 1999
Gestaltung von Eventnetzwerken (z. B. Innovation von Organisationsprozessen, Wissensmanagement)	Paul/Sakschewski 2012; Carlsen et al. 2010; Mules 2004; Getz 2002

Mit der stärkeren Hinwendung zu multiplen Wirkungsanalysen beschäftigt sich eine wachsende Zahl von Autoren mit dem Thema **Nachhaltigkeit**[5] und der damit verbundenen Entwicklung nachhaltiger Eventkonzepte (vgl. Tab. 6). Nachhaltigkeitsstudien unterscheiden sich von multiplen Wirkungsanalysen dadurch, dass sie stärker strategisch ausgerichtet sind und häufig auf Kennzahlensystemen basieren, die die verschiedenen Wirkungsdimensionen zu einer einzelnen Kennzahl zusammenführen. Diese Kennzahlen können genutzt werden, um die Wirkungen eines Events im Zeitablauf zu betrachten oder die Effekte verschiedener Events miteinander zu vergleichen (vgl. Fredline et al. 2005, S. 11). Zur kennzahlenbasierten Erfassung der Eventwirkungen

[5] Der Begriff Nachhaltigkeit wurde in erster Linie durch den 1987 veröffentlichten Brundlandt-Report geprägt, in dem nachhaltige Entwicklung definiert wird als „Entwicklung, die die Bedürfnisse der Gegenwart befriedigt, ohne zu riskieren, dass künftige Generationen ihre eigenen Bedürfnisse nicht befriedigen können" (vgl. Hauff 1987, S. 46). Ursprünglich konzentrierte sich das Konzept auf den Umweltschutz (vgl. Elkington 1998), bevor eine Erweiterung auf das sog. Drei-Säulen-Modell der Nachhaltigkeit erfolgte, bei dem ökonomische, soziale und ökologische Effekte sozialen und wirtschaftlichen Handelns gleichermaßen Berücksichtigung finden (vgl. Musgrave/Raj 2009, S. 2f.; Crane/Matten 2004).

werden quantitative Maße als Ausgangspunkt benötigt. Die Forschung setzt sich daher in erster Linie mit der Entwicklung von quantifizierbaren Indikatoren (z. B. ökonomisch: eventbezogene Besucherausgaben, Zahl der generierten Vollzeitjobs; sozial: Zahl der Leserbriefe in lokalen Zeitungen, Anteil der einheimischen Eventbesucher; ökologisch: Energieverbauch, Wasserverbauch) auseinander (vgl. Andersson/Lundberg 2013; Lamberti/Fava/Noci 2009; Sherwood 2007; Fredline et al. 2005). Darüber hinaus liegt der Fokus auf der Entwicklung nachhaltiger Eventkonzepte, wobei u. a. die Analyse und Einführung nachhaltigkeitsfördernder Prozesse bei Events (vgl. Mair/Jago 2009; Dickson/Arcodia 2010; Laing/Frost 2010) sowie die Wahrnehmung nachhaltiger Events durch verschiedene Akteure (z. B. Management, Besucher) im Vordergund stehen (Rittichainuwat/Mair 2012; Gration et al. 2011). Weiterhin werden unterschiedliche Nachhaltigkeitskonzepte und ihre Angemessenheit für die Ausrichtung von Großveranstaltungen diskutiert (vgl. Hall 2012).

Einen wesentlichen Einfluss auf die Nachhaltigkeit nehmen die Austauschbeziehungen zwischen den Akteuren des Eventnetzwerkes, da diese die Erfüllung der ökonomischen, ökologischen und sozialen Ziele des Events beeinflussen (vgl. Getz/Andersson 2009, S. 15). In diesem Zusammenhang stellt die Betrachtung der **Stakeholder** von Events einen wichtigen Forschungsschwerpunkt dar (vgl. Tab. 6). Eine zentrale Rolle spielen hier sog. Key-Stakeholder, die über wichtige Ressourcen oder Beziehungen im Netzwerk verfügen und zu denen somit eine hohe Abhängigkeit besteht (vgl. Andersson/Getz 2008, S. 217; Laing/Frost 2010). Bei einem Sportereignis gehören zu diesen Stakeholdern beispielsweise die Medien. Da diese mit der Art und Weise ihrer Berichterstattung die Eventteilnehmer und die Öffentlichkeit beeinflussen, verfügen sie über eine wichtige Ressource und besitzen deshalb eine hohe Bedeutung im Eventnetzwerk. Die Forschung beschäftigt sich aus diesem Grund u. a. mit der Identifikation der verschiedenen Stakeholdergruppen von Events und ihren Rollen im jeweiligen Netzwerk (vgl. Getz/Andersson/Larson 2007; Hede 2008; Reid/Arcodia 2002). Dabei werden Eventakteure ausgehend von der Stakeholder-Theorie (vgl. Clarkson 1995) beispielsweise nach der Stärke ihres Einflusses (vgl. Hede 2008; Reid/Arcodia 2002) oder anhand ihrer funktionalen Rollen unterschieden (vgl. Getz/Andersson/Larson 2007). Neben der Identifikation von Stakeholdern sowie ihrer Beschreibung stehen vor allem deren Beziehungen zueinander im Zentrum der Aufmerksamkeit. Studien setzen sich hier u. a. mit den Zielen und Interessen der verschiedenen Eventstakeholder auseinander (vgl. Hede 2008; Larson/Wikström 2001) und analysieren die daraus erwachsenden potentiellen Konflikte (vgl. Larson 2002; Larson/Wikström 2001).

Eine weitere Gruppe von Forschern untersucht die **Beziehungsverhältnisse** (z. B. Nähe, Distanz) und **-muster** (z. B. starke, schwache Verbindungen) zwischen Akteuren sowie die **Entwicklungsprozesse in Netzwerken** (vgl. Tab. 6). So analysieren beispielsweise Erickson und Kushner (1999) die Attraktivität von Netzwerkakteuren anhand ihrer Netzwerkidentität (Kernkompetenzen, Fähigkeit zur netzwerkspezifischen Wissenserweiterung, eigenes Mikronetzwerk), während Jones (2005) prüft, wie Großveranstaltungen die Entwicklung von Netzwerken und Netzwerkbeziehungen innerhalb und zwischen Regionen beeinflussen. Der Einfluss von Netzwerkbeziehungen auf die lokale Entwicklung von Veranstaltungsorten steht auch bei Izzo, Bonetti und Masiello (2012) im Mittelpunkt. Sie untersuchen, wie Netzwerkstrukturen sowohl den Erfolg von Events als auch deren ökonomische, sozio-kulturelle und ökologische Wirkungen auf den Austragungsort beeinflussen. Stokes (2007) beschäftigt sich schließlich mit den interorganisationalen Beziehungen staatlicher Eventträger im Kontext eventbezogener Tourismusstrategien.

Letztlich existieren Forschungen zur **Gestaltung von Eventnetzwerken**. Dabei stellen die Optimierung von organisatorischen Austauschprozessen und das Wissensmanagement zentrale Forschungsfelder dar. So werden von einigen Autoren beispielsweise Einflussfaktoren für die Innovation und den Misserfolg von Events entlang der gesamten Organisationskette untersucht (vgl. Carlsen et al. 2010; Mules 2004; Getz 2002). Andere Autoren beschäftigen sich mit konkreten Wissensmanagementprozessen, wie beispielsweise der Nutzung von Web 2.0-Anwendungen zum netzwerkübergreifenden Wissens- und Informationstransfer (vgl. Paul/Sakschewski 2012).

4 Zusammenfassung und Ausblick

Das Ziel des vorliegenden Beitrags bestand darin, die bisherigen Erkenntnisse der wirtschaftswissenschaftlichen Eventforschung aus der Perspektive des Marketing zu systematisieren. Es kann zunächst festgestellt werden, dass in der Vergangenheit insbesondere die Austauschprozesse zwischen Unternehmen und den Eventteilnehmern in einer Vielzahl von Studien analysiert wurden. Somit liegt auf der **Mikro-Kontext-Ebene** zu verschiedenen Untersuchungsbereichen (Events als kommerzielle Dienstleistung, Eventmarketing, Veranstaltungssponsoring) mittlerweile detailliertes Wissen über die Prädispositionen von Veranstaltungsbesuchern, die während des Events ablaufenden Prozesse sowie deren Zielwirkungen vor. Hinsichtlich der untersuchten Zielwirkungen von Events konzentrierte sich die bisherige Forschung hauptsächlich auf die Wahrnehmung und Einstellungs- bzw. Imagewirkungen bezüglich des Kommunikationsobjektes sowie auf die Bindung der Konsumenten an eine Veranstaltung.

Gemessen an der in der Marketingwissenschaft und -praxis diskutierten hohen Bedeutung des Aufbaus und der Pflege stabiler Kundenbeziehungen (vgl. Diller 2011) setzen sich jedoch bisher vergleichsweise wenige Autoren mit der Bedeutung des Beziehungskonstruktes für das Eventmanagement auseinander. Aufbauend auf den wenigen theoretischen (vgl. Drengner 2013b) und empirischen Forschungen (vgl. Stokburger-Sauer 2010; McAlexander/Schouten/Koenig 2002) in diesem Bereich sollten zukünftige Studien verstärkt die Eignung des Eventmarketings und Veranstaltungssponsorings als Instrumente des Beziehungsmarketing diskutieren und prüfen. Unabhängig davon gilt es bezüglich der Forschungen auf Mikro-Kontext-Ebene zu beachten, dass diese nur einen kleinen Ausschnitt der komplexen durch Events induzierten Austauschprozesse berücksichtigen. Managementempfehlungen, die ausschließlich auf Studien zu den Interaktionen zwischen zwei Akteuren aufbauen, laufen Gefahr, die Bedürfnisse und Einflussmöglichkeiten weiterer Stakeholder von Veranstaltungen außer Acht zu lassen.

Einen Schritt weiter gehen Untersuchungen auf der **Meso-Kontext-Ebene**, welche die triadischen Austauschprozesse zwischen verschiedenen Akteuren analysieren. So beschäftigt sich ein Forschungszweig mit den Interaktionen zwischen mehreren Eventbesuchern und dem Veranstaltungsorganisator. Dies ist insbesondere deshalb wichtig, da die sozialen Beziehungen zwischen Konsumenten mittlerweile als wichtige Determinanten des Unternehmenserfolgs gelten (vgl. Drengner 2013a, S. 48f.). Trotz erster Studien (z. B. Drengner 2013b; Drengner/Jahn/Gaus 2012; Stokburger-Sauer 2010; McAlexander/Schouten/Koenig 2002) besteht vor allem Forschungsbedarf hinsichtlich der Modellierung und empirischen Prüfung der Wirkungen der sozialen Interaktionen zwischen den Eventteilnehmern auf verschiedene erfolgsrelevante Variablen (z. B. Image, Markenbeziehungsstärke, Kundenbindung). Innerhalb eines zweiten Forschungsstrangs auf der Meso-Kontext-Ebene stehen die Wertschöpfungsprozesse in der Veranstaltungsregion im Mittelpunkt, die dadurch beeinflusst werden, dass verschiedene Zielgruppen des Events (z. B. Eventbesucher, Medien) den vom Veranstaltungsorganisator gebotenen Service in Anspruch nehmen. Umfangreiche und detaillierte Erkenntnisse existieren dabei vor allem zu den ökonomischen und sozialen Effekten in der Veranstaltungsregion, während bisher wenige Studien zu den medialen Effekten von Events vorliegen. Bei zukünftigen Forschungen sollten in erster Linie Ansätze zur Messung eventbedingter Medienwirkungen beim Rezipienten im Vordergrund stehen.

Während die Forschungen auf der Mikro- und Meso-Kontext-Ebene jeweils nur ausgewählte Austauschprozesse zwischen den Eventakteuren analysieren, betrachten Studien auf der **Makro-Kontext-Ebene** die untersuchte Veranstaltung im Sinne eines Netzwerkes. Dieses Vorgehen entspricht den Forderungen verschiedener Marketingtheoretiker (vgl. z. B. Webster/Lusch 2013; Gummesson 2007; Layton 2007; Achrol/Kotler 1999), wonach die Wertschöpfungsprozesse in modernen Ökonomien anhand komplexer Marketingsysteme (vgl. Layton 2007) abgebildet werden sollten. Demgemäß stehen nicht mehr nur einzelne Unternehmen miteinander im Wettbewerb, sondern ganze Netzwerke. Dies gilt auch für die Organisatoren von Events, welche in Form eines Netzwerkes mit mehreren Stakeholdern interagieren, um gemeinsam in einer Vielzahl von Wertschöpfungsprozessen mit- und füreinander Leistungen zu erstellen. Dabei gilt es zu berücksichtigen, dass Events bei bestimmten Akteuren auch zu unerwünschten Effekten führen können. Dies kann im Extremfall zur Folge haben, dass sich die Betroffenen gegen diese Wertzerstörung zur Wehr setzen und damit die Wettbewerbsfähigkeit des jeweiligen Eventnetzwerkes beeinträchtigen. Um die Austauschprozesse im Eventnetzwerk zu harmonisieren, beschäftigt sich eine Gruppe von Studien mit den Interessen und Rollen der verschiedenen Stakeholder von Events, während andere Autoren die Beziehungsverhältnisse und –muster zwischen diesen Akteuren sowie die damit verbundenen Entwicklungen im Eventnetzwerk untersuchen. Generell ist jedoch festzustellen, dass die Strukturen in Eventnetzwerken bisher noch weitestgehend unerforscht sind. Interessante Forschungsfragen könnten in diesem Zusammenhang u. a. sein, wie sich die Resilienz von Eventnetzwerken durch die Gestaltung von Netzwerkstrukturen erhöhen lässt (vgl. Webster/Lusch 2013) und wodurch die Bindung der Akteure an das Netzwerk gesichert werden kann. Zwei weitere Forschungsbereiche auf der Makro-Kontext-Ebene betrachten schließlich die Wirkungen, die durch die Austauschprozesse im Rahmen des Events bei unterschiedlichen Akteuren auftreten. Während eine Gruppe von Studien multiple Wirkungsanalysen vornimmt, um die verschiedenen Effekte offenzulegen, erforscht eine andere Gruppe von Untersuchungen die Nachhaltigkeit von Events mit dem Ziel, einer sozial- und umweltfreundlicheren Gestaltung derartiger Ereignisse. Auch in der Praxis ist ein zunehmendes Interesse an diesen Themen zu erkennen. So erfolgt auf Seiten der Eventorganisatoren mittlerweile eine Auseinandersetzung mit den Wirkungen ihres Handelns auf der Makro-Kontext-Ebene, wobei bisher vor allem die ökologisch nachhaltige Gestaltung von Events im Fokus der Diskussion steht. Dies äußert sich beispielsweise in entsprechenden Leitfäden für die Ausrichtung nachhaltiger Events (z. B. vom Bundesministerium für Umwelt, Naturschutz und Reaktorsicherheit und Umweltbundesamt), Konferenzen zum Thema „Green Meetings" (z. B. *greenmeetings und event*) oder Initiativen zur Verbesserung der Umweltfreundlichkeit von Veranstaltungen (z. B. *Green Music Initiative, Sounds for Nature, Julie's Bicycle*)[6]. Ein wechselseitiger Wissenstransfer zwischen Wissenschaft und Praxis kann die Erkenntnisgewinnung in diesem Bereich weiter unterstützen.

Abschließend bleibt festzuhalten, dass die wirtschaftswissenschaftliche Eventforschung vielfach auf Erkenntnisse aus anderen Wissenschaftsdisziplinen (z. B. Soziologie, Psychologie, Sozialpsychologie, Umweltforschung) zurückgreift und damit einem interdisziplinären Ansatz folgt. Zur Bearbeitung des diskutierten Forschungsbedarfs ist es notwendig, diesen Wissenstransfer in Zukunft weiter auszubauen. So sollten zukünftig beispielsweise auch Erkenntnisse aus Fachrichtungen wie Pädagogik und Erlebnispädagogik (z. B. Wie lassen sich Veranstaltungsinhalte besser vermitteln?) oder Verkehrsphysik (z. B. Wie reagieren Eventteilnehmer bei Panik?) einbezogen werden.

---

6 Webseiten der o. g. Beispiele in der Reihenfolge ihres Erscheinens im Text: www.bmu.de/themen/wirtschaft-produkte-ressourcen/produkte-und-umwelt/umweltfreundliche-beschaffung/leitfaden-fuer-die-nachhaltige-organisation-von-veranstaltungen/, www.greenmeetings-und-events.de, www.greenmusicinitiative.de, soundsfornature.eu, www.juliesbicycle.com/

Literaturverzeichnis

ACHROL, R. S.; KOTLER, P. (1999): Marketing in the Network Economy, in: Journal of Marketing, Vol. 63, 1999, Special Issue, pp. 146-163.

ALEXANDRIS, K.; TSAOUSI, E.; JAMES, J. (2007): Predicting Sponsorship Outcomes from Attitudinal Constructs: The Case of a Professional Basketball Event, in: Sport Marketing Quarterly, Vol. 16, 2007, No. 3, pp. 130-139.

ANDERSSON, T. D.; GETZ, D. (2008): Stakeholder Management Strategies of Festivals, in: Journal of Convention & Event Tourism, Vol. 9, 2008, No. 3, pp. 199-220.

ANDERSSON, T. D.; LUNDBERG, E. (2013): Commensurability and Sustainability: Triple Impact Assessments of a Tourism Event, in: Tourism Management, Vol. 37, 2013, pp. 99-109.

ASHILL, N. J.; DAVIES, J.; JOE, A. (2001): Consumer Attitudes towards Sponsorship: A Study of a National Sports Event in New Zealand, in: International Journal of Sports Marketing & Sponsorship, Vol. 2, 2001, No. 4, pp. 291-313.

BAADE, R. A.; MATHESON, V. A. (2004): The Quest for the Cup: Assessing the Economic Impact of the World Cup, in: Regional Studies, Vol. 38, 2004, No. 4, pp. 343-354.

BACHLEITNER, R.; ZINS, A. H. (1999): Cultural Tourism in Rural Communities: The Residents' Perspective, in: Journal of Business Research, Vol. 44, 1999, No. 3, pp. 199-209.

BAGOZZI, R. P. (1975): Marketing as Exchange, in: Journal of Marketing, Vol. 39, 1975, No. 4, pp. 32-39.

BAKER, D. A.; CROMPTON, J. L. (2000): Quality, Satisfaction and Behavioral Intentions, in: Annals of Tourism Research, Vol. 27, 2000, No. 3, pp. 785-804.

BALDUCK, A.-L.; MAES, M.; BUELENS, M. (2011): The Social Impact of the Tour de France: Comparisons of Residents' Pre- and Post-event Perceptions. European Sport Management Quarterly, in: European Sport Management Quarterly, Vol. 11, 2011, No. 2, pp. 91-113.

BARKER, M.; PAGE, S. J.; MEYER, D. H. (2001): Evaluating the Impact of the 2000 America's Cup on Auckland, New Zealand, in: Event Management, Vol. 7, 2001, No. 2, pp. 79-92.

BARQUET, A.; BRIDA, J. G.; OSTI, L.; SCHUBERT, S. (2011): An Analysis of Tourists' Expenditure on Winter Sports Events through the Tobit Censorate Model, in: Tourism Economics, Vol. 17, 2011, No. 6, pp. 1197-1217.

BARROS, C. P.; SILVESTRE, A. L. (2006): An Evaluation of the Sponsorship of EURO 2004, in: International Journal of Sports Marketing & Sponsorship, Vol. 7, 2006, No. 3, pp. 193-212.

BELENTSCHIKOW, V.; KÖHLER, J.; GEIER, R. (2012): Zur Bedeutung der Messung von Medieneffekten im Rahmen der Wirkungskontrolle von Veranstaltungen, in: Zanger, C. (Hrsg.): Erfolg mit nachhaltigen Eventkonzepten, Wiesbaden 2012, S. 245-264.

BEYER, T. (2006): Determinanten der Sportrezeption: Erklärungsmodell und kausal-analytische Validierung am Beispiel der Fußballbundesliga, Wiesbaden 2006.

BISCAIA, R.; CORREIA, A.; ROSADO, A.; MAROCO, J.; ROSS, S. (2012): The Effects of Emotions on Football Spectators' Satisfaction and Behavioural Intentions, in: European Sport Management Quarterly, Vol. 12, 2012, No. 3, pp. 227-242.

BOGUSCH, S.; SPELLERBERG, A.; TOPP, H. H.; WEST, C. (HRSG.) (2009): Organisation und Folgewirkung von Großveranstaltungen: Interdisziplinäre Studien zur FIFA Fussball-WM 2006™, Wiesbaden 2009.

BOO, S.; KO, D. -W; BLAZEY, M. A. (2007): An Exploration of the Influence of Prior Visit Experience and Residence on Festival Expenditures, in: Event Management, Vol. 10, 2007, No. 2, pp. 123-132.

BOWEN, H. E.; DANIELS, M. J. (2005): Does the Music Matter? Motivations for Attending a Music Festival, in: Event Management, Vol. 9, 2005, No. 3, pp. 155-164.

BULL, C.; LOVELL, J. (2007): The Impact of Hosting Major Sporting Events on Local Residents: an Analysis of the Views and Perceptions of Canterbury Residents in Relation to the Tour de France 2007, in: Journal of Sport & Tourism, Vol. 12, 2007, No. 3/4, pp. 229-248.

BURGAN, B.; MULES, T. (1992): Economic Impact of Sporting Events, in: Annals of Tourism Research, Vol. 19, 1992, No. 4, pp. 700-710.

BURNS, J.; HATCH, T.; MULES; T. (1986): The Adelaide Grand Prix. The Impact of a Special Event, Adelaide 1986.

CARLSEN, J.; ANDERSSON, T. D.; ALI-KNIGHT, J.; JAEGER, K.; TAYLOR, R. (2010): Festival Management Innovation and Failure, in: International Journal of Event and Festival Management, Vol. 1, 2010, No. 2, pp. 120-131.

CARO, L. M.; GARCIA, J. A. M. (2007): Consumer Satisfaction with a Periodic Reoccurring Sport Event and the Moderating Effect of Motivations, in: Sport Marketing Quarterly, Vol. 16, 2007, No. 2, pp. 70-81.

CEGIELSKI, M.; MULES, T. (2002): Aspects of Residents' Perceptions of the GMC 400 - Canberra's V8 Supercar Race, in: Current Issues in Tourism, Vol. 5, 2002, No. 1, pp. 54-70.

CELA, A.; KNOWLES-LANKFORD, J.; LANKFORD, S. (2007): Local Food Festivals in Northeast Iowa Communities: A Visitor and Economic Impact Study, in: Managing Leisure, Vol. 12, 2007, No. 2&3, pp. 171-187.

CHALIP, L.; GREEN, C.; HILL, B. (2003): Effects of Sport Event Media on Destination Image and Intention to Visit, in: Journal of Sport Management, Vol. 17, 2003, No. 3, pp. 214-234.

CHANDLER, J. D.; VARGO, S. L. (2011): Contextualization and Value-In-Context: How Context Frames Exchange, in: Marketing Theory, Vol. 11, 2011, No. 1, pp. 35-49.

CHEN, C.-Y; LIN, Y.-H; CHIU, H.-T (2013): Development and Psychometric Evaluation of Sport Stadium Atmosphere Scale in Spectator Sport Events, in: European Sport

Management Quarterly, Vol. 13, 2013, No. 2, pp. 200-215.

CHENG, E.; JARVIS, N. (2010): Residents' Perception of the Social-cultural Impacts of the 2008 Formula 1 Singtel Singapore Grand Prix, in: Event Management, Vol. 14, 2010, No. 2, S. 91-106.

CHOI, J.; TSUJI, Y.; HUTCHINSON, M.; BOUCHET, A. (2011): An Investigation of Sponsorship Implications within a State Sports Festival: The Case of the Florida Sunshine State Games, in: International Journal of Sports Marketing & Sponsorship, Vol. 12, 2011, No. 2, pp. 108-123.

CIANFRONE, B. A.; ZHANG, J. J. (2006): Differential Effects of Television Commercials, Athlete Endorsements, and Venue Signage During a Televised Action Sports Event, in: Journal of Sport Management, Vol. 20, 2006, No. 3, pp. 322-344.

CLARKSON, M. E. (1995): A Stakeholder Framework for Analyzing and Evaluating Corporate Social Performance, in: Academy of Management Review, Vol. 20, 1995, No. 1, pp. 92-117.

CRANE, A.; MATTEN, D. (2004): Business Ethics: A European Perspective. Managing Corporate Citizenship and Sustainability in the Age of Globalisation, Oxford 2004.

CROMPTON, J. (1995): Economic Impact Analysis of Sports Facilities and Events: Eleven Sources of Misapplication, in: Journal of Sport Management, Vol. 34, 1995, No. 9, pp. 14-35.

CROMPTON, J. L. (2003): Adapting Herzberg: A Conzeptualization of the Effects of Hygiene and Motivator Attributes on Perceptions of Event Quality, in: Journal of Travel Research, Vol. 41, 2003, No. 3, pp. 305-310.

CROMPTON, J. L. (2006): Economic Impact Studies: Instruments for Political Shenanigans, in: Journal of Travel Research, Vol. 45, 2006, No. 1, pp. 45-67.

CROMPTON, J.; LEE, S.; SHUSTER, T. (2001): A Guide for Undertaking Economic Impact Studies: The Springfest Example, in: Journal of Travel Research, Vol. 40, 2001, No. 1, pp. 79-87.

CROMPTON, J. L.; MCKAY, S. L. (1994): Measuring the Economic Impact of Festivals and Events: Some Myths, Misapplications and Ethical Dilemmas, in: Festival Management & Event Tourism, Vol. 2, 1994, No. 1, pp. 33-43.

CSIKSZENTMIHALYI, M. (1975): Beyond boredom and anxiety, San Francisco 1975.

DANIELS, M. (2004): Beyond Input-Output Analysis: Using Occupation-Based Modeling to Estimate Wages Generated by a Sport Tourism Event, in: Journal of Travel Research, Vol. 43, 2004, No. 1, pp. 75-82.

DANIELS, M.; NORMAN, W. (2003): Estimating the Economic Impacts of Seven Regular Sport Tourism Events, in: Journal of Sport Tourism, Vol. 8, 2003, No. 4, pp. 214-222.

DANIELS, M. J.; NORMAN, W. C.; HENRY, M. S. (2004): Estimating Income Effects of Sport Tourism Event, in: Annals of Tourism Research, Vol. 31, 2004, No. 1, pp. 180-199.

DECCIO, C.; BALOGLU, S. (2002): Nonhost Community Resident Reactions to the 2002 Winter Olympics: The Spillover Impacts, in: Journal of Travel Research, Vol. 41, 2002, No. 1, pp. 46-56.

DEES, W.; BENNETT, G.; FERREIRA, M. (2010): Personality Fit in NASCAR: An Evaluation of Driver-Sponsor Congruence and its Impact on Sponsorship Effectiveness Outcomes, in: Sport Marketing Quarterly, Vol. 19, 2010, No. 1, pp. 25-35.

DEES, W.; BENNETT, G.; TSUJI, Y. (2007): Attitudes toward Sponsorship at a State Sport Festival, in: Event Management, Vol. 10, 2007, No. 2, pp. 89-101.

DEES, W.; BENNETT, G.; VILLEGAS, J. (2008): Measuring the Effectiveness of Sponsorship of an Elite Intercollegiate Football Program, in: Sport Marketing Quarterly, Vol. 17, 2008, No. 2, pp. 79-89.

DEERY, M.; JAGO, L. (2010): Social Impacts of Events and the Role of Anti-Social Behaviour, in: International Journal of Event and Festival Management, Vol. 1, 2010, No. 1, pp. 8-28.

DELAMERE, T. (2001): Development of a Scale to Measure Resident Attitudes Toward the Social Impacts of Community Festivals, Part II: Verification of the Scale, in: Event Management, Vol. 7, 2001, No. 1, pp. 25-38.

DELAMERE, T.; WANKEL, L. M.; HINCH, T. D. (2001): Development of a Scale to Measure Resident Attitudes Toward the Social Impacts of Community Festivals, Part I: Item Generation and Purification of the Measure, in: Event Management, Vol. 7, 2001, No. 1, pp. 11-24.

DELPY, L.; LI, M. (1998): The Art and Science of Conducting Economic Impact Studies, in: Journal of Vacation Marketing, Vol. 4, 1998, No. 3, pp. 230-254.

DICKSON, C.; ARCODIA, C. (2010): Promoting Sustainable Event Practice: The Role of Professional Associations. Special Issue on Event Studies, in: International Journal of Hospitality Management, Vol. 29, 2010, No. 2, pp. 236-244.

Diller, H. (2011): Die Bedeutung des Beziehungsmarketing für den Unternehmenserfolg, in: Hippner, H.; Hubrich, B.; Wilde, K. D. (Hrsg.): Grundlagen des CRM - Strategie, Geschäftsprozesse und IT-Unterstützung, Wiesbaden 2011, S. 247-270.

DREES, N. (1992): Sportsponsoring, 3. Aufl., Wiesbaden 1992.

DRENGNER, J. (2013a): Markenkommunikation mit Sport - Wirkungsmodell für die Markenführung aus Sicht der Service-Dominant Logic, Wiesbaden 2013.

DRENGNER, J. (2013b): Eventmarketing und Social Media-Kommunikation als Instrumente des Managements von Markenbeziehungen aus der Pespektive der Service-Dominant Logic, in: Zanger, C. (Hrsg.): Events im Zeitalter von Social Media - Stand und Perspektiven der Eventforschung, Wiesbaden 2013, S. 64-84.

DRENGNER, J. (2008): Imagewirkungen von Eventmarketing: Entwicklung eines ganzheitlichen Ansatzes, 3. Aufl., Wiesbaden 2008.

DRENGNER, J.; GAUS, H.; JAHN, S. (2008): Does Flow Influence the Brand Image?, in: Journal of Advertising Research, Vol. 47, 2008, No. 1, pp. 138-147.

DRENGNER, J.; GAUS, H.; ZANGER, C. (2004): Die Passfähigkeit zwischen Produkt und

Kommunikationsinhalt beim Eventmarketing - Eine empirische Studie unter Anwendung der Korrespondenz-analyse, in: Jahrbuch der Absatz- und Verbrauchsforschung, 50. Jg., 2004, Nr. 4, S. 411-431.

DRENGNER, J.; JAHN, S. (2012): Konsumerlebnisse im Dienstleistungssektor: Die Konzeptualisierung des Erlebniskonstrukts am Beispiel kollektiv-hedonistischer Dienstleistungen, in: Bruhn, M.; Hadwich, K. (Hrsg.): Customer Experience (Forum Dienstleistungsmanagement), Wiesbaden 2012, S. 227-249.

DRENGNER, J.; JAHN, S.; GAUS, H. (2012): Creating Loyalty in Collective Hedonic Services – The Role of Satisfaction and Psychological Sense of Community, in: Schmalenbach Business Review, Vol. 64, 2012, No. 1., pp. 2-19.

DRENGNER, J.; JAHN, S.; GAUS, H. (2010): Events and Loyalty Formation: The Role of Satisfaction, Felt Community, Emotional Experience, and Frequency of Use, in: Zanger, C. (Hrsg.): Stand und Perspektiven der Eventforschung, Wiesbaden 2010, S. 151-165.

DRENGNER, J.; JAHN, S.; ZANGER, C. (2011): Measuring Event-Brand Congruence, in: Event Management, Vol. 15, 2011, No. 1, pp. 25-36.

DWYER, L.; FORSYTH, P.; SPURR, R. (2006): Assessing the Economic Impacts of Events: A Computable General Equilibrium Approach, in: Journal of Travel Research, Vol. 45, 2006, No. 1, pp. 59-66.

DWYER, L.; MELLOR, R.; MISTILIS, N.; MULES, T. (2000): A Framework for Assessing "Tangible" and "Intangible" Impacts of Events and Conventions, in: Event Management, Vol. 6, 2000, No. 1, pp. 175-189.

DWYER, L.; MELLOR, R.; MISTILIS, N.; MULES, T. (2001): Forecasting the Economic Impacts of Events and Conventions, in: Event Management, Vol. 6, 2001, No. 1, pp. 191-204.

EAGLY, A. H.; CHAIKEN, S. (1993): The Psychology of Attitudes, Fort Worth 1993.

EDVARDSSON, B.; TRONVOLL, B.; GRUBER, T. (2011): Expanding Understanding of Service Exchange and Value Co-Creation: A Social Construction Approach, in: Journal of the Academy of Marketing Science, Vol. 39, 2011, No. 2, pp. 327-339.

ELKINGTON, J. (1998): Cannibals with Forks: The Triple Bottom Line of 21st Century. Gabriola Island, BC 1998.

ERICKSON, G. S.; KUSHNER, R. J. (1999): Public Event Networks: An Application of Marketing Theory to Sporting Events, in: European Journal of Marketing, Vol. 33, 1999, No. 3/4, pp. 348-364.

FALKHEIMER, J. (2008): Events Framed by the Mass Media: Media Coverage and Effects of America's Cup Preregatta in Sweden, in: Event Management, Vol. 11, 2008, No. 1-2, pp. 81-88.

FAIRLEY, S.; TYLER, B. DAVID; K., PAMM; D'ELIA, K. (2011): The Formula One Australian Grand Prix: Exploring the Triple Bottom Line, in: Sport Management Review, Vol. 14, 2011, No. 2, pp. 141-152.

FLECK, N. D.; QUESTER, P. G. (2007): Birds of a Feather Flock Together… Definition,

Role and Measure of Congruence: An Application to Sponsorship, in: Psychology & Marketing, Vol. 24, 2007, No. 11, pp. 975-1000.

FORMICA, S.; UYSAL, M. (1998): Market Segmentation of an International Cultural-Historical Event in Italy, in: Journal of Travel Research, Vol. 36, 1998, No. 4, pp. 16-24.

FRECHTLING, D. (2006): An Assessment of Visitor Expenditure Methods and Models, in: Journal of Travel Research, Vol. 45, 2006, No. 1, pp. 26-35.

FREDLINE, E. (2000): Host Community Reactions to Major Sporting Events. The Gold Coast Indy and the Australian Formula One Grand Prix in Melbourne, Brisbane 2000.

FREDLINE, E.; JAGO, L.; DEERY, M. (2003): The Development of a Generic Scale to Measure the Social Impacts of Events, in: Event Management, Vol. 8, 2003, No. 1, pp. 23-37.

FREDLINE, E.; DEERY, M.; JAGO, L. (2005): Testing of a Compressed Generic Instrument to Assess Host Community Perceptions of Events: A Case Study of the Australian Open Tennis Tournament, in: J. Allen (Ed.): Third International Event Conference, The Impacts of Events, Sydney 2005, pp. 250-269.

FREDLINE, E.; FAULKNER, B. (2002): Residents' Reactions to the Staging of Major Motorsport Events within their Communities: A Cluster Analysis, in: Event Management, Vol. 7, 2002, No. 2, pp. 103-114.

FREDLINE, L.; RAYBOULD, M.; JAGO, L.; DEERY, M. (2005): Triple Bottom Line Event Evaluation: A Proposed Framework for Holistic Event Evaluation, in: J. Allen (Ed.): Third International Event Conference, The Impacts of Events, Sydney 2005, pp. 2-15.

FROW, P.; PAYNE, A. (2011): A Stakeholder Perspective of the Value Proposition Concept, in: European Journal of Marketing, Vol. 45, 2011, No. 1/2, pp. 223-240.

FUNK, D. C. (2001): Development of the Sport Interest Inventory (SII): Implications for Measuring Unique Consumer Motives at Team Sporting Events, in: International Journal of Sports Marketing & Sponsorship, Vol. 3, 2001, No. 3, pp. 291-316.

FUNK, D. C.; MAHONY, D. F.; RIDINGER, L. L. (2002): Characterizing Consumer Motivation as Individual Difference Factors: Augmenting the Sport Interest Onventory (SII) to Explain Level of Spectator Support, in: Sport Marketing Quarterly, Vol. 11, 2002, No. 1, pp. 33-43.

GANS, P.; HORN, M.; ZEMANN, C. (2003): Sportgroßveranstaltungen - ökonomische, ökologische und soziale Wirkungen. Ein Bewertungsverfahren zur Entscheidungsvorbereitung und Erfolgskontrolle, Bonn 2003.

GAUS, H.; MÜLLER, E. (2012): Eventaufklärung zum Klima schonenden Mobilitätsverhalten, in: Zanger, C. (Hrsg.): Erfolg mit nachhaltigen Eventkonzepten, Wiesbaden 2012, S. 181-195.

GEBHARDT, W. (2000): Feste, Feiern und Events. Zur Soziologie des Außergewöhnlichen, in: Gebhardt, W.; Hitzler, R.; Pfadenhauer, M. (Hrsg.): Events: Soziologie des Außergewöhnlichen, Opladen 2000, S. 17-31.

GELAN, A. (2003): Local Economic Impacts. The British Open, in: Annals of Tourism Research, Vol. 30, 2003, No. 2, pp. 406-425.

GETZ, D. (2002): Why Festivals Fail, in: Event Management Vol. 7, 2002, No. 4, pp. 209-219.

GETZ, D.; ANDERSSON, T. (2010): Festival Stakeholders: Exploring Relationships and Dependency Through a Four-Country Comparison, in: Journal of Hospitality & Tourism Research, Vol. 34, 2010, No. 4, pp. 531-556.

GETZ, D.; ANDERSSON, T. D. (2009): Sustainable Festivals: On Becoming an Institution, in: Event Management, Vol. 12, 2009, No. 1, pp. 1-17.

GETZ, D.; ANDERSSON, T.; LARSON, M. (2007): Festival Stakeholders Roles: Concept and Case Studies, in: Event Management Vol. 10, 2007, No. 2, pp. 103-122.

GETZ, D.; O'NEILL, M.; CARLSEN, J. (2001): Service Quality Evaluation at Events through Service Mapping, in: Journal of Travel Research, Vol. 39, 2001, No. 4, pp. 380-390.

GIBSON, H.; MCINTYRE, S.; MACKAY, S.; RIDDINGTON, G. (2005): The Economic Impact of Sports, Sporting Events, and Sports Tourism in the U.K. The Dream™ Model, in: European Sport Management Quarterly, Vol. 5, 2005, No. 3, pp. 321-332.

GRATION, D.; ARCODIA, C.; RACITI, M.; STOKES, R. (2011): The Blended Festivalscape and its Sustainability at Nonurban Festivals, in: Event Management Vol. 15, 2011, No. 4, pp. 343-359.

GREEN, B. C.; COSTA, C.; FITZGERALD, M. (2003): Marketing the Host City: Analyzing Exposure Generated by a Sport Event, in: International Journal of Sports Marketing & Sponsorship, 2003, December/January, pp. 335-353.

GRIFFIN, K. A. (2009): Indicators and Tools for Sustainable Event Management, in: Raj, R.; Musgrave, J. (Ed.): Event management and sustainability. Wallingford, Oxfordshire, UK 2009, pp. 43-55.

GRÖNROOS, C.; VOIMA, P. (2013): Critical Service Logic: Making Sense of Value Creation and Co-Creation, in: Journal of the Academy of Marketing Science, Vol. 41, 2013, No. 2, pp. 133-150.

GROHS, R.; REISINGER, H. (2005): Image Transfer in Sports Sponsorships: An Assessment of Moderating Effects, in: International Journal of Sports Marketing & Sponsorship, Vol. 7, 2005, No. 1, pp. 42-48.

GROHS, R.; WAGNER, U.; VSETECKA, S. (2004): Assessing the Effectiveness of Sport Sponsorships – An Empirical Examination, in: Schmalenbachs Business Review, Vol. 56, 2004, No. 2, pp. 119-138.

GUMMESSON, E. (2007): Many-to-Many Marketing as a Grand Theory, in: Lusch, R. F.; Vargo, S. L. (Eds.): The Service-Dominant Logic of Marketing: Dialog, Debate, and Directions, Armonk 2007, pp. 339-353.

GURSOY, D.; KENDALL, K. W. (2006): Hosting Mega Events: Modeling Locals Support, in: Annals of Tourism Research, Vol. 33, 2006, No. 3, pp. 603-623.

GWINNER, K. (2005): Image Transfer in Global Sport Sponsorship: Theoretical Support and Boundary Conditions, in: Amis, J. M.; Cornwell, T. B. (Eds.): Sport Commerce and Culture: Global Sport Sponsorship, Oxford 2005, pp. 163-178.

GWINNER, K. (1997): A model of Image Creation and Image Transfer in Event Sponsorship, in: International Marketing Review, Vol. 14, 1997, No. 3, pp. 145-158.

GWINNER, K. P.; LARSON, B. V.; SWANSON, S. R. (2009): Image Transfer in Corporate Event Sponsor¬ship: Assessing the Impact of Team Identification and Event-Sponsor Fit, in: International Journal of Management and Marketing Research, Vol. 2, 2009, No. 1, pp. 1-15.

HALL, C. M. (2012): Sustainable Mega-Events: Beyond the Myth of Balanced Approaches to Mega-Event Sustainability, in: Event Management, Vol. 16, 2012, No. 2, pp. 119-131.

HARSHAW, C. E.; TURNER, E. T. (1999): Assessing the Recognition of Perimeter Advertising Signage by Television Viewers of NASCAR Winston Cup Events, in: Sport Marketing Quarterly, Vol. 4, 1999, No. 4, pp. 35-41.

HAUFF, V. (Hrsg.) (1987): Unsere gemeinsame Zukunft. Der Brundtland-Bericht der Weltkommission für Umwelt und Entwicklung, Greven (Original: WECD: Our Common Future, Oxford 1987).

HEDE, A.-M. (2005): Sports-Events, Tourism and Destination Marketing Strategies: an Australian Case Study of Athens 2004 and its Media Telecast, in: Journal of Sport Tourism, Vol. 10, 2005, No. 3, pp. 187-200.

HEDE, A.-M. (2008): Managing Special Events in the new Era of the Triple Bottom Line, in: Event Management, Vol. 11, 2008, No. 1-2, pp. 13-22.

HERMANNS, A.; DREES, N.; WANGEN, E. (1986): Zur Wahrnehmung von Werbebotschaften auf Renn¬fahrzeugen: Ein Beitrag zur Wirkungsforschung in der Sportwerbung, in: Marketing ZFP, 7. Jg., 1986, Nr. 2, S. 123-129.

HÖCK, C.; RINGLE, CH. M. (2007): Analyse der Zufriedenheit von Besuchern moderner Multifunktionsarenen: Eine kausalanalytische Untersuchung und indexwertorientierte Ergebnisbeurteilung, in: Marketing ZFP, Vol. 29, 2007, No. 3, pp. 181-193.

HOMBURG, C.; STOCK-HOMBURG, R. (2008): Theoretische Perspektiven zur Kundenzufriedenheit, in: Homburg, C. (Hrsg.): Kundenzufriedenheit: Konzepte – Methoden – Erfahrungen, 7. Aufl., Wiesbaden 2008, S. 17-51.

HUNT, S. (1976): The Nature and Scope of Marketing, in: Journal of Marketing, Vol. 40, 1976, No. 3, pp. 17-28.

IZZO, F.; BONETTI, E.; MASIELLO, B. (2012): Strong Ties within Cultural Organization Event Networks and Local Development in a Tale of Three Festivals, in: Event Management, Vol. 16, 2012, No. 3, pp. 223-244.

JACKSON, J.; HOUGHTON, M.; RUSSELL, R.; TRIANDOS, P. (2005): Innovations in Measuring Economic Impacts of Regional Festivals: A Do-It-Yourself Kit, in: Journal of Travel Research, Vol. 43, 2005, No. 4, pp. 360-367.

JAGRE, E.; WATSON, J. J.; WATSON, J. G. (2001): Sponsorship and Congruity Theory: A Theoretical Framework for Explaining Consumer Attitude and Recall of Event Sponsorship, in: Gilly, M. C.; Meyers-Levy, J. (Eds.): Advances in Consumer Research, Vol. 28, Valdosta 2001, pp. 439-445.

JAHN, S.; DRENGNER, J. (2013): Transzendente Konsumerlebnisse und ihre Wirkungen auf die Eventloyalität, in: Zanger, C. (Hrsg.): Events im Zeitalter von Social Media - Stand und Perspektiven der Eventforschung, Wiesbaden 2013, S. 109-128.

JEANRENAUD, C. (ED.)(1999): The Economic Impact of Sport Events. International Centre for Sport Studies (CIES), Neuchâtel 1999.

JOHAR, G. V.; PHAM, M. T.; WAKEFIELD, K. L. (2006): How Event Sponsors Are Really Identified: A (Baseball) Field Analysis, in: Journal of Advertising Research, Vol. 46, 2006, No. 2, pp. 183-198.

JONES, C. (2001): Mega-events and host-region impacts: determining the true worth of the 1999 Rugby World Cup, In: International Journal of Tourism Research, Vol. 3, 2001, No. 3, pp. 241-251.

JONES, C. (2005): Major Events, Networks and Regional Development, in: Regional Studies, Vol. 39, 2005, No. 2, pp. 185-195.

KAPLANIDOU, K. (2009): Relationships among Behavioral Intentions, Cognitive Event and Destination Images among Different Geographic Regions of Olympic Games Spectators, in: Journal of Sport & Tourism, Vol. 14, 2009, No. 4, pp. 249-272.

KAPLANIDOU, K.; VOGT, C. (2007): The Interrelationship Between Sport Event and Destination Image and Sport Tourists' Behaviours, in: Journal of Sport & Tourism, Vol. 12, 2007, No. 3-4, pp. 183-206.

KASIMATI, E.; DAWSON, P. (2009): Assessing the Impact of the 2004 Olympic Games on the Greek Economy: A Small Macroeconomic Model, in: Economic Modelling, Vol. 26, 2009, No. 1, pp. 139-146.

KENNETT, P. A.; SNEATH, J. Z.; HENSON, S. (2001): Fan Satisfaction and Segmentation: A Case Study of Minor League Hockey Spectators, in: Journal of Targeting, Measurement and Analysis for Marketing, Vol. 10, 2001, No. 2, pp. 132-142.

KÉSENNE, S. (1999): Miscalculations and Misinterpretations in Economic Impact Analysis, in: C. Jeanrenaud (Ed.): The Economic Impact of Sport Events. Neuchâtel 1999, pp. 29-40.

KÉSENNE, S. (2005): Do We Need an Economic Impact Study or a Cost-Benefit Analysis of a Sports Event?, in: European Sport Management Quarterly, Vol. 5, 2005, No. 2, pp. 133-142.

KIM, S.; AO, Y.; LEE, H.; PAN, S. (2012): A Study of Motivations and the Image of Shanghai as Perceived by Foreign Tourists at the Shanghai EXPO, in: Journal of Convention & Event Tourism, Vol. 13, 2012, No. 1, pp.48-73.

KIM, S. S.; MORRISON, A. M. (2005): Change of Images of South Korea among Foreign Tourists after the 2002 FIFA World Cup. In: Tourism Management, Vol. 26, 2005, No. 2, pp. 233-247.

KIM, S. S.; PRIDEAUX, B.; CHON, K. (2010): A Comparison of Results of Three Statistical Methods to Understand the Determinants of Festival Participants' Expenditures, in: International Journal of Hospitality Management, Vol. 29, 2010, No. 2, pp. 297-307.

KIM, S. S.; PETRICK, J. F. (2005): Residents' Perceptions on Impacts of the FIFA 2002 World Cup: the case of Seoul as a host city, in: Tourism Management, Vol. 26, 2005, No. 1, pp. 25-38.

KIM, J.; BOO, S.; KIM, Y. (2013): Patterns and Trends in Event Tourism Study Topics Over 30 Years, in: International Journal of Event and Festival Management, Vol. 4, 2013, No 1, pp. 66-83.

KIM, Y. K.; SMITH, R.; JAMES, J. D. (2010): The Role of Gratitude in Sponsorship: The Case of Partici¬pant Sports, in: International Journal of Sports Marketing & Sponsorship, Vol. 12, 2010, No. 1, pp. 53-75.

KO, Y. J.; KIM, K.; CLAUSSEN, C. L.; KIM, T. H. (2008): The Effects of Sport Involvement, Sponsor Awareness and Corporate Image on Intention to Purchase Sponsors' Products, in: International Journal of Sports Marketing & Sponsorship, Vol. 9, 2008, No. 2, pp. 79-94.

KÖHLER, J. (2013): Eine umfassende Wirkungsbetrachtung der nicht-monetären Effekte von Events am Beispiel des Melt!-Festivals 2011, in: Zanger, C. (Hrsg.): Events im Zeitalter von Social Media, Wiesbaden 2013, S. 85-107.

KÖHLER, J.; DRENGNER, J. (2012a): Eine kritische Betrachtung der ökonomischen Wirkungsanalyse von Veranstaltungen – Darstellung von Fallstricken und ihren Konsequenzen am Beispiel der Bob- und Skeleton-WM 2008 in Altenberg, in: Zanger, C. (Hrsg.): Erfolg mit nachhaltigen Eventkonzepten, Wiesbaden 2012, S. 201-224.

KÖHLER, J.; DRENGNER, J. (2012b): Events as a Platform for Host Regions to Co-Create Value in Terms of Economic, Social and Tourism Benefits, in Rita, P. (Ed.): 41 EMAC Conference, Marketing to Citizens: Going beyond Customers and Consumers, 22-25 May, Lisbon 2012, p. 265.

KOO, G.-Y.; QUARTERMAN, J.; FLYNN, L. R. (2006): Effect of Perceived Sport Event and Sponsor Image Fit on Consumers' Cognition, Affect, and Behavioral Intentions, in: Sport Marketing Quarterly, Vol. 15, 2006, No. 2, pp. 80-90.

KURSCHEIDT, M.; RAHMANN, B. (1999): Local Investment and National Impact: The Case of the Football World Cup 2006 in Germany, in: Jeanrenaud, C. (Ed.): The Economic Impact of Sport Events, Neuchâtel 1999, pp. 79-108.

KUß, A. (2011): Marketing-Theorie: Eine Einführung, 2. Aufl., Wiesbaden.

LAING, J.; FROST, W. (2010): How Green was my Festival: Exploring Challenges and Opportunities associated with Staging Green Events, in: International Journal of Hospitality Management, Vol. 29, 2010, No. 2, pp. 261-267.

LAMBERTI, L.; FAVA, I.; NOCI, G. (2009): Assessing and Monitoring the Performances of a Sustainable Event, in: Raj, R.; Musgrave, J. (Ed.): Event Management and Sustainability, Wallingford, Oxfordshire, UK 2009, pp. 119-131.

LARDINOIT, T.; DERBAIX, C. (2001): Sponsorship and Recall of Sponsors, in: Psychology & Marketing, Vol. 18, 2001, No. 2, pp. 123-143.

LARSON, M. (2002): A Political Approach to Relationship Marketing: Case Study of the Storsjöyran Festival, in: International Journal of Tourism Research, Vol. 4, 2002, No. 2, pp. 119-143.

LARSON, M.; WIKSTRÖM, E. (2001): Organizing Events: Managing Conflict and Consensus in a Political Market Square, in: Event Management, Vol. 7, 2001, No. 1, pp. 51-65.

LAYTON, R. A. (2007): Marketing Systems – A Core Macromarketing Concept, in: Journal of Macromarketing Vol. 27, 2007, No. 3, pp. 227-242.

LEE, M. J.; BACK, K.-J. (2005): A Review of Convention and Meeting Management Research 1990-2003: Identification of Statistical Methods and Subject Areas, in: Journal of Convention & Event Tourism, Vol. 7, 2005, No. 2, pp. 1-20.

LEE, C. -K; LEE, Y. -K; LEE, B. (2005): Korea's Destination Image formed by the 2002 World Cup, in: Annals of Tourism Research, Vol. 32, 2005, No. 4, pp. 839-858.

LEE, S.; CROMPTON, J. L. (2003): The Attraction Power and Spending Impact of Three Festivals in Ocean City, Maryland, in: Event Management, Vol. 8, 2003, No. 2, pp. 109-112.

LEE, C-K; TAYLOR, T. (2005): Critical Reflections on the Economic Impact Assessment of a Mega-Event: The Case of 2002 FIFA World Cup, in: Tourism Management, Vol. 26, 2005, No. 4, pp. 595-603.

LEE, Y.-K.; LEE, C.-K.; LEE, S.-K.; BABIN, B. J. (2008): Festivalscapes and Patrons' Emotions, Satisfaction, and Loyalty, in: Journal of Business Research, Vol. 61, 2008, No. 1, pp. 56-64.

LEVIN, A. M.; JOINER, C.; CAMERON, G. (2001): The Impact of Sports Sponsorship on Consumers' Brand Attitudes and Recall: The Case of NASCAR Fans, in: Journal of Current Issues and Research in Advertising, Vol. 23, 2001, No. 2, pp. 23-31.

LI, X.; KAPLANIDOU, K. (2013): The Impact of the 2008 Beijing Olympic Games on China's Destination Brand: A U.S.-Based Examination, in: Journal of Hospitality & Tourism Research, Vol. 37, 2013, No. 2, pp. 237-261.

LI, S.; BLAKE, A. (2009): Estimating Olympic-related Investment and Expenditure, in: International Journal of Tourism Research, Vol. 11, 2009, No. 4, pp. 337-356.

LI, X.; VOGELSONG, H. (2006): Comparing Methods of Measuring Image Change: A Case Study of a Small-Scale Community Festival, in: Tourism Analysis, Vol. 10, 2006, No. 4, pp. 349-360.

MADRIGAL, R. (2003): Investigating an Evolving Leisure Experience: Antecedents and Consequences of Spectator Affect During a Live Sporting Event, in: Journal of Leisure Research, Vol. 35, 2003, No. 1, pp. 23-48.

MAHONY, D. F.; NAKAZAWA, M.; FUNK, D. C.; JAMES, J. D.; GLADDEN, J. M. (2002): Motivational Factors Influencing the Behavior of J. League Spectators, in: Sport Management Review, Vol. 5, 2002, No. 1, pp. 1-24.

MAIR, J.; JAGO, L. (2009): The Development of a Conceptual Model of Greening in the Business Events Tourism Sector, in: Journal of Sustainable Tourism, Vol. 18, 2009, No. 1, pp. 77-94.

MAIR, J.; WHITFORD, M. (2013): An Exploration of Events Research: Event Topics, Themes and Emerging Trends, in: International Journal of Event and Festival Management, Vol. 4, 2013, No. 1, pp. 6-30.

MARTIN, D.; O'NEILL, M.; HUBBARD, S.; PALMER, A. (2008): The Role of Emotion in Explaining Consumer Satisfaction and Future Behavioural Intention, in: Journal of Services Marketing, Vol. 22, 2008, No. 2/3, pp. 224-236.

MARTENSEN, A.; GRONHOLDT, L.; BENDTSEN, L.; JENSEN, M. J. (2007): Application of a Model for the Effectiveness of Event Marketing, in: Journal of Advertising Research, Vol. 47, 2007, No. 3, pp. 283-301.

MCALEXANDER, J. H.; SCHOUTEN. J. W.; KOENIG, H. F. (2002): Building Brand Community, in: Journal of Marketing, Vol. 66, 2002, No. 1, pp. 38-54.

MCDANIEL, S. R.; KINNEY, L. (1999): Audience Characteristics and Event Sponsorship Response: The Potential Influence of Demographics, Personal Interests and Values on Brand Awareness and Brand Image, in: International Journal of Sports Marketing & Sponsorship, Vol. 1, 1999, No. 2, pp. 125-145.

MCDANIEL, S. R.; KINNEY, L. (1996): Ambush Marketing Revisited: An Experimental Study of Perceived Sponsorship Effects on Brand Awareness, Attitude toward the Brand and Purchase Intention, in: Journal of Promotion Management, Vol. 3, 1996, No. 1-2, pp. 147-167.

MCDONALD, M. A.; MILNE, G. R.; HONG, J. (2002): Motivational Factors for Evaluating Sport Spectator and Participant Markets, in: Sport Marketing Quarterly, Vol. 11, 2002, No. 2, pp. 100-113.

MERILEES, B.; GETZ, D.; O'BRIEN, D. (2005): Marketing Stakeholder Analysis: Branding the Brisbane Goodwill Games, in: European Journal of Marketing, Vol. 39, 2005, No. 9/10, pp. 1060-1077.

MIHALIK, B. J.; SIMONETTA, L. (1999): A Midterm Assessment of the Host Population's Perceptions of the 1996 Summer Olympics: Support, Attendance, Benefits, and Liabilities, in: Journal of Travel Research, Vol. 37, 1999, No. 3, pp. 244-248.

MINOR, M. S.; WAGNER, T.; BREWERTON, F. J.; HAUSMAN, A. (2004): Rock on! An Elementary Model of Customer Satisfaction with Musical Performances, in: Journal of Services Marketing, Vol. 18, 2004, No. 1, pp. 7-18.

MONDELLO, M. J.; RISHE, P. (2004): Comparative Economic Impact Analysis: Differences Across Cities, Events, and Demopgraphics, in: Economic Development Quarterly, Vol. 18, 2004, No. 4, pp. 331-342.

MOON, K. S.; KIM, M.; KO, YONG J.; CONNAUGHTON, D. P.; LEE, J. H. (2011): The Influence of Consumer's Event Quality Perception on Destination Image, in: Managing Service Quality, Vol. 21, 2011, No. 3, pp. 287-303.

MOORE, J. N.; PICKETT, G. M.; GROVE, S. J. (1999): The Impact of a Video Screen and Rotational-Signage Systems on Satisfaction and Advertising Recognition, in:

Journal of Services Marketing, Vol. 13, 1999, No. 6, pp. 453-468.

MULES, T. (2004): Evolution in Event Management: the Gold Coast's Wintersun Festival, in: Event Management, Vol. 9, 2004, No. 1/2, pp. 95-101.

MUSGRAVE, J.; RAJ, R. (2009): Introduction to a Conceptual Framework for Sustainable Events, in: Raj, R.; Musgrave, J. (Eds.): Event Management and Sustainability, Wallingford, Oxfordshire, UK 2009.

NITSCHKE, A. (2006): Event-Marken-Fit und Kommunikationswirkung: Eine Längsschnittbetrachtung am Beispiel der Sponsoren der FIFA-Fußballweltmeisterschaft 2006™, Wiesbaden 2006.

NUFER, G. (2010): Event-Marketing und -Management: Grundlagen - Planung - Wirkungen - Weiterentwicklungen, 4. Aufl., Wiesbaden 2010.

OLIVER, R. L. (2010): Satisfaction: A behavioral Perspective on the Consumer, 2nd Ed., Armonk 2010.

OSTI, L.; DISEGNA, M.; BRIDA, J. G. (2012): Repeat Visits and Intentions to Revisit a Sporting Event and its Nearby Destinations, in: Journal of Vacation Marketing, Vol. 18, 2012, No. 1, pp. 31-42.

PAPADIMITRIOU, D. (2013): Service Quality Components as Antecedents of Satisfaction and Behavioral Intentions: The Case of a Greek Carnival Festival, in: Journal of Convention & Event Tourism, Vol. 14, 2013, No. 1, pp. 42-64.

PARASURAMAN, A.; ZEITHAML, V. A.; BERRY, L. L. (1988): SERVQUAL: A Multiple-Item Scale for Measuring Consumer Perceptions of Service Quality, in: Journal of Retailing, Vol. 64, 1988, No. 1, pp. 12-40.

PASANEN, K.; TASKINEN, H.; MIKKONEN, J. (2009): Impacts of Cultural Events in Eastern Finland – Development of a Finnish Event Evaluation Tool, in: Scandinavian Journal of Hospitality and Tourism, Vol. 9, 2009, No. 2-3, pp. 112-129.

PAUL, S.; SAKSCHEWSKI, T. (2012): Wissensmanagement in der Veranstaltungsbranche – Potentiale wikibasierter Lösungen zur Kompetenzsicherung, in: Zanger, C. (Hrsg.): Erfolg mit nachhaltigen Eventkonzepten, Wiesbaden 2012, S. 85-100.

PEARCE, P. L.; MOSCARDO, G.; ROSS, G. (1996): Tourism Community Relationship, Oxford 1996.

PLÉ, L.; CÁCERES, R. C. (2010): Not always co-creation: introducing interactional co-destruction of value in service-dominant logic, in: Journal of Services Marketing, Vol. 24, 2010, No. 6, pp. 430-437.

PORTER, P. K.; FLETCHER, D. (2008): The Economic Impact of the Olympic Games: Ex Ante Predictors and Ex Poste Reality, in: Journal of Sport Management, Vol. 22, 2008, pp. 470-486.

PORTLOCK, A.; ROSE, S. (2009): Effects of Ambush Marketing: UK Consumer Brand Recall and Attitudes to Official Sponsors and Non-Sponsors Associated with the FIFA World Cup 2006, in: International Journal of Sports Marketing & Sponsorship, Vol. 10, 2009, No. 4, pp. 271-286.

PREUß, H. (1999): Ökonomische Implikationen der Ausrichtung Olympischer Spiele von München 1972 bis Atlanta 1996, Kassel 1999.

PREUSS, H. (2004): The Economics of Staging the Olympics: A Comparison of the Games 1972-2008, Cheltenham, UK; Northhampton, MA, USA 2004.

PREUSS, H. (2005): The Economic Impact of Visitors at Major Multi-sport Events, in: European Sport Management Quarterly, Vol. 5, 2005, No. 3, pp. 281-301.

PREUß, H.; KURSCHEIDT, M.; SCHÜTTE, N. (2009): Konsummuster der Besucher von sportlichen Mega-Events, Zuschauerbefragungen zur FIFA Fußball-Weltmeisterschaft 2006™, in: Bogusch, S.; Spellerberg, A.; Topp, H. H.; West, C. (Hrsg.): Organisation und Folgewirkung von Großveranstaltungen: Interdisziplinäre Studien zur FIFA Fussball-WM 2006™, Wiesbaden 2009, S. 65-82.

PREUß, H.; SILLER, H.; ZEHRER, A.; SCHÜTTE, N.; STICKDORN, M. (2010): Wirtschaftliche Wirkungen und Besucherzufriedenheit mit der UEFA Euro™: Eine empirische Analyse für Österreich, Wiesbaden 2010.

PUCA, R. M.; LANGENS, T. A. (2008): Motivation, in: Müsseler, J. (Hrsg.): Allgemeine Psychologie, 2. Aufl., Berlin 2008, S. 190-229.

QUESTER, P. G.; FARRELLY, F. (1998): Brand Association and Memory Decay Effects of Sponsorship: The Case of the Australian Formula One Grand Prix, in: Journal of Product & Brand Management, Vol. 7, 1998, No. 6, pp. 539-556.

QUINN, B. (2006): Problematising 'Festival Tourism': Arts Festivals and Sustainable Development in Ireland, in: Journal of Sustainable Tourism, Vol. 14, 2006, No. 3, pp. 288-306.

REID, S. (2008): Identifying Social Consequences of Rural Events, in: Event Management, Vol. 11, 2008, No. 1-2, pp. 89-98.

REID, S.; ARCODIA, C. (2002): Understanding the Role of the Stakeholder in Event Management, in: Journal of Sport & Tourism, Vol. 7, 2002, No. 3, pp. 20-22.

RICHARDS, G.; WILSON, J. (2004): The Impact of Cultural Events on City Image: Rotterdam, Cultural Capital of Europe 2001, in: Urban Studies, Vol. 41, 2004, No. 10, pp. 1931-1951.

RITCHIE, J. R. B.; SMITH, B. H. (1991): The Impact Of A Mega-Event On Host Region Awareness: A Longitudinal Study, in: Journal of Travel Research, Vol. 30, 1991, No. 1, pp. 3-10.

RITCHIE, B. W.; SHIPWAY, R.; CHIEN, P. M. (2010): The Role of the Media in Influencing Residents' Support for the 2012 Olympic Games, in: International Journal of Event and Festival Management, Vol. 1, 2010, No. 3, pp. 202-219.

RITCHIE, B. W.; SHIPWAY, R.; CLEEVE, B. (2009): Resident Perceptions of Mega-Sporting Events: A Non-Host City Perspective of the 2012 London Olympic Games, in: Journal of Sport & Tourism, Vol. 14, 2009, No. 2-3, pp. 143-167.

RITTICHAINUWAT, B.; MAIR, J. (2012): An Exploratory Study of Attendee Perceptions of Green Meetings, in: Journal of Convention & Event Tourism, Vol. 13, 2012,

No. 3, pp. 147-158.

ROLLINS, R.; DELAMERE, T. (2007): Measuring the Social Impact of Festivals, in: Annals of Tourism Research, Vol. 34, 2007, No. 3, pp. 805-808.

ROY, D. P.; CORNWELL, T. B. (2003): Brand Equity's Influence on Responses to Event Sponsorship, in: Journal of Product & Brand Management, Vol. 12, 2003, No. 6, pp. 377-393.

RUIHLEY, B. J.; GREENWELL, T. C. (2012): Understanding the League Sport Participation Experience Utilizing the Critical Incident Technique, in: Sport Marketing Quarterly, Vol. 21, 2012, No. 1, pp. 32-42.

SACHSE, M. (2010): Negative Kommunikationseffekte von Sponsoring und Ambush-Marketing bei Sportgroßveranstaltungen, Wiesbaden 2010.

SACHSE, M.; DRENGNER, J. (2010): The Dark Side of Sponsoring and Ambushing Mega Sports Events: Is Successful Communication Hampered by Too Many, Too Similar, and Too Ambigiuous Stimuli?, in: Zanger, C. (Hrsg.): Stand und Perspektiven der Eventforschung, Wiesbaden 2010, S. 37-58.

SACHSE, M.; DRENGNER, J.; JAHN, S. (2010): Negative Effects of Event Sponsoring and Ambushing: The Case of Consumer Confusion, in: Campbell, M. C.; Inman, J.; Pieters, R. (Eds.): Advances in Consu¬mer Research, Vol. 37, Duluth 2010, pp. 546-547.

SANDER, M. (2004): Wirkungen von Drehbanden als innovative Form der Bandenwerbung, in: Marketing ZFP, 26. Jg., 2004, Nr. 3, S. 199-213.

SANDLER, D. M.; SHANI, D. (1993): Sponsorship and the Olympic Games: The Customer Perspective, in: Sport Marketing Quarterly, Vol. 2, 1993, No. 4, pp. 38-43.

SANDLER, D. M.; SHANI, D. (1989): Olympic Sponsorship vs. “Ambush” Marketing: Who gets the Gold?, in: Journal of Advertising Research, Vol. 29, 1989, No. 4, pp. 9-14.

SCHLESINGER, T. (2010): Zum Phänomen kollektiver Emotionen im Kontext sportbezogener Marketing-Events, in: Zanger, C. (Hrsg.): Stand und Perspektiven der Eventforschung, Wiesbaden 2010, S. 133-150.

SCHLESINGER, T. (2008): Emotionen im Kontext sportbezogener Marketing-Events, Hamburg 2008.

SCOTT, N.; SMITH, A. -E (2005): Use of Automated Content Analysis Techniques for Event Image Assessment, in: Tourism Recreation Research, Vol. 30, 2005, No. 2, pp. 87-91.

SHERWOOD, P. (2007): A Triple Bottom Line Evaluation of the Impact of Special Events: The Development of Indicators, Melbourne 2007.

SISTENICH, F. (1999): Eventmarketing: Ein innovatives Instrument zur Metakommunikation in Unternehmen, Wiesbaden 1999.

SIRGY, M. J.; LEE, D.-J.; JOHAR, J. S.; TIDWELL, J. (2008): Effect of Self-Congruity with Sponsorship on Brand Loyalty, in: Journal of Business Research, Vol. 61, 2008, No. 10, pp. 1091-1097.

SMALL, K. (2008): Social Dimensions of Community Festivals: An Application of factor Analysis in the Development of the Social Impact Perception (SIP) Scale, in: Event Management, Vol. 11, 2008, No. 1-2, pp. 45-55.

SMALL, K.; EDWARDS, D.; SHERIDAN, L. (2005): A Flexible Framework for Evaluating the Socio-Cultural Impacts of a (Small) Festival, in: International Journal of Event Management Research, Vol. 1, 2008, No. 1, pp. 67-77.

SMITH, A. (2006): Tourists' Consumption and Interpretation of Sport Event Imagery, in: Journal of Sport & Tourism, Vol. 11, 2006, No. 1, pp. 77-100.

SNEATH, J. Z.; FINNEY, R. Z.; CLOSE, A. G. (2005): An IMC Approach to Event Marketing: The Effects of Sponsorship and Experience on Customer Attitudes, in: Journal of Advertising Research, Vo. 45, 2005, No. 4, pp. 373-381.

SOLBERG, H.; ANDERSSON, T.; SHIBLI, S. (2002): An Exploration of the Direct Economic Impacts from Business Travelers at World Championships, in: Event Management, Vol. 7, 2002, No. 3, pp. 151-163.

SPIROPOULOS, S.; GARGALIANOS, D.; SOTIRIADOU, K. P. (2006): The 20th Greek Festival of Sydney: A Stakeholder Analysis, in: Event Management, Vol. 9, 2006, No. 4, pp. 169-183.

STETTLER, J.; RÜTTER, H.; LINDER, P.; MEHR, R.; LIEBRICH, A.; DE BARY, A.; BEUTLER, S., LAESSER, C. (2005): Volkswirtschaftliche Bedeutung von Sportgrossanlässen: Indikatorenbildung und Vereinfachung der Methodik, Schlussbericht, KTI Projekt "Volkswirtschaftliche Bedeutung von Sportgrossanlässen: Indikatorenbildung und Vereinfachung der Methodik", Luzern 2005.

STOKBURGER-SAUER, N. (2010): Brand Community: Drivers and Outcomes, in: Psychology & Marketing, Vo. 27, 2010, No. 4, pp. 347-368.

STOKES, R. (2007): Relationships and Networks for Shaping Events Tourism: An Australian Study, In: Event Management, Vol. 10, 2007, No. 2, pp. 145-158.

STYNES, D.; WHITE, E. (2006): Reflections on Measuring Recreation and Travel Spending, in: Journal of Travel Research, Vol. 45, 2006, No. 1, pp. 8-16.

TRAIL, G. T.; JAMES, J. D. (2001): The Motivation Scale for Sport Consumption: Assessment of the Scale's Psychometric Properties, in: Journal of Sport Behavior, Vol. 24, 2001, No. 1, pp. 108-127.

TSUJI, Y.; BENNETT, G.; LEIGH, J. H. (2009): Investigating Factors Affecting Brand Awareness of Virtual Advertising, in: Journal of Sport Management, Vol. 23, 2009, No. 4, pp. 511-544.

TSUJI, Y.; BENNETT, G.; ZHANG, J. (2007): Consumer Satisfaction with an Action Sports Event, in: Sport Marketing Quarterly, Vol. 16, 2007, No. 4, pp. 199-208.

VARGO, S. L.; LUSCH, R. F. (2004): Evolving to a New Dominant Logic for Marketing, in: Journal of Marketing, Vol. 68, 2004, No. 1, pp. 1-17.

VARGO, S. L.; LUSCH, R. F. (2011): It's all B2B… and Beyond: Toward a Systems Perspective of the Market, in: Industrial Marketing Management, Vol. 40, 2011, No. 2, pp. 181-187.

WAITT, G. (2003): Social Impacts of the Sydney Olympics, in: Annals of Tourism Research, Vol. 30, 2003, No. 1, pp. 194-215.

WAKEFIELD, K. L.; BENNETT, G. (2010): Affective Intensity and Sponsor Identification, in: Journal of Advertising, Vol. 39, 2010, No. 3, pp. 99-111.

WAKEFIELD, K. L.; BECKER-OLSEN, K.; CORNWELL, T. B. (2007): I Spy a Sponsor – The Effects of Sponsorship Level, Promonence, Realtedness, and Cueing on Recall Accuracy, in: Journal of Advertising, Vol. 36, 2007, No. 4, pp. 61-74.

WAKEFIELD, K. L.; BLODGETT, J. G. (1996): The Effect of the Servicescape on Customers' Behavioural Intentions in Leisure Service Settings, in: The Journal of Services Marketing, Vol. 10, 1996, No. 6, pp. 45-61.

WALL, A.; BEHR, F. (2010): Ein Ansatz zur Messung der Nachhaltigkeit von Events. Kernziele eines Nachhaltigkeitsmanagements von Events und Indikatoren zur Messung der Nachhaltigkeit, Lüneburg 2010.

WALLISER, B. (1997): Über den Zusammenhang zwischen Markenbekanntheit und Wiedererkennung bei der Bandenwerbung, in: Marketing ZFP, 18. Jg., 1997, Nr. 1, S. 43-52.

WEBSTER, F. E.; LUSCH, R. F. (2013): Elevating Marketing: Marketing is dead! Long Live Marketing!, in: Journal of the Academy of Marketing Science, Vol. 41, 2013, No. 4, pp. 389-399.

WEEKS, C. S.; CORNWELL, T. B.; DRENNAN, J. C. (2008): Leveraging Sponsorships on the Internet: Activation, Congruence, and Articulation, in: Psychology & Marketing, Vol. 25, 2008, No. 7, pp. 637-654.

WHITFORD, M. (2009): Oaxaca's indigenous Guelaguetza Festival: Not all that Glistens is Gold, in: Event Management, Vol. 12, 2009, No. 3/4, pp. 143-161.

WOLF, A.; JACKSON, U.; DETLEFSEN, K. (2012): Eventmarketing unter sozialpsychologischer Betrachtung – Gruppenerlebnisse in der Live-Kommunikation, in: Zanger, C. (Hrsg.): Erfolg mit nachhaltigen Eventkonzepten, Wiesbaden 2012, S. 127-143.

WOOD, E. H. (2005): Measuring the economic and social impacts of local authority events, in: International Journal of Public Sector Management, Vol. 18, 2005, No. 1, pp. 37-53.

WÜNSCH, U. (2012): Event und soziale Nachhaltigkeit. Denkanstöße aus kommunikationswissenschaftlicher Sicht, in: Zanger, C. (Hrsg.): Erfolg mit nachhaltigen Eventkonzepten, Wiesbaden 2012, S. 101-125.

XING, X.; CHALIP, L. (2006): Effects of Hosting a Sport Event on Destination Brand: A Test of Co-branding and Match-up Models, in: Sport Management Review, Vol. 9, 2006, No. 1, pp. 49-78.

YANG, J.; GU, Y.; CEN, J. (2011): Festival Tourists' Emotion, Perceived Value, and behavioral Intentions: A Test of the Moderating Effect on Festivalscape, in: Journal of Convention & Event Tourism, Vol. 12, 2011, No. 1, pp. 25-44.

YOLAL, M.; ÇETINEL, F.; UYSAL, M. (2009): An Examination of Festival Motivation and Perceived Benefits Relationship: Eskişehir International Festival, in: Journal of Convention & Event Tourism, Vol. 10, 2009, No. 4, pp. 276-291

YOSHIDA, M.; JAMES, J. D. (2010): Customer Satisfaction with Game and Service Experiences: Antecedents and Consequences, in: Journal of Sport Management, Vol. 24, 2009, No. 3, pp. 338-361.

YUAN, J.; CAI, L. A.; MORRISON, A. M.; LINTON, S. (2005): An Analysis of Wine Festival Attendees' Motivations: A Synergy of Wine, Travel and Special Events?, in: Journal of Vacation Marketing, Vol. 11, 2005, No. 1, pp. 41-58.

ZANGER, C. (2010): Stand und Perspektiven der Eventforschung - Eine Einführung, in: Zanger, C. (Hrsg.): Stand und Perspektiven der Eventforschung, Wiesbaden 2010, S. 1-12.

ZANGER, C.; DRENGNER, J. (2009): Eventmarketing, in: Bruhn, M.; Esch, F.-R.; Langner, T. (Hrsg.): Handbuch Kommunikation: Grundlagen – Innovative Ansätze – Praktische Umsetzungen, Wiesbaden 2009, S. 195-213.

ZANGER, C.; SISTENICH, F. (1998): Theoretische Ansätze zur Begründung des Kommunikationserfolgs von Eventmarketing – illustriert an einem Fallbeispiel, in: Nickel, O. (Hrsg.): Eventmarketing: Grundlagen und Erfolgsbeispiele, München 1998, S. 39-60.

ZANGER, C.; SISTENICH, F. (1996): Eventmarketing: Bestandsaufnahme, Standortbestimmung und ausgewählte theoretische Ansätze zur Erklärung eines innovativen Kommunikationsinstrumentes, in: Marketing ZFP, 18. Jg., 1996, Nr. 4, S. 233-242.

ZHANG, J.; PEASE, D. G.; LAM, E. T. C.; BELLERIVE, L. M.; PHAM, U. L.; WILLIAMSON, D. P.; LEE, J. T.; WALL, K. A (2001): Sociomotivational Factors Affecting Spectator Attendance at Minor League Hockey Games, in: Sport Marketing Quarterly, Vol. 10, 2001, No. 1, pp. 43-54.

ZYL, C. VAN; BOTHA, C. (2003): Motivational Factors of Local Residents to Attend the Aardklop National Arts Festival, in: Event Management, Vol. 8, 2003, No. 4, pp. 213-222.

Antje Wolf, Ulrike Jackson, Fenja Gengelazky

Die Effekte der Gruppenpolarisation und ihre Bedeutung für die Live-Kommunikation

1 Einleitung und Zielsetzung

Nach Kirchgeorg/Springer/Brühe (2009, S. VII) „besteht eine eklatante Lücke zwischen der Bedeutung der Live Communication in der Wirtschaftspraxis und dem Professionalisierungsgrad ihrer Planungen, Umsetzung und Kontrolle." Folglich ist eine Professionalisierung in der Live-Kommunikation notwendig und zukunftsführend. Es gilt, sich mit dem Managementprozess der Live-Kommunikation auseinanderzusetzen, d. h. systematisch zu planen, umzusetzen und zu kontrollieren, einschließlich der Zielgruppenanalyse. Dabei stellt sich die Frage, wer die Zielgruppen sind. Bislang wurden die Teilnehmer als Individuen gesehen, nicht zuletzt orientiert am Megatrend der Individualisierung. Vielmehr aber ist der Einzelne von seiner Umwelt bestimmt. Er kommuniziert mit Freunden und Familie, in Freizeit und Beruf oder auch als Teilnehmer eines Events. Über die Zugehörigkeit zu einer übergeordneten Gruppe werden seine Kommunikationsprozesse und daraus resultierend sein Verhalten geprägt. Eben dieses soll auch durch das Marketing, speziell im Rahmen der Live-Kommunikation erzielt werden.

Folglich ist es von Interesse, die Live-Kommunikation von einer sozialpsychologischen Perspektive aus zu betrachten. In diesem Kontext soll das Entscheidungsverhalten in Gruppen in den Vordergrund gestellt und speziell auf das Phänomen der Gruppenpolarisation und dessen Bedeutung für die Live-Kommunikation fokussiert werden. Der Beitrag zeigt auf, inwiefern die Gruppenpolarisation in der Live-Kommunikation zu berücksichtigen ist. Darüber hinaus soll dargelegt werden, wie die Gruppenpolarisation wirkt und was dies im Kontext unterschiedlicher Zielgruppen bedeutet. Letztlich soll die Frage geklärt werden, wie diese Effekte gezielt genutzt werden können, bzw. welche Handlungsmöglichkeiten im Rahmen des Managementprozesses der Live-Kommunikation sich daraus ableiten lassen.

2 Gruppenentscheidungen und Gruppenpolarisation

Werden Gruppen nach Hofstätter (1957) als soziale Gebilde verstanden, dann können Gruppenprozesse und -phänomene beschrieben werden, welche Gruppenentscheidungen prägen. Es stellt sich die Frage, was geschieht, wenn Individuen eine Entscheidung kollektiv als Gruppe treffen, anstatt individuell. Das Phänomen der Gruppenpolarisation wird nachfolgend veranschaulicht.

Aronson/Wilson/Akert (2008, S. 294) definieren die Gruppenpolarisation als „Neigung von Gruppen, Entscheidungen zu treffen, die extremer ausfallen als die ursprüngliche Neigung ihrer Mitglieder". Die Gruppenmitglieder tendieren aufgrund der (direkten oder konkludent geführten) Diskussion zu einer Verschiebung in Richtung des Meinungspols, den sie bereits am Anfang bevorzugten. Die extreme Kollektiventscheidung als Konsens der Gruppe geht somit in dieselbe Richtung wie die ursprünglichen individuellen Neigungen. Sie ist folglich davon abhängig, was in der konkreten Entscheidungssituation durch die Gruppe als sozial erwünscht angesehen wird. Tendieren die Einzelpersonen etwa zu der vorsichtigeren oder konservativeren von zwei Alternativen, werden sie diese Meinung als Gruppe verstärkt vertreten (sog. cautious shift bzw. Vorsichtsschub). Neigen die Mitglieder als Einzelne auf der anderen Seite zu mehr Risiko, wird die Gruppenentscheidung eine risikoreichere Alternative beinhalten. Die Gruppenpolarisation führt in diesem Fall zum sog. risky shift (Risikoschub).

Bei der Gruppenpolarisation wird auch von einem Urteilsfehler gesprochen, da sie zu einseitigen und falschen Schlüssen führt. Das Aufdecken derselben gestaltet sich problematisch, da Urteilen, welche kollektiv (demokratisch) gefasst wurden, in der Regel eine besondere Qualität zugeordnet wird (vgl. Wenninger 2010, S. 175).

Für das Phänomen der Gruppenpolarisation existieren drei Theorien zu möglichen Ursachen, die nachfolgend erläutert werden. Der Einfluss durch die Gruppe findet auf informativer Ebene statt und beruht auf dem Informationswert der anderen und/ oder auf normativer Ebene, d. h. ihm liegt das intrinsische Bedürfnis nach Anerkennung zugrunde. Zudem wird sie gefördert durch eine hohe Gruppenkohäsion[1], die Isolation von alternativen Informationsquellen sowie durch das Favorisieren eines bestimmten Ergebnisses durch die Gruppenführung oder die Art und Weise der Führung selbst.

---

[1] Hierunter wird die Intensität des Zusammenhalts bzw. das Ausmaß der Zuneigung innerhalb der Gruppe verstanden. Die gegenseitige Attraktion der Gruppenmitglieder, das Interesse an der Gruppe und ihren Aktivitäten, bzw. Aufgaben selbst, sowie die Ähnlichkeit von Interessen und Einstellungen, die Kommunikation innerhalb der Gruppe und letztlich die Erwartung der individuellen Bedürfnisbefriedigung (bzw. Zielerreichung) stellen die Kohäsions-Ursachen dar. Die Gruppenkohäsion beruht zudem auf unterschiedlichen Faktoren, die die Bindung an die Gruppe erhöhen. Dies sind v. a. äußere Bedrohungen, die die Existenz der gesamten Gruppe infrage stellen, aber auch Erfolge, die die Gruppe in der Vergangenheit erreicht hat, die Entstehung einer befriedigenden Rollenverteilung, ein hohes Ausmaß an gemeinsam verbrachter Zeit und die Schwierigkeit oder Hürde, überhaupt Mitglied einer Gruppe zu werden (vgl. Bierhoff 2000, S. 342).

2.1 Theorie der sozialen Vergleichsprozesse

Die Theorie der sozialen Vergleichsprozesse[2] beschreibt die Tendenz der Individuen, „einen Sachverhalt, der einer Bestimmung bedarf, durch die gemeinsame Wahrnehmung festzulegen“ (Crott 1979, S. 222). Individuen wollen überzeugt sein, dass sie die richtigen Standpunkte besitzen bzw. Entscheidungen treffen, die mit der Realität übereinstimmen und orientieren sich an ihrem sozialen Umfeld. Dies gilt besonders bei mehrdeutigen, unbestimmten oder unsicheren Angelegenheiten und Meinungen bezüglich ihrer sozialen Realität. Während physikalische Sachverhalte prüfbar sind und leichter unabhängig von anderen Personen ermittelt und verifiziert werden, ist das Individuum bei Werteentscheidungen, Meinungen, Einstellungen, religiösen Auffassungen etc. eher geneigt, sich gruppenkonform zu verhalten. Diese Sachverhalte „können letzten Endes nur im interpersonalen Vergleich validiert werden“ (Crott 1979, S. 223).

Die einzelnen Teilnehmer der Gruppendiskussion betrachten zunächst, welche Meinung von den anderen Mitgliedern bevorzugt wird. Diese wird als noch korrekter und angemessener angesehen als die bisherige eigene Position. Um sich ihnen zugehörig zu fühlen, nähern sie sich dann einer Meinung an, die der allgemeinen ähnlich ist, aber etwas extremer ausfällt (vgl. Aronson/Wilson/Akert 2008, S. 294f.). Folglich stützt bei diesem Ansatz das Individuum die Einstellung der Gruppe und stellt sich selbst zugleich in einem positiveren Licht dar.

Gleichermaßen sind auch die Komplexität und Fassbarkeit der zu klärenden Angelegenheit von Bedeutung: Sieht sich der Einzelne damit überfordert, wird er sich bereitwillig auf das Urteil anderer verlassen. Die Annäherung der individuellen Meinung an die Auffassung der Gruppe wird erfolgen, da entweder die Meinung der Gruppe als Realität (hier liegt ein Informationsinteresse bzw. eine informative Haltung seitens des Individuums vor) oder die Übereinstimmung mit der Gruppe an sich als befriedigend angesehen wird bzw. die Konfrontation mit der Gruppe vermieden werden soll (hier ist die Haltung des Individuums normorientiert).

Wichtig im Rahmen dieses Vergleichsprozesses ist ferner, ob bereits eine Festlegung vorausgegangen ist, welche in dem persönlichen oder öffentlichen Wertesystem verankert ist. Diese Haltung wird sich dann weniger an die Gruppenmeinung anpassen, da sie das Selbstbild der eigenen Person gefährden würde. Weil sich Personen im Allge-

---

2 Diese geht zurück auf die Forschung Festingers (1954). Ihm zufolge besteht in jedem Individuum die „Tendenz zum sozialen Vergleich hinsichtlich der eigenen Meinung und Urteile über die eigenen Fähigkeiten“ (Crott 1979, S. 80f.).

meinen mehr als nur einer Gruppe zugehörig fühlen, kann es zu Überschneidungen und somit Konfliktsituationen bei Interessensbereichen und Diskussionsgegenständen kommen. Dadurch wird eine Dynamik innerhalb der Gruppe(n) geschaffen.

Obwohl der soziale Vergleich persönliche Urteilssicherheit erzeugt, wird dennoch keine objektive, fehlerfreie Entscheidung getroffen. So werden etwa Vergleichspersonen bevorzugt, die der eigenen Person ähnlich sind; oder aber die Qualität der anderen Meinungen wird nicht objektiv bewertet, sondern aufgrund des Status eines Meinungsträgers als besser akzeptiert. Dieser Sachverhalt wird durch eine starke Gruppenkohäsion begünstigt.

Wird sich das Individuum über das Wirken dieses Urteilfehlers bewusst, kann es versuchen, objektivere Maßstäbe bei Vergleichsprozessen anzulegen und so den Effekt der Gruppenpolarisation zu schmälern (vgl. Crott 1979, S. 222ff.).

2.2 Modell der Persuasion bzw. überzeugenden Argumente

Während sich die Theorie der sozialen Vergleichsprozesse eher auf den Prozesscharakter der Diskussion konzentriert, stehen bei dem Modell der überzeugenden Argumente die Inhalte im Vordergrund.

Die Interaktion der Gruppe während der Diskussion gewährleistet einen Informationsaustausch. Die einzelnen Mitglieder können den Pool an Argumenten, der ihre persönliche Urteilsbildung in eine bestimmte Richtung tendieren lässt, durch weitere, von anderen Diskussionsteilnehmern präsentierte Gründe für diese Tendenz erweitern (vgl. Aronson/Wilson/Akert 2008, S. 294f.). Hierbei wird eine selektive Informationsaufnahme unterstellt (vgl. Sader 2008, S. 217). Bildet sich gleich zu Beginn der Diskussion eine kollektive Entscheidungstendenz heraus, werden die Teilnehmer, begründet durch konformes Verhalten, diese richtunggebende Meinung durch ihre eigenen Äußerungen festigen.[3] Werden der favorisierten Meinung entgegenstehende Argumente genannt, begünstigen sie eine noch extremere Haltung. Es kommt zu einem Prozess gegenseitiger Überredung. Die Personen werden mit neuen, extremeren Standpunkten konfrontiert und verändern daher auch ihre eigene ursprüngliche Haltung. Sie lassen

---

[3] Dabei treten besonders solche Gruppenmitglieder hervor, die ähnliche Positionen vertreten. Gegenargumente werden kaum genannt. In diesem Kontext wird der negative Aspekt konformen Verhaltens in Bezug auf die Gruppennormen deutlich. Ängstliche Mitglieder trauen sich nicht, ihre Argumente für die Gegenposition vorzubringen, da diese als nicht wünschenswert gesehen werden und ihre Akzeptanz innerhalb der Gruppe gefährden könnten.

sich von anderen Informationen überzeugen und erreichen ein höheres Informationsniveau.

Die Diskussionsteilnehmer nehmen folglich eine sehr einseitige Beurteilung vor, schaukeln sich gegenseitig hoch und begünstigen so ein extremeres Gruppenurteil. Auch hier beeinflussen Gruppenkohäsion und Gruppennormen diese Wirkung stark. Wird sich das Individuum eines objektiveren Maßstabes bewusst, kann es den Persuasionsprozess insofern beeinflussen, als dass auch Gegenargumente zum Tragen kommen.

2.3 Selbst-Kategorisierungs-Theorie

Ausgangspunkt dieser Theorie ist die Selbstdefinition bzw. Selbstkategorisierung des Individuums als eine individuelle Person, die sich von anderen unterscheidet, und als ein Mitglied sozialer Gruppen, die sich von anderen differenzieren. Letzteres veranlasst die Mitglieder, die Normen ihrer Gruppe zu lernen bzw. umzusetzen. Eben diese beeinflussen Einstellungen und Verhalten. Die Personen werden sich von ihrer eigenen individuellen Meinung entfernen und der Gruppenmeinung (bzw. -norm) annähern, respektive sich zu ihr hin polarisieren.

In Abgrenzung zu einer (anwesenden) Fremdgruppe, besonders wenn sich diese deutlich von der eigenen unterscheidet, werden kollektive Entscheidungen extremer ausfallen, da sich die Gruppe so durch die Gemeinsamkeiten der Mitglieder und auch durch ihre Unterschiede gegenüber anderen definieren kann. Es erfolgt eine absichtliche (betonte) Distanzierung von der Haltung, die nicht vertreten werden soll. Auf der anderen Seite kann aber auch das Gruppenprestige auslösender Faktor für die extreme Haltung sein, wenn die Gruppe sich als vorbildlich profilieren will (vgl. Crott 1979, S. 229). Wird sich das Individuum oder die Gruppe bewusst, dass sie ihre Entscheidung nicht rational, sondern rein subjektiv beeinflusst trifft, kann das Wirken dieses Phänomens abgeschwächt werden.

3 Live-Kommunikation

Alltäglich wird der Mensch mit einer großen Anzahl und Vielfalt von Werbebotschaften bzw. Informationen konfrontiert, deren Wahrnehmung nur selektiv erfolgt. Auf die Individualisierung und Erlebnisorientierung der Verbraucher, ihre Unsicherheit, auf die Entwicklungen am Markt hin zu einer zunehmenden Produkthomogenität, auf die Herausforderungen durch internationale und globalisierte Märkte u. a. gilt es angemessen zu reagieren. Außerdem sind Erkenntnisse zur Wirkungsweise der Multisensualität und deren Effizienz zu berücksichtigen (vgl. Kirchgeorg/Bruhn/

Hartmann 2011, S. 7f.). Der Trend führt weg von einer anonymen massenmedialen klassischen Kommunikation hin zu einer authentischen und individuelleren Kundenintegration durch die virtuelle und Live-Kommunikation. „Wo die Above-the-Line-Kommunikation an ihre Grenzen stößt, gewinnen die Below-the-Line-Instrumente mehr und mehr an Bedeutung." (Kirchgeorg/Springer/Brühe 2009, S. 26) Die Live-Kommunikation verzeichnet neben der virtuellen Kommunikation in den vergangenen Jahren einen großen Bedeutungszuwachs in der Wirtschaftspraxis.[4]

3.1 Begriffsbestimmung und Wirkungsmerkmale

Live-Kommunikation als solches „umfasst die persönliche, direkte, interaktive Begegnung und das aktive Erlebnis der Zielgruppe mit einem Unternehmen und seiner Marke in einem inszenierten und häufig emotional ansprechenden Umfeld zur Erzeugung einzigartiger und nachhaltiger Erinnerungen" (Kirchgeorg/Springer/Brühe 2009, S. 17). Der englische Terminus „live" unterstreicht die unmittelbare Erfahrbarkeit einer persönlichen Begegnung, d. h. ohne zwischengeschaltetes Medium sowie die Einzigartigkeit des Erlebnisses und die multisensuale Ansprache.

Die Live-Kommunikation bringt Veranstalter und ihre Marken, Produkte, Inhalte und Zielgruppen für eine bestimmte Zeit an einem bestimmten Ort auf emotionaler Ebene zusammen. Sie beansprucht für sich, einen persönlichen Austausch in einem vom Unternehmen kontrollierten und inszenierten Umfeld zu konstruieren und damit Einfluss auf eine markengerechte Darstellung nehmen zu können. Das Produkt bzw. die Marke soll in Szene gesetzt und mit der Live-Kommunikation direkt an die Zielgruppe herangeführt werden (vgl. Kirchgeorg/Springer/Brühe 2009, S. 16ff.).

Die Live-Kommunikation zählt zu den einflussreichsten Informationsquellen, da sie einen elementaren Beitrag zur Generierung einmaliger und nachhaltiger Erinnerungen leistet. Alle persönlich wahrgenommenen Verhaltensweisen und Erlebnisprozesse fließen in die Erinnerungsleistung ein (vgl. Kirchgeorg/Springer/Brühe 2009, S. 20f.). Diese Wahrnehmung erfolgt aufgrund direkter Interaktion[5], d. h. dem aktiven Einbinden des Teilnehmers in die Inszenierung, und einer hohen Kontaktintensität im Rahmen der Live-Kommunikation auf verbaler wie non-verbaler Ausdrucksebene

---

4 Zur Darlegung dieser Entwicklung vgl. Kirchgeorg et al. 2010.

5 Mögliche Interaktionsarten sind Shows, Infotainment, Wettbewerbe oder interaktive Produktpräsentationen (vgl. Kirchgeorg/Springer/Brühe 2009, S. 145).

wechselseitig zwischen den Kommunikationspartnern. Im Vordergrund steht der Dialog, bei welchem eine Vermittlung sowie Gewinnung von Informationen auf beiderseitiger Basis erfolgt (vgl. AUMA 2010, S. 13). Individuelle Ansprüche der Kunden sind aus Unternehmensperspektive so besser aufzunehmen, zu interpretieren und umzusetzen. Damit werden Kunden konsequent als „Mitentwickler und Ideengeber" (Kirchgeorg/Springer/Brühe 2009, S. 9) einbezogen.

Über eine entsprechende Inszenierung, v. a. durch den gezielten Einsatz von Musik, Licht, Bewegung, Sprache etc. wird eine besondere Atmosphäre geschaffen; das gefühlsbetonte Erleben steht im Vordergrund. Mittels der Live-Kommunikation lassen sich auf diese Weise Botschaften, Kompetenzen und Markenwelten in erfahrbare Ereignisse umsetzen; nicht länger ist die (Unternehmens- oder Produkt-)Marke nur von symbolischem Wert (vgl. Zanger 2007, S. 5).

3.2 Kommunikationsprozess und Einbeziehung von Zielgruppen

Aufgrund der hohen Kontaktkosten sowie der vergleichsweise geringen Reichweite der Live-Kommunikation ist deren wohlüberlegter Einsatz notwendig (vgl. Kirchgeorg/Bruhn/Hartmann 2011, S. 9). Durch eine konsequente Zielgruppenorientierung sind Streuverluste zu minimieren und die erwünschten Zielgruppen effizient und effektiv anzusprechen. Diese müssen bereits in der Planungsphase Berücksichtigung finden und jedes weitere Vorgehen, etwa Zielinhalte, Maßnahmenstrategien, Instrumentenintegration etc. auf sie abgestimmt werden.

Die Wandlung des Kommunikationsprozesses zwischen Unternehmen und Zielgruppen von der Einwegkommunikation zum Dialogmarketing lässt die heutige Kommunikation wie in Abb. 1 darstellen.

Abb. 1: Der Kommunikationsprozess

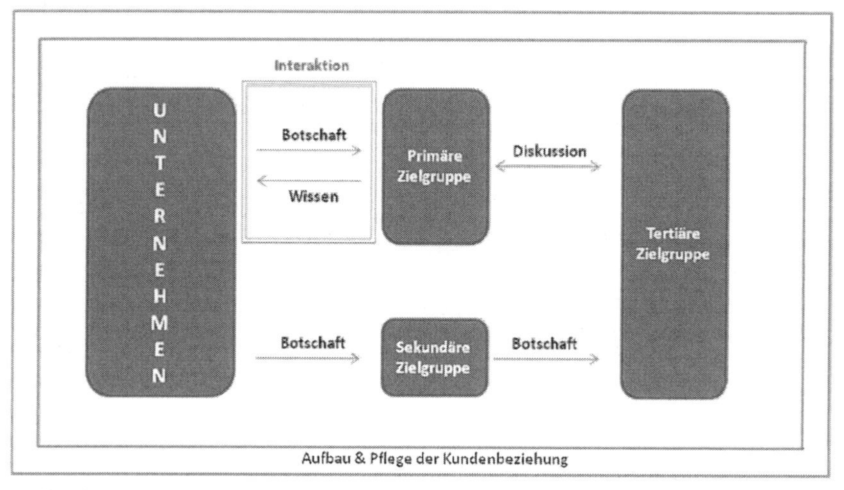

Quelle: eigene Darstellung in Anlehnung an Kirchgeorg/Springer/Brühe 2009, S. 10

Die Abbildung veranschaulicht, dass neben der Primärzielgruppe, d. h. den unmittelbaren Teilnehmern der Kommunikationsmaßnahme, ebenfalls Sekundär- und Tertiärzielgruppen im Kommunikationsprozess zu berücksichtigen sind. Die Sekundärzielgruppe umfasst die indirekten Teilnehmer. Sie berichten in den Medien von der Veranstaltung (Multiplikatorwirkung) und fungieren als Bindeglied zwischen Primär- und Tertiärzielgruppe. Letztere rezipiert das Geschehen folglich über die Berichterstattung, wird aber auch durch die Word-of-Mouth-Kommunikation der primären Zielgruppe informiert. Zudem erfolgen Informationsaustausch und Diskussion zielgruppenintern. Eine hohe zielgruppeninterne wie -externe Kundenvernetzung ist heute kennzeichnend (vgl. Kirchgeorg/Springer/Brühe 2009, S. 15).

Als mögliche Zielgruppen sind Mitarbeiter, die Öffentlichkeit sowie aktuelle und potentielle Endkunden (Verbraucher) und Geschäftskunden zu nennen. Bereits vor der Konzeption der Live-Kommunikation sind im Rahmen einer Zielgruppenanalyse alle bedeutsamen Stakeholdergruppen zu betrachten und die relevante(n), anzusprechende(n) Zielgruppe(n) zu definieren bzw. weitergehend zu spezifizieren. Die in der Literatur entwickelten Stakeholdertypologien bieten Ansatzpunkte, die einzelnen Stakeholder hinsichtlich ihrer Bedeutung für das Unternehmen zu strukturieren. Der Bedeutungsgrad sowie die Interessen, Bedürfnisse und Erwartungen einzelner Gruppen sind zu berücksichtigen. Damit würde einer Person (bzw. ihren Bedürfnissen), die mehreren Gruppen angehört, eine dominantere Rolle zugeschrieben werden. Die Tatsache, dass eine multiple Stakeholderzugehörigkeit existent ist, wird bislang meist unterschätzt (vgl. Kirchgeorg/Springer/Brühe 2009, S. 64f.).

Eine Abstimmung der Kommunikationsinstrumente sowie -inhalte muss neben den einzelnen Zielgruppen selbst auch auf die jeweiligen, ihnen zuzuordnenden Beziehungsphasen erfolgen. Der Kundenbeziehungszyklus umfasst die Phasen Bekanntheit, Vertrautheit, Kaufentscheidung und Loyalität. Während einer jeden Phase sind Risiken, die die Fortsetzung des Beziehungsverhältnisses zwischen Kunde und Unternehmen negativ beeinflussen könnten, zu minimieren. Die Instrumente der Live-Kommunikation wirken v. a. in der zweiten Phase zur Schaffung von Vertrautheit und Präferenzen sowie in der letzten Phase zur Erzeugung von Loyalität durch Gewährleistung einer besonders nachhaltigen und emotionalen Bindung des Kunden an die Marke zielführend (vgl. Kirchgeorg/Springer/Brühe 2009, S. 66ff., S. 246ff.).

Zielgruppenspezifische Aspekte bzw. weiterführende spezifische Informationen sind ebenso bei der Auswahl und Abstimmung der Kommunikationsinstrumente einzubeziehen, etwa die zielgruppenspezifische Mediennutzung, charakteristische Faktoren wie Bildungsgrad und diesbezügliche Anspruchshaltung bei der Mediennutzung, aber auch Gruppenaspekte.

3.3 Kommunikationsinstrumente der Live-Kommunikation

Zu den Instrumenten der Live-Kommunikation zählen Messen, Events, Roadshows, Brand Lands und Showrooms. Jedes dieser Instrumente verfügt über bestimmte Charakteristika, die es im gezielten Einsatz zu berücksichtigen gilt. Weitergehend können vielzählige Ausgestaltungsformen innerhalb der einzelnen Kategorien unterschieden werden. Im kombinierten Einsatz sind Wechselwirkungen zu berücksichtigen, synergetische Effekte können genutzt werden (vgl. Kirchgeorg/Springer/Brühe 2009, S. 96). Nachfolgende Ausführungen fokussieren insbesondere auf das Instrument „Events", da hier die Effekte der Gruppenpolarisation in besonderem Maß wirken.

4 Wirkungsweise und Nutzen der Gruppenpolarisation in der Live-Kommunikation

Eine Betrachtung des Gruppenpolarisationsphänomens kann im Rahmen der Live-Kommunikation auf mehreren Ebenen erfolgen. Bei einer Differenzierung der Gruppen, welchen die Teilnehmer zuzuordnen sind, lässt sich zwischen engeren und weiteren Bezugsgruppen[6] unterscheiden.

Abb. 2: Gruppenabgrenzung während der Live-Kommunikations-Maßnahme

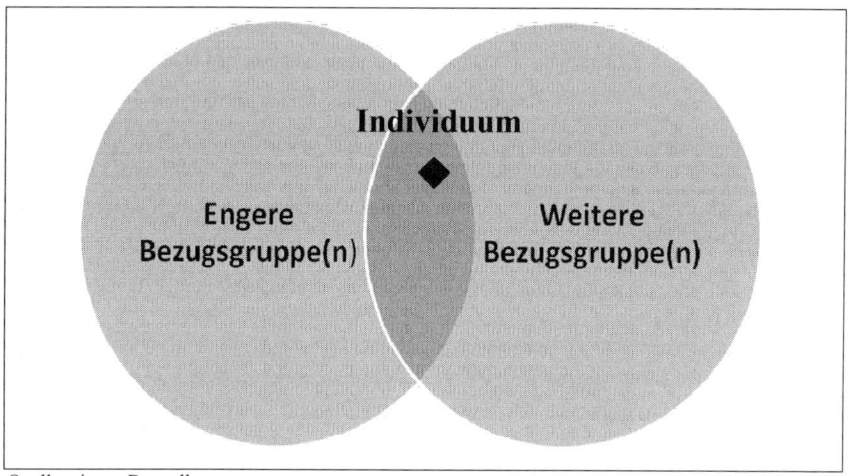

Quelle: eigene Darstellung

Die engere Bezugsgruppe zeichnet sich durch eine geringere Gruppengröße und einen engen Kontakt zwischen den Gruppenmitgliedern aus. Die Grundlage der Interaktion zwischen den Mitgliedern bilden hier persönliche Interaktionen und emotionale Kontakte (vgl. Sistenich 1999, S. 163). Sie weist folglich ein erhöhtes Zusammengehörigkeitsgefühl auf (vgl. Crott 1979, S. 216). Zu den engeren Bezugsgruppen zählen Freundesgruppen bzw. Cliquen sowie die Familie, d. h. solche Gruppen, die den Teilnehmer außerhalb der Live-Kommunikations-Maßnahme prägen.[7] [8] Hinzu-weisen ist auf die Tatsache, dass nicht alle Mitglieder der engeren Bezugsgruppe zwangsläufig auch an dem Ereignis teilhaben müssen.

---

6 Dies ist eine Möglichkeit, Gruppen zu differenzieren. Crott (1979, S. 126f.) stellt hierzu weitere Begriffs-bestimmungen gegenüber.

7 Eine mehrfache Zugehörigkeit des Individuums zu engeren Bezugsgruppen soll zur Vereinfachung aus der Betrachtung ausgeschlossen werden.

8 Die Inszenierung „Stern für Kids" von der Mercedes-Benz AG in den 1990er Jahren plante die engere Bezugs-gruppe beispielsweise ganz bewusst ein: „Fast 100.000 Besucher (Eltern hatten nur Zugang in Begleitung ihrer Kinder!) zählte man in der Mitmachausstellung für Kinder – einer Zielgruppe, die der Marke bislang eher skeptisch gegenüberstand, die aber […] den Autokauf in der Familie mit beeinflusst […]." (Nickel 2007, S. 179)

Gruppen, die nicht zu den engeren Bezugsgruppen zählen, werden als weitere Bezugsgruppen bezeichnet. Sie sind durch eine höhere Gruppengröße und weniger persönliche Beziehungen und damit durch ein distanziertes und flüchtiges Verhältnis charakterisiert. Diese Gruppenmerkmale treffen auf Eventeilnehmer zu, die temporär für eine Veranstaltung zusammenkommen (vgl. Sistenich 1999, S. 163f.).

Mit dieser Differenzierung ist es möglich, den raumzeitlichen Kontext der jeweiligen Gruppe einzubeziehen: die Vorgeschichte ebenso wie die Umgebung. Darüber hinaus wird eine mehrfache Gruppenzugehörigkeit impliziert, welche sich auf den Entscheidungsprozess auswirken kann (vgl. Sader 2008, S. 41). Hinzuweisen ist in diesem Kontext auf die Ungenauigkeit der Gruppengrenzen. Sie „sind oft unklar und können von den Beteiligten unterschiedlich definiert werden. […]. Es gibt häufig sehr fließende Grade von Zugehörigkeit, möglicherweise mit zeitlichen Schwankungen. Gruppen müssen nicht aus einer festen definierten Anzahl gleichbleibender Personen bestehen […].“ (Sader 2008, S. 41) Dieses kann bei der weiteren Bezugsgruppe als sehr wahrscheinlich gelten, da der Grad an Interaktion der einzelnen Gruppenmitglieder während einer Veranstaltung niemals konstant, sondern stets schwankend ist.

Im Rahmen der Live-Kommunikation treten für die Zielgruppen vielfache Entscheidungs- bzw. Diskussionssituationen auf. Zunächst ist die Entscheidung zur Teilnahme zu betrachten, bei welcher eine Vorbewertung der Live-Kommunikations-Maßnahme innerhalb der engeren Bezugsgruppe vorgenommen wird. Während der Teilnahme erfolgt die Entscheidung bezüglich der bewussten aktiven Teilnahme bzw. Interaktion sowie eine bewertende Diskussion über einzelne Aspekte der Inszenierung. Hierbei können sowohl die anwesenden Gruppenmitglieder der engeren Bezugsgruppe als auch der weiteren als Ganzes betrachtet werden. Schließlich erfolgt eine nachträgliche Bewertung des Erlebnisses innerhalb der engeren Bezugsgruppe, sodass die Teilnehmer untereinander und mit ihren Gruppenmitgliedern, die nicht an der Veranstaltung teilgenommen haben, interagieren.

4.1 Entscheidung zur Vorbewertung und Teilnahme

Zunächst ist die Entscheidung zur Teilnahme zu betrachten, bei der eine Vorbewertung der Live-Kommunikations-Maßnahme innerhalb der engeren Bezugsgruppe (Freunde, Familie, Clique) vorgenommen wird. Aufgrund der Vorankündigungen (Einladungen, Plakate u. a.) entwickeln sich erste Erwartungshaltungen an die Veranstaltung. Bestimmte Aspekte des bevorstehenden Ereignisses werden greifbarer gemacht bzw. vergegenwärtigt. Somit erfolgen in dieser Phase erste gruppeninterne Entscheidungsprozesse, welche für die Ankündigung der Live-Kommunikations-Maßnahme von entscheidender Bedeutung sind.

In der Gruppe wird über das bevorstehende Ereignis und eine mögliche Teilnahme gesprochen. Die Gruppenmitglieder orientieren sich an der Meinung der anderen. Ist ein Individuum eher unschlüssig oder steht der Teilnahme eher negativ gegenüber, versuchen die anderen dieses Gruppenmitglied zu überzeugen, sofern die Gruppe eine positive Haltung einnimmt. Gleichzeitig nutzt das Individuum die anderen Mitglieder als wichtige Informationsquelle, mit deren Hilfe sein Verständnis der Umwelt geprägt wird. Handelt es sich um eine Gruppennorm, an dem Ereignis teilzunehmen bzw. es positiv zu bewerten, verhält sich das Gruppenmitglied konform und schließt sich dieser Bewertung ebenfalls an. Die Gruppenmeinung wird innerhalb dieses Prozesses polarisiert. Steht die Gruppe der Teilnahme eher negativ gegenüber, werden die Gruppenmitglieder sich gegenseitig in ihrer Meinung übertreffen wollen und schließlich wird das Individuum bezüglich einer Teilnahme schwanken. Letztlich entscheidend ist bei der Motivation zur Teilnahme die bisher vorherrschende Meinung in der engeren Bezugsgruppe. Der Effekt der Gruppenpolarisation wird somit in den Erwartungen der zukünftigen Teilnehmer deutlich.

Diese Erkenntnisse zeigen, warum es wichtig ist, „Erwartungen und Emotionen bereits mit dem ersten Kontakt dramaturgisch und gezielt zu steuern“ (Kirchgeorg/Springer/Brühe 2009, S. 142) und im Vorfeld einer Veranstaltung ein „professionelles Sensation Management“ (Nickel/Esch 2007, S. 74) zu betreiben. Bei der jährlich stattfindenden Coca-Cola-Weihnachtstour emotionalisiert das Unternehmen die potentiellen Teilnehmergruppen, besonders die Familien, im Vorfeld sehr gezielt und stellt das Gruppenerlebnis der Marke in den Vordergrund. Durch die erste Ankündigung der Trucks sorgen diese für Gesprächsthemen und positiv gestimmte Erwartungen. So wird bereits vor der eigentlichen Maßnahme eine positive Haltung generiert.

Die Effekte der Gruppenpolarisation machen darüber hinaus deutlich, warum eine Serie aufeinander aufbauender Events wie die Coca-Cola-Weihnachtstour so erfolgreich ist: Die bisherigen, persönlichen Erfahrungen von Eventteilnehmern spielen im Prozess der Entscheidung zur Vorbewertung und Teilnahme eine besonders wichtige Rolle.

4.2 Interaktionsentscheidung und Bewertungsdiskussion während des Ereignisses

Hat sich die engere Bezugsgruppe bzw. ein Teil der engeren Bezugsgruppe entschlossen, an der Veranstaltung teilzunehmen, ist das Erleben dieser Veranstaltung für die Gruppenmitglieder stark von dem Grad der Interaktion geprägt.

Bei Veranstaltungen, die eine Gruppenteilnahme erfordern, bzw. zur Teilnahmebedingung machen, wie z. B. der DFB-adidas-Cup (vgl. Nufer 2007, S. 110), werden eine hohe Interaktion sowie eine positive Grundhaltung mit großer Wahrscheinlichkeit auftreten. Das Erleben ist jedoch subjektiv; das Alter, die persönlichen Interessen, die individuelle Lebenswelt u. ä. haben unterschiedliche emotionale Wirkungen auf die Mitglieder der Gruppe. Aufgrund des sozialen Vergleichs oder auch durch Persuasion im Austausch mit den positiv gesinnten Gruppenmitgliedern kann für diejenigen Teilnehmer, die bislang keinen Standpunkt vertreten, eine Angleichung der Meinung erfolgen: Sie vermeiden, sich die Blöße zu geben, indem sie trotz ihrer Überforderung mit der Situation bzw. Unschlüssigkeit dieselbe kritisieren. Sie schließen sich der allgemein gültigen Haltung an. Den positiv gestimmten Teilnehmern wird in diesem Kontext eine Vorbildfunktion zugeordnet. Die Auseinandersetzung kann in der direkten Diskussion oder auch konkludent erfolgen, indem die Teilnehmer ihrem Erleben handelnd Ausdruck verleihen (z. B. durch Lachen, Klatschen, Pfeifen), bzw. dieses beobachten.[9] Die Beurteilung des Erlebnisses zu dem wahrgenommenen Zeitpunkt erfolgt durch die Gruppe als Gesamtheit positiver als die Individualmeinungen der Teilnehmer. „Wird also während oder auch nach dem Event über eine Band, über die Umsetzung des Events oder aber auch den Spaß-Faktor diskutiert und geredet, schaukeln sich die Eventteilnehmer häufig gegenseitig immer höher[10], um die allgemeine Meinung der Gruppe […] noch intensiver zu vertreten als jeder andere. Somit steigt

---

9 Bette/Schimank (2000, S. 315) erläutern dieses anhand von Sportevents. Die Zuschauer beobachten nicht nur den Wettkampf oder die Athleten, sondern auch die Reaktionen der anderen Zuschauer, so beispielsweise die gemeinsame Freude bei einem Tor oder die Aggressionen bei einem Foul. „Man erfährt als Sportzuschauer unmittelbar, dass man mit vielen anderen gemeinsam leidet oder sich freut, und dass man dieselben Helden verehrt." (Bette/Schimank 2000, S. 315) Durch das kollektive Gesamterlebnis steigt die Bereitschaft, gruppen-spezifischen Normen zu folgen. Die Gruppenpolarisation wird somit begünstigt bzw. gestärkt.

10 Dieses Hochschaukeln beschreiben auch Bette/Schimank (2000, S. 313) anhand von Sportevents. Hierzu geben sie des Weiteren das Beispiel von Rock- oder Technokonzerten, welche ein ungehemmtes affektives Sich-Ausleben erlauben. Während es bei Events vornehmlich um positive Emotionen gehe, würde bei Sport auch Raum für Aggression geschaffen.

die Gruppenkohäsion und das gelungene Event wird in ein noch besseres Licht gerückt, als es eigentlich war. Denn dadurch, dass jeder Teilnehmer versucht, die anderen in seiner Wortwahl und in seinen Empfindungen zu überragen, wird die Veranstaltung unbewusst idealisiert" (Wolf/Jackson/Detlefsen 2011, S. 140), bzw. bestimmte Aspekte werden stärker verinnerlicht.[11]

Halten sich ganze Teilnehmergruppen sehr zurück und nehmen nur als Zuschauer teil, ist die Grundhaltung eher als negativ einzustufen. Schmidt/Binder/Deppermann (2000, S. 155ff.) untersuchten anhand des Air & Style Snowboard-Contests (1998) das Erleben und die kommunikative Vergegenwärtigung dieses Sport-Erlebnisses bei Jugendlichen. Eine wesentliche Erkenntnis war, dass sich die einzelnen Mitglieder der engeren Bezugsgruppe in ihrer Passivität bestärkten, respektive sich nicht trauten, einzugestehen, dass ihre Erwartungen nicht erfüllt wurden. Anstelle einer realistischen Betrachtung wurde die Ursache der Enttäuschung auf die Umstände projiziert, um so das Gruppenimage nicht zu gefährden und die Gruppensolidarität zu erhalten. Die Umstände wurden als Lösung für den Integrationsmangel und folglich den ungenügenden Erfolg des Ereignisses angesehen. Darüber hinaus verhinderte die Passivität der Gruppe den Austausch alternativer Standpunkte, die die negative Haltung der Gruppe zu der Veranstaltung als ungerechtfertigt hätte herausstellen können (vgl. Schmidt/Binder/Deppermann 2000, S. 121ff.).

Die hier beschriebenen Effekte der Gruppenpolarisation zeigen, wie wichtig es ist, alle Teilnehmergruppen aktiv am Eventgeschehen zu beteiligen. Die Interaktion sowohl innerhalb der engeren Bezugsgruppe als auch zwischen den verschiedenen Gruppen trägt zur Entstehung einer Eventgemeinschaft bei und führt zu einer positiven Verstärkung des Erlebnisses.

4.3 Beurteilung des Erlebnisses im Nachhinein

Auch in der Nachbetrachtung der Veranstaltung durch die Teilnehmer treten die Wirkungsweisen von sozialem Vergleich und Persuasion auf.

Zunächst reflektieren die Teilnehmer das Erlebte, hierbei betrachten sie v. a. Aspekte, die sie bereits vor der Veranstaltung mit dieser in Verbindung gebracht haben (vgl.

---

[11] So kommentierte Petri (2007, S. 288) das Universum Science Center Bremen mit den Worten: „Durch den Austausch mit anderen Besuchern über das gerade Erfahrene wird der Sinn einer Marke eher erkannt. Durch das direkte Gespräch mit anderen am Ort des Erlebten wird das neu erworbene Vertrauen in die Marke und deren Produkt beim Kunden nachhaltig gefestigt."

Kap. 4.1). Es wird dazu tendiert, „die Darstellung des eigenen Erlebens erwartungskongruent" (Schmidt/Binder/Deppermann 2000, S. 129) auszurichten, unabhängig von der Realität. Eine Vergegenwärtigung des Erlebten erfolgt daher selektiv.

„Gesucht wird nach dem Unalltäglichen und Alltagstranszendierenden des vergangenen Erlebnisses, das als unvergleichlich und extrem charakterisiert wird." (Schmidt/Binder/Deppermann 2000, S. 128) In der Gruppe verschiebt sich der Fokus zunehmend auf das gemeinsam Erlebte, es erfolgt eine gemeinsame Ausarbeitung dieser Außerordentlichkeit, bei der sich Darstellungen und Bewertungen gegenseitig zu übertrumpfen und extremisieren suchen (vgl. Schmidt/Binder/Deppermann 2000, S. 128f.). Die Wechselwirkungen innerhalb des kommunikativen Austausches lassen sich anhand von Sportereignissen wie folgt beschreiben: „Wenn Leute miteinander über gemeinsam erlebte Wettkämpfe reden, kommen all diese Facetten (gemeint sind u. a. emotionale Vergemeinschaftung, affektives Sich-Ausleben sowie das Begreifen des Selbst als Teil der Gemeinschaft; A.d.Vf.) ins Bewusstsein – was wiederum dazu motiviert, auch weiterhin ins Stadion zu gehen." (Bette/Schimank 2000, S. 316)

Besonders interessant ist, dass sich die Effekte der Gruppenpolarisation auch auf die nicht-teilnehmenden Bezugsgruppen der Teilnehmer auswirken. Diesen (tertiären) Zielgruppen gilt es von dem Erlebten zu berichten, sie zu überzeugen und eine Nachbewertung vorzunehmen. Es bildet sich dadurch eine erneute Gruppenmeinung, welche auf derjenigen der teilnehmenden Gruppenmitglieder aufbaut und die allgemeinen Erwartungen erfüllt oder sogar übersteigt. Diese wird längerfristig in der Gruppe verankert bleiben. Die deutlich subjektiven, polarisierten Erfahrungsberichte der Primärzielgruppe (Teilnehmer) sorgen für Diskussionspotential und setzen weitere Gruppenprozesse in Gang.

Betrachtet man diesen Einfluss der Teilnehmer auf die Meinung ihrer Bezugsgruppen unter Einbezug der sich rasant entwickelnden Informations- und Kommunikationstechnologien wird deutlich, dass die Effekte der Gruppenpolarisation weit über die primären Zielgruppen der Live-Kommunikation wirken.

Das Internet bietet vielfältige neue Interaktionsspielräume für Teilnehmer der Live-Kommunikation, eigene Erfahrungen weiterzugeben und Markenerlebnisse zu bewerten. Dazu zählen die Bereitstellung von Programminhalten (Informationen, Fotos, Videos etc.) zum Download, Online-Diskussionsforen, Blogs u. ä. „Durch den Einsatz von Virtual Communication lässt sich die Wirkung von Live Communication um ein

Vielfaches steigern. So wird [...] ein größeres Zielpublikum erreicht und die Reichweite von Veranstaltungen erheblich verlängert." (Kirchgeorg et al. 2010, S. 12)

Interaktive Erlebniskommunikation geht folglich immer stärker vom Kunden aus (vgl. Blankenberg et al. 2012, S. 54). Die Berichterstattung der Sekundär-zielgruppe (indirekte Teilnehmer, z. B. Presse) hat dagegen geringere Einflüsse, weil die Effekte der Gruppenpolarisation nicht wirken.

5 Fazit

Der Beitrag zeigt, dass die Kommunikation innerhalb der Gruppe über Wahrnehmung und Bewertung des Erlebten entscheidet, sie gewährleistet das Wirken von Gruppenpolarisation und kann, abhängig von der in der Gruppe vorherrschenden Meinung, gefördert bzw. ausgenutzt oder aber erschwert bzw. verhindert werden.

Ein erweitertes Verständnis des Teilnehmers versteht diesen nicht nur als Individuum, sondern als Element seiner sozialen Umwelt. Es ist nicht nur seine individuelle Meinung, die eine Live-Kommunikations-Maßnahme zum Erfolg führen kann, vielmehr ist es die Meinung der Gruppen, denen er sich zugehörig fühlt.

Aus diesem Grund ist es empfehlenswert, Gruppenaspekte bereits im Planungsprozess zu berücksichtigen, d. h. innerhalb einer Zielgruppenanalyse Gruppenzugehörigkeiten zu analysieren, wenn dieses auch nur in Ansätzen möglich ist. Dieses umfasst beispielsweise soziale Normen, individuelle und gruppenspezifische Ziele oder auch gruppenspezifische Verhaltensweisen wie etwa das Informationsverhalten. Es sollte berücksichtigt werden, welche Gruppenstrukturen innerhalb der Zielgruppe(n) bestehen, wie sie sich ggf. im Laufe der Veranstaltung verändern und welche Bedeutung sie konkret für diese Zielgruppe(n) haben. So werden Jugendliche als Zielgruppe auf andere Art und Weise durch ihre sozialen Gruppen beeinflusst als es bei Geschäftsleuten der Fall ist.

Die Maßnahmen der Live-Kommunikation sollten optimal an das Gruppengefüge angepasst und die Interaktion innerhalb und zwischen Gruppen gefördert werden, um Gruppenphänomene gezielt zu nutzen. Auf diese Weise können Wirkungen der Live-Kommunikation mithilfe der Gruppenpolarisation beeinflusst und die Effektivität der Maßnahmen gesteigert werden.

Literaturverzeichnis

ARONSON, E.; WILSON, T. D.; AKERT, R. M. (2008): Sozialpsychologie, 6. Aufl., München 2008.

AUMA (Hrsg.) (2010): Erfolgreiche Messebeteiligung, Teil 1: Grundlagen, Berlin 2010.

BETTE, K. H.; SCHIMANK, U. (2000): Sportevents. Eine Verschränkung von „erster" und „zweiter Moderne", in: Gebhardt, W.; Hitzler, R.; Pfadenhauer, M. (Hrsg.): Events. Soziologie des Außergewöhnlichen, Opladen 2000, S. 307-324.

BIERHOFF, H.-W. (2000): Sozialpsychologie: Ein Lehrbuch, 5. Aufl., Stuttgart 2000.

BLANKENBERG, N.; BARTSCH, S.; FICHTEL, S.; MEYER, A. (2012): Die menschliche Kraft der Marke. Bedeutung und Management der interaktionsorientierten Markenführung, in: Bauer, H.; Heinrich, D.; Samak, M. (Hrsg.): Erlebniskommunikation. Erfolgsfaktoren für die Marketingpraxis, Berlin, Heidelberg 2012, S. 53-72.

CROTT, H. (1979): Soziale Interaktion und Gruppenprozesse, Stuttgart 1979.

HOFSTÄTTER, P. (1957): Gruppendynamik. Die Kritik der Massenpsychologie, Hamburg 1957.

KIRCHGEORG, M.; BRUHN, M.; HARTMANN, D. (2011): Live Communication im Wandel der Kommunikationsportfolios – Substitution oder Integration?, in: MRSG Marketing Review St. Gallen, Sonderheft Live Communication, 28. Jg., 2011, Nr. 2, S. 7–13.

KIRCHGEORG, M.; ERMER, B.; BRÜHE, C.; HARTMANN, D. (2010): live@virtuell – neue Formen des Kundendialogs, LiveTrends 2009; 10, Leipzig, Köln 2010.

KIRCHGEORG, M.; SPRINGER, C.; BRÜHE, C. (2009): Live Communication Management. Ein strategischer Leitfaden zur Konzeption, Umsetzung und Erfolgskontrolle, Wiesbaden 2009.

NICKEL, O. (2007): Marketingevents in der Praxis: ein Überblick, in: Nickel, O. (Hrsg.): Eventmarketing: Grundlagen und Erfolgsbeispiele, 2. Aufl., München 2007, S. 165-186.

NICKEL, O.; ESCH, F.-R. (2007): Markentechnische und verhaltenswissenschaftliche Aspekte erfolgreicher Marketingevents, in: Nickel, O. (Hrsg.): Eventmarketing: Grundlagen und Erfolgsbeispiele, 2. Aufl., München 2007, S. 53-79.

NUFER, G. (2007): Event-Marketing und -Management. Theorie und Praxis unter besonderer Berücksichtigung von Imagewirkungen, 3. Aufl., Wiesbaden 2007.

PETRI, C. (2007): Universum Science Center Bremen: Erkenntnis als Erlebnis, in: Nickel, O. (Hrsg.): Eventmarketing: Grundlagen und Erfolgsbeispiele, 2. Aufl.,

München 2007, S. 279-292.

SADER, M. (2008): Psychologie der Gruppe, 9. Aufl., Weinheim, München 2008.

SCHMIDT, A.; BINDER J.; DEPPERMANN, A. (2000): Wie ein Event ein Event wird. Ein Snow-Board-Contest im Erleben und in der kommunikativen Vergegenwärtigung Jugendlicher, in: Gebhardt, W.; Hitzler, R.; Pfadenhauer, M. (Hrsg.): Events. Soziologie des Außergewöhnlichen, Opladen 2000, S. 115-136.

SISTENICH, F. (1999): Eventmarketing - Ein innovatives Instrument zur Metakommunikation in Unternehmen, Wiesbaden 1999.

WENNINGER, R. (2010): Lexikon der Psychologie in fünf Bänden, Bd. 2, Heidelberg 2010.

WOLF, A.; JACKSON, U.; DETLEFSEN, K. (2011): Eventmarketing unter sozialpsychologischer Betrachtung - Gruppenerlebnisse in der Live-Kommunikation, in: Zanger, C. (Hrsg.): Erfolg mit nachhaltigen Eventkonzepten. Tagungsband zur 2. Konferenz für Eventforschung an der TU Chemnitz, Wiesbaden 2011, S. 127-143.

ZANGER, C. (2007): Eventmarketing als Kommunikationsinstrument – Entwicklungsstand in Wissenschaft und Praxis, in: Nickel, O. (Hrsg.): Eventmarketing: Grundlagen und Erfolgsbeispiele, 2. Aufl., München 2007, S. 3-16.

Jan Drengner, Steffen Jahn, Pia Furchheim

Die Eignung von Social Networking-Plattformen für die Ablaufkontrolle von Events: Eine empirische Untersuchung unter Rückgriff auf die Erlebnisqualität

1 Einleitung

Mit der Durchführung von Veranstaltungen verfolgen Unternehmen im Wesentlichen zwei Zielstellungen. Einerseits kann die **kommerzielle Vermarktung** einer oder mehrerer Veranstaltungen an verschiedene Zielgruppen (z. B. Besucher, Medien, Sponsoren) ein wesentlicher Geschäftszweck sein, um den wirtschaftlichen Erfolg des Unternehmens zu sichern. Andererseits inszenieren Firmen eigene Veranstaltungen im Sinne eines **Kommunikationsinstrumentes**, wobei mit Hilfe dieses sog. Eventmarketings vorher definierte Kommunikationsziele (z. B. Aufbau von Bekanntheit, Imagebeeinflussung, Beziehungspflege) erreicht werden sollen (vgl. Zanger/Drengner 2009, S. 197f.). Bedingt durch die zunehmende Nutzung von Social Networking-Plattformen (z. B. *Facebook*), Videoportalen (z. B. *Youtube*) oder Microblogging-Diensten (z. B. *Twitter*) durch die Konsumenten verknüpfen in beiden Fällen immer mehr Unternehmen ihre Events mit solchen Social Media-Angeboten, um ihre Veranstaltungen zu optimieren und die gesetzten Ziele besser zu erreichen (vgl. Amiando 2012). Beispielsweise lassen sich so die Interaktionen mit den Zielgruppen intensivieren, die Reichweite der Veranstaltung erhöhen oder die Kundenbindung verbessern (vgl. Jahn/Zanger 2013, S. 260).

Während der Einsatz von Social Media als Instrument der veranstaltungsbegleitenden Kommunikation in der Eventforschung bereits diskutiert wird (vgl. Jahn/Zanger 2013; Zanger 2013; Hartmann 2012), bleiben die potentiellen Einsatzmöglichkeiten dieses Mediums im Rahmen des **Eventcontrollings** bisher unberücksichtigt. So berichten die Eventbesucher zum Beispiel auf Facebook oder Twitter häufig über ihre mit der Veranstaltung verknüpften Erlebnisse (vgl. Drengner/Jahn/Furchheim 2013; Marwick/ Boyd 2011). Indem sie dabei beispielsweise Kritik äußern, ihre auf dem Event erlebten Emotionen offenlegen oder auf Verbesserungspotentiale hinweisen, bieten sie dem Veranstalter die Chance eines tieferen Einblicks in die zielgruppenspezifische Bewertung der Qualität seines Events.

Vor diesem Hintergrund untersucht der folgende Beitrag Möglichkeiten des Social Media-Einsatzes im Eventcontrolling. Im Mittelpunkt steht dabei insbesondere die Frage, in welchem Umfang sich Social Networking-Plattformen (z. B. Facebook, Google+) im Rahmen der sog. Ablaufkontrolle – als ein Bestandteil des Eventcontrollings – zur Analyse der **Erlebnisqualität** einer Veranstaltung eignen.

Der folgende Abschnitt gibt einen Überblick über potentielle Nutzungsmöglichkeiten von Social Networking-Plattformen im Eventcontrolling, wobei die Ablaufkontrolle den Schwerpunkt der Ausführungen bildet. Im Anschluss wird begründet, warum es sinnvoll ist, sich mit den Erlebnissen der Eventbesucher im Rahmen der Ablaufkontrolle auseinanderzusetzen. Weiterhin erfolgt die Konzeptualisierung des Konstruktes der Erlebnisqualität. Darauf aufbauend zeigt eine Fallstudie am Beispiel der Facebook-Seite eines kommerziell ausgerichteten Events, wie sich die Erlebnisqualität von Veranstaltungen anhand der Nutzerbeiträge auf der Social Networking-Plattform analysieren lässt. Die auf diesem Weg gewonnenen empirischen Ergebnisse dienen im fünften Abschnitt als Ausgangspunkt für die Ableitung von Handlungsempfehlungen. Der Beitrag schließt mit einer Diskussion der gewonnenen Erkenntnisse für die Eventforschung und -praxis.

2 Der Einsatz von Social Networking-Plattformen im Eventcontrolling

Bei einer Social Networking-Plattform (SN-Plattform) handelt es sich um ein softwaregestütztes und internetbasiertes Dienstleistungsangebot, mit dessen Hilfe registrierte Benutzer weltweit unterschiedliche Arten von Informationen (z. B. Texte, Bilder, Videos, Verweise auf Internetseiten) austauschen können (vgl. Boyd/Ellison 2007, S. 211). Auch die Organisatoren von Events können auf solchen Plattformen eigene, auf ihre Veranstaltung bezogene „Fan-Seiten“ einrichten, um somit **Kontaktpunkte** zu ihren (potentiellen) Kunden zu schaffen und den veranstaltungsbezogenen Wertschöpfungsprozess zu intensivieren (vgl. Drengner/Jahn/Furchheim 2013). Nutzen die Eventteilnehmer diese Kontaktpunkte, so bilden die dabei anfallenden Informationen eine potentielle Datenquelle für das Eventcontrolling.

Eventcontrolling unterstützt systematisch das Eventmanagement bei der Planung, Steuerung und Kontrolle strategischer und operativer Entscheidungen, um den Erfolg einer Veranstaltung abzusichern. Generell umfasst es drei Komponenten: die Erfolgskontrolle, das Auditing und die Ablaufkontrolle (vgl. Drengner 2007, S. 144ff.). Die **Erfolgskontrolle** findet nach Abschluss der Veranstaltung statt, indem sowohl der Grad der Erreichung des gesetzten Veranstaltungsziels (Effektivität) als auch die Wirtschaftlichkeit der Zielerreichung (Effizienz) geprüft werden. Die über eine SN-Plattform gewonnen Informationen eignen sich dabei hauptsächlich zur Kontrolle der Effektivität. Besteht das zu erreichende Veranstaltungsziel beispielsweise darin, die Zahl der Eventbesucher zu optimieren, kann das Unternehmen das Weiterempfehlungsverhalten der bisherigen Besucher auf der SN-Plattform beobachten, um daraus Rückschlüsse auf die Kundenzufriedenheit und das zukünftige Besuchsverhalten zu ziehen. Im Falle des Eventmarketings lässt sich außerdem feststellen, ob die Veranstaltungsteilnehmer in ihren Interaktionen auf die während des Marketing-Events vermittelten Inhalte zurückgreifen. Damit kann das Unternehmen prüfen, inwiefern seine Zielgruppen die zu vermittelnde Eventbotschaft auch wirklich aufgenommen und verinnerlicht haben (z. B. Wurden während des Events bestimmte Markenassoziationen gelernt?).

Eine zweite Komponente des Eventcontrollings ist das **Auditing**, welches die veranstaltungsbegleitende kritische Analyse und Revision strategischer und operativer Managemententscheidungen bezüglich deren Wirkungen auf den Eventerfolg betrifft (vgl. Drengner 2007, S. 144f.). Dies soll insbesondere in der Planungsphase der Veranstaltung mögliche Fehlentwicklungen frühzeitig aufdecken und beheben (Überwachungsfunktion) sowie helfen, ex post potentielle Ursachen für den Erfolg bzw. Misserfolg offenzulegen (Diagnosefunktion). Da das Auditing vor allem auf interne Vorgänge des Veranstalters abzielt, bietet die Analyse der durch externe Zielgruppen genutzten SN-Plattform für diesen Bereich des Eventcontrollings keine Einsatzmöglichkeiten.

Die **Ablaufkontrolle**, welche ebenfalls begleitend zur gesamten Veranstaltung (inkl. Vorfeldkommunikation und Nachbereitung) stattfindet, bezieht sich als dritte Komponente des Eventcontrollings auf die operative Umsetzung einer Veranstaltung (vgl. Drengner 2007, S. 145). Ähnlich dem Auditing erfüllt sie sowohl eine Überwachungs- als auch eine Diagnosefunktion. Geeignete Methoden sind zum einen Checklisten zur besseren Strukturierung der Arbeit des Personals sowie zum anderen Analysen der **Rückmeldungen der Eventteilnehmer**. Diese Rückmeldungen können Veranstalter beispielsweise aus „klassischen" Zufriedenheitsbefragungen oder Beobachtungen des Verhaltens ihrer Zielgruppen gewinnen. Eine weitere Informationsquelle bilden die Äußerungen der Nutzer veranstaltungsbezogener Fan-Seiten auf SN-Plattformen. Diese Social Media-Angebote fungieren zunächst als Instrument der Beschwerdestimulierung (vgl. Hogreve/Eller/Firmhofer 2013, S. 534), indem die Eventbesucher dort ihre Unzufriedenheit kostengünstig und bequem artikulieren können (vgl. Hadwich/Becker 2013, S. 567). Jedoch äußern sich die Nutzer solcher Interaktionsplattformen nicht zwangsweise nur negativ, sondern sie geben auch konstruktive Hinweise zur Optimierung der Veranstaltung, berichten über ihre positiven Erlebnisse während des Events oder suchen Rat beim Unternehmen bzw. bei anderen Konsumenten (vgl. Drengner/Jahn/Furchheim 2013, S. 227f.). Durch eine **systematische Beobachtung und**

Auswertung der dabei anfallenden Informationen kann das Unternehmen Verbesserungspotentiale im Ablauf der Veranstaltung erkennen, eventuellen Fehlentwicklungen gegensteuern oder Möglichkeiten zur Optimierung zukünftiger Veranstaltungen eruieren.

Da insbesondere Events aufgrund ihrer zeitlichen Beschränkung eine schnelle Reaktion auf die Zielgruppenwünsche erfordern, kann die Beobachtung der Aktivitäten der Konsumenten auf einer SN-Plattform im Rahmen der Ablaufkontrolle zunächst im Sinne der **Überwachungsfunktion** zum Einsatz kommen. In diesem Fall gibt das Monitoring der Beiträge der Plattformnutzer dem Veranstalter die Möglichkeit, noch während des Events auf eventuelle Kritikpunkte zu reagieren. Ein solches Vorgehen ist einerseits dann empfehlenswert, wenn die Besucher bereits während der Veranstaltung über ihre Konsumerlebnisse berichten (z. B. während eines Festivals). Andererseits lassen sich SN-Plattformen bei solchen Events nutzen, die mit gleichbleibenden Inhalten wiederholt über einen längeren Zeitraum durchgeführt werden (z. B. Road Shows). Dabei sind insbesondere auch die Äußerungen von den Konsumenten wichtig, die die Veranstaltung bereits in der Vergangenheit besucht haben.

Darüber hinaus bietet es sich im Rahmen der Ablaufkontrolle an, die Äußerungen der Nutzer von SN-Plattformen nach Beendigung einer Veranstaltung bzw. einer Event-Serie ausführlicher auszuwerten. In diesem Fall erfüllen die Daten eine **Diagnosefunktion**, um sowohl Ursachen für den Erfolg bzw. Misserfolg der Veranstaltung festzustellen als auch darauf aufbauend Verbesserungspotentiale für zukünftige Events zu erkennen.

Beim Einsatz von SN-Plattformen als **veranstaltungsbegleitendes Monitoring-Instrument** (Überwachungsfunktion) verfügen Eventorganisatoren vermutlich nur selten über die Zeit für eine systematische und tiefgründige Analyse des vorliegenden Datenmaterials. Vielmehr ist davon auszugehen, dass sie im Rahmen des operativen Eventmanagements mehr oder weniger ad hoc auf die Posts der Konsumenten reagieren müssen. Im Gegensatz dazu ist **nach Abschluss der Veranstaltung** eine systematische Auswertung der Beiträge der Nutzer der SN-Plattform möglich (Diagnosefunktion).

Aus methodischer Sicht liegt ein wesentliches Problem bei der **systematischen Auswertung** darin, dass die Äußerungen der Konsumenten in unstrukturierter Form vorliegen. Wie bei jeder Analyse qualitativer Daten ist somit eine Aufbereitung der vorliegenden Inhalte notwendig. Diese Aufbereitung kann dabei auf der „natürlichen“

Struktur der vorliegenden Daten aufbauen, indem die Äußerungen der Konsumenten zu sinnvollen Einheiten zusammengefasst werden. Hier bietet es sich an, **inhaltlich selbständige Beiträge** (z. B. Posts und Kommentare bei Facebook, Tweets und Re-Tweets bei Twitter) **als Analyseeinheiten** zu nutzen (vgl. Kozinets 2010, S. 86f.). Anschließend können diese Beiträge mittels der folgenden Fragen inhaltlich analysiert werden:

- Auf welche **Leistungsmerkmale** der Veranstaltung bezieht sich der Beitrag?
- Welche **Valenz** (positiv, neutral, negativ) weist der Beitrag auf?

Während die Bewertung der Valenz eines Beitrags vergleichsweise wenige Probleme bereitet, erscheint die **inhaltliche Differenzierung** der einzelnen Beiträge bezüglich der Leistungsmerkmale der Veranstaltung schwieriger. Dies liegt darin begründet, dass es sich bei Events per se um komplexe Leistungen handelt, was wiederum in vielfältigen und differenzierten Äußerungen der Nutzer der SN-Plattform resultieren kann. Einen möglichen Ansatzpunkt zur besseren Systematisierung der Social Media-Beiträge bieten Lemke, Clark und Wilson (2011), die in einer empirischen Studie 14 Kategorien zur Beschreibung der sog. **Erlebnisqualität** von Sach- und Dienstleistungen herausarbeiten. Im folgenden Abschnitt werden sowohl das Konzept der Erlebnisqualität als auch diese Kategorien erörtert.

3 Das Konzept der Erlebnisqualität als Ansatz zur Beurteilung von Events

Die Notwendigkeit, die Qualität der bei einem Event auftretenden **Konsumerlebnisse** zu analysieren, lässt sich aus zwei Perspektiven begründen. Der erste Argumentationsstrang beruht auf der Erkenntnis der **Eventforschung**, wonach die Erlebnisse der Veranstaltungsbesucher als zentraler Wirkungsmechanismus von Events gelten (vgl. Jahn/Drengner 2013; Drengner/Jahn 2012; Weinberg/Nickel 2007; Gebhardt 2000, S. 19f.). Unter einem Erlebnis wird dabei ein Phänomen verstanden, welches sich durch seinen nicht-alltäglichen Charakter auszeichnet (vgl. Drengner/Jahn 2012; Gebhardt 2000, S. 19f.). Demgemäß empfinden die Konsumenten die durch einen Veranstaltungsbesuch ausgelösten Erlebnisse als etwas Besonderes, was wiederum mit entsprechenden Wirkungen für den Eventerfolg (z. B. stärkere Aktivierung der Eventteilnehmer, Wiederbesuchsabsicht) einhergeht (vgl. Drengner/Jahn 2012; Zanger/Drengner 2009, S. 189). Studien, die dieser Sichtweise folgen, legen den Begriff der Erlebnisqualität i. S. der **Beschaffenheit** eines Erlebnisses aus. Sie versuchen somit die Frage zu beantworten, **was** unter einem Erlebnis zu verstehen ist. Gestützt auf theoretische Erkenntnisse aus der Psychologie (z. B. *Computational Theory of Mind* nach Pinker 1997; Konzept des Flow-Erlebens nach Csikszentmihalyi 1975) konnten diese Forschungen verschiedene Facetten identifizieren, anhand derer sich die Art eines Erlebnisses inhaltlich näher beschreiben lässt (z. B. als Kombination aus Emotionen, sensorischen und relationalen Erfahrungen)[1] (vgl. Jahn/Drengner 2013; Drengner/Jahn 2012; Schmitt 1999).

Der zweite Argumentationsstrang zur Begründung der Wichtigkeit des Erlebniskonzeptes basiert auf eher abstrakten Erkenntnissen der **Marketingtheorie**. Demnach spielen Konsumerlebnisse eine zentrale Rolle für das Verstehen von Wertschöpfungsprozessen, da die Beurteilung des Wertes einer Leistung (z. B. Event) letztlich auf den Erlebnissen des Konsumenten während der Nutzung dieser Leistung beruht (vgl. Vargo/Lusch 2004; Holbrook 1994). Im Gegensatz zur Perspektive der Eventforschung wird hier der Erlebnisbegriff weiter gefasst, indem nicht nur außergewöhnliche, sondern sämtliche Konsumsituationen Berücksichtigung finden (vgl. Carù/Cova 2003; Holbrook 1987). Untersuchungen, die dieser Sichtweise folgen, betrachten das Phänomen der Erlebnisqualität i. S. der **Bewertung** verschiedener, für das Erleben relevanter Stimuli (vgl. Fließ/Wittko/Schmelter 2012; Mink/Georgi 2012; Lemke/Clark/Wilson 2011; Grewal/Levy/Kumar 2009; Verhoef et al. 2009). Die Stimulibewertung wird dabei zu einem Urteil über die Exzellenz eines Konsumerlebnisses verdichtet (vgl. Lemke/Clark/Wilson 2011, S. 847). Folglich gibt die Erlebnisqualität Aufschluss darüber, **welche Merkmale** einer Leistung das (positive oder negative) Konsumerlebnis einer Person prägen und damit die Wahrnehmung des Wertes dieser Leistung beeinflussen. Ähnlich der Konzeptualisierung der Qualität einer Dienstleistung (die sog. Service Quality; vgl. Parasuraman/Zeithaml/Berry 1985) wird dabei versucht, die Erlebnisqualität anhand definierter Parameter zu bestimmen. Im Gegensatz zum Konzept der Dienstleistungsqualität liegt dabei der Fokus jedoch nicht auf einer klar definierten Transaktion zwischen dem Anbieter einer Leistung und dem Konsumenten. Vielmehr werden **alle Kontaktpunkte** in die Analyse einbezogen, die das Konsumerlebnis einer Person in Hinblick auf die Leistung determinieren. In einer empirischen Studie leiten Lemke, Clark und Wilson (2011) die in der folgenden Tabelle dargestellten Kontaktpunkte und die dazugehörigen Kategorien zur Analyse der Er-

---

[1] Eine ausführliche Beschreibung ausgewählte Erlebnisfacetten findet sich in dem Beitrag von Drengner (2013) in diesem Sammelband.

lebnisqualität ab. Im Vergleich zur Dienstleistungsqualität sind bei dieser Konzeptualisierung jedoch nicht nur die unmittelbar mit der Leistung verknüpften Erlebnisse (I) von Bedeutung, sondern auch die Kontakte zu Kommunikationsmaßnahmen des Anbieters (II) sowie die durch das Unternehmen schwer kontrollierbaren Kontakte mit anderen Konsumenten (III).

Tab. 1: Die Kontaktpunkte und Kategorien zur Konzeptualisierung der Erlebnisqualität nach Lemke/Clark/Wilson (2011)

Kontaktpunkt	**Kategorien der Erlebnisqualität**	**Beschreibung** Ausmaß, in dem der Konsument den Eindruck hat, dass...
I. Leistungserbringung	1. Angebotsbreite	...das Unternehmen eine angemessene Auswahl an Leistungen zur Verfügung stellt.
	2. Preis-Leistungs-Verhältnis	...das Unternehmen ein angemessenes Preis-Leistungs-Verhältnis bietet.
	3. Hilfsbereitschaft	...sich die Mitarbeiter hilfsbereit, unterstützend und fürsorglich verhalten.
	4. Unterstützungsprozesse	... die Mitarbeiter die nötige Befugnis besitzen, auf Probleme des Konsumenten zu reagieren.
	5. Zuverlässigkeit	...das Unternehmen verlässlich ist und sich durch ein konsistentes Verhalten auszeichnet
	6. Zugänglichkeit	...es zu jeder Zeit möglich ist, zu dem Unternehmen Kontakt aufzunehmen.
	7. Zeitersparnis	...das Unternehmen stets darum bemüht ist, seine Zeit nicht über Gebühr zu beanspruchen.
	8. Atmosphäre	...das Unternehmen eine angenehme und entspannte physische Atmosphäre schafft.
	9. Personalisierung	...das Unternehmen persönlich mit den Kunden umgeht und sich bemüht, kundenindividuelle Lösungen anzubieten.
	10. Kompetenz	...das Unternehmen (bzw. seine Mitarbeiter) über die Kompetenz und Erfahrung verfügt, dem Konsumenten Wert zu stiften.
II. Kommunikation	1. Dialogorientierung	...im gesamten Unternehmen und über alle Phasen des Kundenkontakts eine klare, offene, proaktive und dialogische Kommunikation mit den Konsumenten erfolgt.
	2. Beziehungsinteresse	...das Unternehmen die langfristige Beziehung zu dem Konsumenten wertschätzt und entsprechende Maßnahmen zur Erhaltung dieser Beziehung unternimmt.
III. andere Nutzer	1. Beziehungen zu anderen Konsumenten	... andere Kunden seinen Prozess der Wertschöpfung beeinflussen.
	2. Sozialer Einfluss	...die Leistungen des Unternehmens das Image des Konsumenten beeinflussen.

Die in Tabelle 1 dargestellten Kategorien zur Beschreibung der Erlebnisqualität lassen sich auch auf **Veranstaltungen** übertragen. So betreffen die unter Kontaktpunkt I subsumierten Kategorien die **unmittelbar mit dem Event verbundenen Erlebnisse** (z. B. hilfsbereite Mitarbeiter, lange Wartezeiten, einzigartige Atmosphäre der Eventlocation). Kontaktpunkt II fasst die Erlebnisse der Konsumenten zusammen, die beim **Kontakt mit veranstaltungsbezogenen Kommunikationsmaßnahmen** entstehen (z. B. Einladung der Eventteilnehmer, Auftritt des Veranstalters auf einer SN-Plattform). Der dritte Kontaktpunkt bezieht sich schließlich auf die Erlebnisse, die auf **Interaktionen mit anderen Konsumenten** beruhen. Dabei findet mit Kategorie III.1. die Erkenntnis der Eventforschung Berücksichtigung, dass bei Events die Anwesenheit anderer Konsumenten die Wertschöpfungsprozesse des Einzelnen beeinflusst (z. B. einzigartige Stimmung durch gemeinsames Jubeln, lange Wartezeiten wegen Überfüllung) (vgl. Drengner/Jahn/Gaus 2012; Schlesinger 2010; Pons/Laroche/Mourali 2006). Kategorie III.2 berücksichtigt hingegen sozial konstruierte Erlebnisse, die auf den Reaktionen anderer Konsumenten auf den Veranstaltungsbesuch einer Person basieren (vgl. Richins 1999, S. 88). Hierzu zählt beispielsweise der Prestigegewinn im sozialen Umfeld durch die Teilnahme an einem exklusiven Event.

Um die Eignung des Konstruktes der Erlebnisqualität für die Beschreibung der Leistungsmerkmale eines Events im Rahmen der Ablaufkontrolle zu illustrieren, wird im folgenden Abschnitt eine empirische Fallstudie dargestellt. Dabei wird das Eventteilnehmer-Feedback mit Hilfe der in Tabelle 1 aufgeführten Kategorien zur Beschreibung der Erlebnisqualität strukturiert.

4 Empirische Studie

4.1 Untersuchungsgegenstand und Methodik

Als Untersuchungsobjekt diente die kommerzielle Veranstaltung ***1000 FUNKEL – Die Funkelstadt*** (im Weiteren 1000 FUNKEL). Dabei handelt es sich um eine weihnachtliche Erlebniswelt, die im Zeitraum von Ende November bis Ende Dezember 2011 in Dresden stattfand. Auf einer Fläche von insgesamt 15.000 qm konnten die Besucher in beheizten Zelten sowie auf einem großen Open-Air-Gelände unterschiedliche weihnachtliche und märchenhafte Themenwelten (z. B. begehbarer Märchenwald, Märchenhafen mit großem Segelschiff, Winterzauberplatz, nostalgisches Scherenschnittviertel, Jahrmarkt der Träume) erleben. Zusätzlich wurden dekorierte Händlergassen, Themenrestaurants sowie zahlreiche Inszenierungen und themenbezogene Aufführungen (wie z. B. Bühnenshows mit Tanz oder Akrobatik, Märchen- und Riesenfiguren, Märchenerzähler) geboten.

Vier Monate vor der Eröffnung der Erlebniswelt richtete der Veranstalter auf Facebook eine **Fan-Seite** unter dem Markennamen „1000 FUNKEL“ ein. Für die vorliegende Untersuchung war die Seite deshalb interessant, da sie nicht nur als Informationsplattform des Anbieters fungierte, sondern vielmehr ein Forum bot, in dem sich alle Akteure (Besucher, potentielle Besucher, Händler, Veranstalter) austauschten. Bis zum Ende der Veranstaltung im Dezember 2011 stieg die Anzahl der „Fans“ auf knapp 10.000.

Für die empirische Analyse der Erlebnisqualität wurde die Methode der **Netnographie** gewählt. Dabei handelt es sich um eine Form der qualitativen Marktforschung, die in Anlehnung an die interpretativen Methoden der Ethnographie das Verbraucherverhalten in Konsum(sub)kulturen und Online Communities erforscht (vgl. Kozinets 2010). Im Zentrum der Analyse standen die insgesamt 2.803 Posts auf der Facebook-Seite, die im Zeitraum von August bis Dezember 2011 vom Veranstalter (16% aller Posts) und den Nutzern der Social Networking-Plattform (84% aller Posts) verfasst wurden. Die analysierten Posts umfassten dabei sowohl inhaltlich selbständige Beiträge als auch die Reaktionen auf Beiträge in Form von Kommentaren.

Das vorliegende Datenmaterial wurde mittels **qualitativer Inhaltsanalyse** (vgl. Mayring/Brunner 2009) strukturiert, wobei das dafür notwendige Kategoriensystem (inkl. Kodierleitfaden) auf den von Lemke, Clark und Wilson (2011) identifizierten Kategorien der Erlebnisqualität basierte. Zur Validierung des Kategoriensystems kodierten drei Personen unabhängig voneinander die 2.803 Facebook-Beiträge. Im abschließenden multipersonalen Diskurs (vgl. Kepper 1996, S. 207) entstanden die im folgenden Abschnitt dargestellten Ergebnisse.

4.2 Ergebnisse

Die Analyse der Daten zeigt, dass sich auf der untersuchten Facebook-Seite Informationen zu fast allen Kategorien zur Beschreibung der Erlebnisqualität des Events finden lassen (vgl. Tab. 2). Zahlreiche Beiträge der Konsumenten betrafen die **Leistungserbringung** (Kontaktpunkt I), indem sie über das Event berichteten und sowohl Lob als auch Kritik äußerten. Dies galt beispielsweise für Bewertungen der *Angebotsbreite* (Kategorie I.1) (z. B. „*Das Angebot ist wirklich toll, vor allem für die Kinder*“ vs. „*Gefehlt hat mir ein Angebot für unsere Kleinen in Form eines Karussell, (künstl.) Rodelbahn oder Ähnlichem*“) sowie des *Preis-Leistungs-Verhältnisses* (Kategorie I.2.) (z. B. „*Also das Geld war es extrem wert*“ vs. „*Die Preise sind unangemessen hoch*“). Neben solchen Beschreibungen des Ist-Zustandes, gaben einige Konsumenten zusätzlich konkrete Hinweise, wie sich die entsprechende Erlebnisqualität verbessern lässt (z. B. „*Ich habe noch ein paar Ideen für das nächste Mal, z. B. Im Märchenhafen eine Trapez-Show über den Köpfen der Zuschauer oder draußen eine Pferdekutschenfahrt* *und ein Streichelzoo und im Märchenwald eine Elfenlichtung mit Tänzerinnen und einem lebendigen Einhorn."*).

Tab. 2: Zuordnung der Social Media-Beiträge zu den Kategorien der Erlebnisqualität des Events

Kontaktpunkt	Kategorien der Erlebnisqualität	Beispiele für Nutzerbeiträge
I. Leistungserbringung	1. Angebotsbreite	*„Wir waren begeistert von den fantastischen Shows an jeder Ecke, den wunderschönen und mit viel Liebe gestalteten Riesenfiguren und den traumhaften Themenwelten."*
	2. Preis-Leistungs-Verhältnis	*„Wir waren am Wochenende mit der Familie bei Euch, fanden die Eintrittspreise für Erwachsene ganz schön hoch. [...] Vielleicht auch mal darüber nachdenken, ob es Sinn macht, Kinder schon ab 1 Jahr mit Eintritt zu belegen!"*
	3. Hilfsbereitschaft	*„An die Mitarbeiter der Funkelstadt: ich möchte mich auf diesem Wege erst mal ganz herzlich bei Ihnen bedanken für die liebe Betreuung von meiner Mutter... Trotzdem Sie mit Sicherheit super viel um die Ohren haben, haben Sie es uns nicht spüren lassen und waren immer für sie da. Ein ganz liebes und großes Dankeschön."*
	4. Unterstützungsprozesse	Nutzer: *„Mein kleiner Neffe hat gestern Abend bei euch sein Mützchen verloren ☹ habt ihr es vielleicht gefunden oder ist es abgegeben worden?"* Veranstalter: *„Wir haben hier ein Fundbüro. Wie sieht die gesuchte Mütze denn aus?"* Nutzer: *„Die Farbe der Mütze ist grün und braun und hat weiße und rote Streifen drauf. Sie muss im Märchenland verloren gegangen sein. Danke."* Veranstalter: *„Wir schauen nach und melden uns wieder."* Nutzer: *„Vielen Dank! (Ich habe ein Foto des passenden Schals.)"* Veranstalter: *„Solch eine Mütze ist leider noch nicht abgegeben worden. Wir haben gerade im Fundbüro nachgeschaut. Sobald wir eine solche finden, melden wir uns."* Händler: *„Sie liegt bei mir am Merchandise-Stand. Ich geb sie morgen ins Fundbüro, wo ihr sie euch abholen könnt."* Nutzer: *„Super! [...] wir waren Donnerstagabend da und haben überall gesucht... Nun sind wir wieder zurück in Köln, freuen uns, dass die Lieblingsmütze unseres Sohnes gefunden wurde und fragen, ob die Oma aus Dresden ins Fundbüro kommen soll, um die Mütze zu holen, oder ob ein Brief mit der Mütze und ‚Empfänger zahlt an uns geschickt werden kann. (?)."* Veranstalter: *„Die Mütze liegt ab heute für Sie an der Gruppenkasse zur Abholung bereit."*
	5. Zuverlässigkeit	Äußerung eines Nutzers, der im Vorfeld per E-Mail eine Tischreservierung vorgenommen hatte: *„Im Vorfeld war ich leider etwas enttäuscht, dass eine Anfrage wegen dem Essen erst nach 2 Wochen und einer Erinnerung beantwortet wurde."*
	6. Zugänglichkeit	*„Ein großes Lob an das Team, besonders an Frau X* [anonymisiert durch die Verfasser], *die bei meinen 1000 Fragen immer sehr freundlich am Telefon war."*
	7. Zeitersparnis	*„Toll fanden wir [...] vor allem am Eingang die spontanen Kartenverkäufe um die Wartezeit zu verkürzen!!!"*

Kontakt-punkt	Kategorien der Erlebnis-qualität	Beispiele für Nutzerbeiträge
I. Leistungserbringung	8. Atmosphäre	*„Überwältigend! Sobald man durch das prächtige Eingangsportal tritt, ist man in einer anderen Welt. Obwohl das Areal mitten in der Großstadt von Dresden aufgebaut wurde, vergisst man sofort den Alltagstrubel und jeglichen Stress. […] In einer hektischen und konfusen Zeit wie heute taucht man ein in eine unübertroffen weihnachtliche Atmosphäre, eine einzigartige Welt des Funkelns und Zaubers."*
	9. Personalisierung	Besucher wurden in Teile des Programms aktiv eingebunden: *„Der Kracher war auch die Märchenhexe. Die wollte mir meinen Dad wegschnappen und mit ins Häuschen nehmen."*
	10. Kompetenz	Nutzer: *„Vor den Aktiven, die die Programme machen, ziehe ich meinen HUT! Das ist wirklich eine Leistung jeden Tag so die Leute zu begeistern."*
II. Kommunikation	1. Dialogorientierung	*„...dass ich gegen 14 Uhr 20 min. am Eingang warten musste, dann aber von Euch eine Entschuldigung wegen Krankheit der Kassiererinnen kam, also das ist man ja in der Service-Wüste Deutschland gar nicht gewöhnt..."*
	2. Beziehungsinteresse	*„Ich finde es Klasse, dass Ihr Kritik, die hier geäußert wird annehmt und versucht, es sofort zu verbessern. Ich persönlich hatte gepostet, dass ich es schade finde, dass Kinder bereits ab einem Jahr Eintritt bezahlen müssen. Habe gerade auf Eurer Homepage gesehen, dass Ihr jetzt erst ab 3 Jahren Eintritt verlangt. Daumen hoch!"*
III. Andere Nutzer	1. Beziehungen zu anderen Konsumenten	*„Genial auch für Kinder... wenn die Erwachsenen ihre Kinder nicht wie einen Spielball vor sich herschieben würden, um selbst zu drängeln... also liebe Erwachsene: verhaltet euch wie ihr es von anderen erwartet: HÖFLICH und RÜCKSICHTSVOLL!!!"*
	2. Sozialer Einfluss	keine expliziten Hinweise im Datenmaterial

Ein weiterer Teil der Posts bezog sich auf die **Kommunikation** (Kontaktpunkt II) des Managements von 1000 FUNKEL mit seinen Zielgruppen. Die Bewertung der *Dialogorientierung* (Kategorie II.1) sowie des *Beziehungsinteresses* (Kategorie II.2) des Veranstalters war weitgehend positiv (vgl. Tab. 2). Während vergleichsweise wenige Posts von Konsumenten verfasst wurden, die explizit die *Dialogorientierung* lobten, betätigten zahlreiche Nutzer den „Gefällt mir-Button", wenn der Veranstalter proaktiv und dialogisch kommunizierte. Hinsichtlich des wahrgenommenen *Beziehungsinteresses* lobten die Nutzer, dass der Veranstalter auf vorgebrachte Kritik reagierte und die Meinung der Konsumenten ernst nahm. Vereinzelt wurde der dabei gewählte Ton des Veranstalters jedoch als unangebracht wahrgenommen (z. B. *„Nur die Art und Weise wie die Antworten formuliert und übermittelt werden, finde ich äußerst unangebracht. Sehr zackig und in einer Manier, als würde euch jemand etwas Böses wollen."*).

Schließlich belegen die gewonnen Daten, dass auch **andere Nutzer** die wahrgenommene Erlebnisqualität sowohl positiv als auch negativ beeinflussten (Kontaktpunkt III). So kritisierte beispielsweise eine Besucherin das rücksichtslose Verhalten einiger Erwachsener gegenüber Kindern (vgl. Tab. 2). Andere Konsumenten berichteten hingegen positiv über ihre Erlebnisse mit Verwandten oder Freunden (z. B. „*6,5 Stunden waren wir bei Euch und die Kinder wollten immer noch nicht nach Hause*“). Während die Daten somit Belege für Erlebnisse der Kategorie III.1 (*Beziehungen zu anderen Konsumenten*) liefern, fanden sich keine Hinweise zur Nutzung der Plattform für die Selbstdarstellung (Kategorie III.2).

Zusammenfassend belegen die bisher berichteten empirischen Ergebnisse die Eignung der von Lemke, Clark und Wilson (2011) entwickelten Erlebniskategorien, die veranstaltungsbezogenen Beiträge der Nutzer von SN-Plattformen sinnvoll systematisieren zu können und sie somit für die Ablaufkontrolle nutzbar zu machen. Darüber hinaus wurde ihm Rahmen der Datenanalyse jedoch deutlich, dass sich die einzelnen Kategorien zur Beschreibung der Erlebnisqualität nicht immer eindeutig nur einem Kontaktpunkt zuordnen lassen, wie es Tabelle 1 suggeriert. So können beispielsweise einige der ursprünglich zum Kontaktpunkt der Leistungserbringung (I) gehörende Kategorien auch auf die vom Veranstalter genutzte SN-Plattform und damit auf den Kontaktpunkt II (Kommunikation) **übertragen** werden. Beispielsweise lobten die Nutzer der Facebook-Seite von 1000 FUNKEL explizit die *Angebotsbreite* der Plattform (z. B. „*Hier gibt es fast täglich neue Fotos, auch Videos und Pressemitteilungen [...] Die Website übermittelt viele schöne Impulse.*“). Des Weiteren belegen die Daten, dass die SN-Plattform den Konsumenten *Zeitersparnis* bietet (z. B. „*ok, danke für die schnelle Antwort*“) sowie die *Zugänglichkeit* verbessert (z. B. „*Ich finde es sehr interessant, dass sich 1000 FUNKEL zu vielen Beiträgen äußert. Die Nähe zu potenziellen Kunden via FB* [Facebook, Anmerkung der Verfasser] *herzustellen ist natürlich gut, vor allem in dieser Frequenz.*“).

Schließlich verdeutlicht die Datenauswertung auch **Überschneidungen zwischen den Kontaktpunkten II und III**, da das Verhalten anderer Nutzer (III) auch die Erlebnisqualität hinsichtlich der wahrgenommenen Kommunikation (II) prägen kann. Beispielsweise wurden manche Konsumenten durch aggressive Posts anderer Nutzer verunsichert (z. B. „*Es schaukelt sich leider nur immer so hoch, weil man meistens gleich persönlich angegangen wird und völlig unsachliche Antworten wie ‚halt Dein virtuelles Maul‘ usw. bekommt, wenn man eine kritische Aussage postet...*“). Dies kann dazu führen, dass die Konsumenten ihr Engagement auf der Fan-Seite einschränken (z. B. „*Nun habe ich bereits unzählige Kommentare lesen können und bin mir gar nicht sicher, ob ich hier Kritik äußern kann. Da ich sprichwörtlich nicht „einen auf den Deckel“ bekommen möchte!*“). Für den Veranstalter kann dies von Nachteil sein, da eine negative Stimmung auf seiner SN-Plattform eventuell andere Konsumenten davon abhält, ihre Erlebnisse zu äußern, womit die Plattform letztlich an Wert für die Ablaufkontrolle verliert.

5 Handlungsempfehlungen

Wie die hier vorgestellte Fallstudie zeigt, können Eventorganisatoren aus den Beiträgen der Nutzer veranstaltungsbezogener SN-Plattformen vielfältige Informationen für das Eventcontrolling generieren. Für eine erfolgreiche Gewinnung und Nutzung dieser Social Media-Daten im Rahmen des Eventmanagements werden im Folgenden Handlungsempfehlungen erarbeitet. In Anlehnung an den Prozess des Beschwerdemanagements (vgl. Bruhn/Hadwich 2013, S. 24f.; Stauss/Seidel 2007, S. 113ff.) stehen dabei die folgenden fünf **Aufgabenbereiche** im Mittelpunkt der Diskussion: 1. Stimulierung von Beiträgen der Eventteilnehmer, 2. Erfassung und 3. Bearbeitung der Beiträge, 4. Reaktion des Veranstalters auf die Beiträge sowie 5. Verarbeitung der gewonnenen Informationen.

1. Stimulierung von Beiträgen

Zunächst muss der Veranstalter seine Zielgruppen zur **Artikulation ihrer Erlebnisse** bewegen. Für ein effizientes Eventcontrolling sollte das Ziel darin bestehen, dass sich die Konsumenten möglichst auf einer vom Unternehmen eingerichteten Fan-Seite austauschen und dies nicht auf einer Vielzahl unterschiedlicher Plattformen geschieht. Dazu muss der Veranstalter zunächst die von den Eventbesuchern am häufigsten genutzten SN-Plattformen (z. B. Facebook, Google+) identifizieren und dort jeweils eine veranstaltungsbezogene Fan-Seite einrichten. Anschließend ist diese über eventbegleitende Kommunikationsmaßnahmen bekannt zu machen, indem beispielsweise in der Printwerbung auf die Plattform verwiesen wird (z. B. in Textform oder QR-Codes) oder sog. Social Media-Buttons (vgl. Bernecker/Beilharz 2012) auf der Internetseite des Veranstalters direkt zum Social Media-Angebot führen. Aufbauend auf dieser passiven Stimulierung bietet es sich für das Unternehmen in einem nächsten Schritt an, die Nutzer durch eigene aktivierende Posts (z. B. Bilder, Umfragen, Informationen zur Veranstaltungen) zur aktiven Nutzung der Plattform zu bewegen (vgl. Drengner/Jahn/Furchheim 2013).

2. Erfassung der Beiträge

Die Erfassung der auf der Fan-Seite geäußerten Nutzerbeiträge kann mittels der Methode der **Netnographie** geschehen, welche auch in der hier vorgestellten Fallstudie zum Einsatz kam. Der Veranstalter erhält auf diesem Weg ein inhaltlich differenziertes Bild der Social Media-Beiträge seiner Zielgruppen, wofür er jedoch einen hohen zeitlichen Aufwand in Kauf nehmen muss. Vor diesem Hintergrund erscheint der Einsatz der Netnographie insbesondere nach Beendigung der Veranstaltung sinnvoll, um – im Sinne der Diagnosefunktion – systematisch Verbesserungspotentiale für zukünftige Events aufzudecken.

Für eine effiziente kontinuierliche Beobachtung der Äußerungen der Konsumenten im Rahmen der Überwachungsfunktion erscheint die Netnographie aufgrund des damit verbundenen Aufwands hingegen weniger geeignet. Alternativ könnten Methoden zur **computerunterstützten Datenerfassung** zum Einsatz kommen. Mittlerweile bieten im Internet ein Vielzahl von Anbietern sowohl kostenpflichtige als auch kostenfreie Software-Lösungen (z. B. *NetBase*, *Socialmention*[2]) für das Social Media-Monitoring an (vgl. Bernecker/Beilharz 2012, S. 249ff.). Diese Tools identifizieren per Stichwortsuche alle themenrelevanten Konversationen und fassen diese in strukturierten Übersichten zusammen. Jedoch sind die dabei genutzten Algorithmen zur Textanalyse bislang nur unzureichend in der Lage, Ironie und Sarkasmus sowie mehrdeutige Aussagen zu erkennen (vgl. Hogreve/Eller/Firmhofer 2013, S. 524). Vor diesem Hintergrund erscheint eine vollständige Automatisierung des Monitorings zurzeit noch wenig sinnvoll. Vielmehr sollte insbesondere auch zur Gewährleistung der Überwachungsfunktion eine kontinuierliche **veranstaltungsbegleitende Beobachtung** der Nutzerbeiträge durch geschulte Mitarbeiter erfolgen.

Dabei lässt sich die Erfassung der Inhalte der Posts sowohl für die Überwachung als auch für die Diagnose vereinfachen, indem der Anwender auf bereits bestehende **Analyseraster** zurückgreift. Dies können beispielsweise die in diesem Beitrag diskutierten Kategorien zur Beschreibung der Erlebnisqualität sein. Darüber hinaus zeigte die empirische Studie, dass die Konsumenten auf der Fan-Seite auch konkrete Vorschläge zur Verbesserung der Erlebnisqualität äußern. Diese „Soll-Vorgaben" sollten neben der Beschreibung der Erlebnisqualität (Beschreibung des Ist-Zustandes) ebenfalls systematisch gespeichert werden.

Für eine effiziente Bearbeitung der auf diesem Weg gewonnenen Daten sollten Veranstalter schließlich neben den Inhalten sowohl die **Valenz** (positiv, neutral, negativ) als auch die **Häufigkeit** des Auftretens der einzelnen Kategorien erfassen. Dies dient im Aufgabenbereich 3 der Bearbeitung der Nutzerbeiträge.

---

[2] www.netbase.com, www.socialmention.com

3. Bearbeitung der Beiträge

Im Rahmen der Bearbeitung der erfassten Posts muss der Veranstalter zunächst die Leistungsmerkmale seines Events identifizieren, die für die von den Konsumenten berichteten Erlebnisse ursächlich sind. Vereinfachen lässt sich dieser Vorgang mittels **detaillierter Dokumentationen** und Visualisierungen (z. B. in Form sog. „Blueprints“[3]), die die Zusammenhänge zwischen einzelnen eventbezogenen Kundenkontaktsituationen einerseits und den mit diesen Kontakten verknüpften Prozessen und Leistungsmerkmalen andererseits verdeutlichen. So gab es beispielsweise bezüglich der Kategorie I.2 (*Preis-Leistungs-Verhältnis*) mehrere Beiträge mit negativer Valenz. Ursache für dieses negative Erlebnis war eine unzureichende Preisdifferenzierung (vgl. Tab. 2) durch die dafür verantwortliche Geschäftsleitung. Im Sinne der Überwachungsfunktion reagierte der Veranstalter relativ zügig auf diese Kritik, indem er sowohl vergünstigte Abendkarten anbot als auch Kindern unter 3 Jahren freien Zutritt gewährte und diese Änderung entsprechend kommunizierte (siehe hierzu Aufgabenbereich 4).

Hinweise auf die **Wichtigkeit** der Bearbeitung eines Beitrags lassen sich aus seiner Valenz und Häufigkeit ziehen. Dabei sollte der Veranstalter vorrangig die Beiträge zur Erlebnisqualität bearbeiten, die (a) eine negative Valenz besitzen sowie (b) besonders häufig auftreten, indem sie sich auf das gleiche Leistungsmerkmal als Ursache für das jeweilige Erlebnis beziehen. Dabei gilt es zu berücksichtigen, dass aufgrund der eventtypischen Beschränkung auf einen festgelegten Zeitraum eine sofortige Behebung möglicher Ursachen negativer Posts – im Sinne der Überwachungsfunktion – nicht immer realisierbar ist. Vor diesem Hintergrund kommt der Reaktion des Unternehmens eine besondere Bedeutung zu (siehe hierzu Aufgabenbereich 4). Kann der Veranstalter keine sofortige Problemlösung anbieten, sollte er prüfen, ob im unmittelbaren Anschluss an das Event eine Bearbeitung der Nutzerbeiträge möglich ist und sinnvoll erscheint oder ob die gewonnen Informationen – im Sinne der Diagnosefunktion – ausschließlich der Optimierung zukünftiger Events dienen sollen.

4. Reaktion auf die Beiträge

Im vierten Schritt ist zu entscheiden, ob, wann und wie der Veranstalter auf der Fan-Seite auf die Posts der Nutzer eingeht. Während Beiträge mit positiver Valenz nicht

---

[3] Ablaufdiagramm zur Darstellung von Dienstleistungsprozessen (vgl. Meffert/Bruhn 2012, S. 203).

zwingend eine schnelle Reaktion erfordern, sollte er auf **negative Erlebnisberichte** zügig antworten, da sonst die Gefahr eines unkontrollierbaren Ausuferns der Diskussion besteht (sog. „Shitstorms"). Solche Phänomene lassen sich zwar nicht immer vollständig vom Unternehmen regulieren, jedoch bieten SN-Plattformen die Möglichkeit, unmittelbar Stellung zu beziehen oder Anpassungen vorzunehmen, um möglichen negativen Konsequenzen entgegenzuwirken. Generell zeigt die Fallstudie, dass die Konsumenten solche Reaktionen honorieren.

Wie die empirische Untersuchung belegt, können außerdem **Konflikte zwischen den Nutzern** einer Fan-Seite auftreten, wenn diese beispielsweise die Erlebnisqualität des Events unterschiedlich bewerten. Eskalieren solche Auseinandersetzungen, wirkt sich dies möglicherweise negativ auf die Stimulierung von Nutzerbeiträgen (Aufgabenbereich 1) aus, da andere Konsumenten aus Angst vor Beleidigungen nicht mehr aktiv an den Diskussionen auf der Plattform teilnehmen. Bis zu einem gewissen Grad kann der Veranstalter in solchen Fällen zunächst darauf vertrauen, dass andere Nutzer – im Sinne einer Selbstregulierung – deeskalierend eingreifen (vgl. Drengner/Jahn/Furchheim 2013, S. 229). Geschieht dies nicht oder lassen sich renitente Nutzer (z. B. sog. „Trolle"[4]) nicht beschwichtigen, sollte der Veranstalter moderierend „eingreifen". Im Extremfall ist zu empfehlen, die betroffene Person von der Nutzung der Fan-Seite auszuschließen.

Schließlich müssen Veranstalter berücksichtigen, dass Social Media-Nutzer häufig nicht nur während der üblichen **Geschäftszeiten** über ihre Konsumerlebnisse berichten (vgl. Hogreve/Eller/Firmhofer 2013, S. 527). Insbesondere bei mehrtägigen Veranstaltungen sollte somit auch das eventbegleitende Monitoring der SN-Plattform – i. S. der Überwachungsfunktion – außerhalb der regulären Veranstaltungszeiten erfolgen. Der Veranstalter kann auf diesem Weg nicht nur sein Beziehungsinteresse bzw. seine Dialogorientierung demonstrieren, sondern auch rechtzeitig auf die oben genannten Probleme (negative Erlebnisberichte, Konflikte zwischen Nutzern) reagieren.

[4] Der Begriff des „Troll" beschreibt einen Nutzer, der die Interaktionen der anderen Nutzer eines Social Media-Angebotes absichtlich behindert. Dies geschieht durch unsachliche, teilweise beleidigende Beiträge und Kommentare, die häufig Konflikte mit anderen Konsumenten provozieren (vgl. Hardaker 2010, S. 237).

5. Verarbeitung

Der fünfte Aufgabenbereich betrifft strukturelle, informatorische und personelle Maßnahmen, um die bisher vorgestellten Prozesse effizient zu unterstützen. In diesem Rahmen sollte das für die Fan-Seite verantwortliche **Personal** eine positive Einstellung zum partnerschaftlichen Umgang mit den Nutzern der Plattform besitzen (vgl. Chan et al. 2010). Um eine von den Konsumenten als **positiv empfundene Kommunikationsumgebung** zu schaffen, schlagen Hogreve, Eller und Firmhofer (2013, S. 532) vier Kriterien vor. So sollen die mit der Social Media-Kommunikation befassten Mitarbeiter (a) ein echtes Interesse an der Interaktion mit den Konsumenten besitzen, (b) transparent kommunizieren, (c) authentisch und glaubwürdig agieren sowie (d) der Kommunikation ein ‚menschliches Antlitz' verleihen, statt auf vorgefertigte Textbausteine zurückzugreifen. So zeigte auch die durchgeführte Fallstudie, dass Konsumenten durchaus sensibel auf die Kommentare des Veranstalters reagieren. Derartige Rückmeldungen der Nutzer dienen dem Unternehmen somit letztlich auch der Überwachung des eigenen Kommunikationsstils. Dies zusammenfassend gilt es, die Konsumenten als gleichberechtigte Wertschöpfungspartner anzuerkennen (vgl. Prahalad/Ramaswamy 2004) und ihnen Mitspracherechte einzuräumen (vgl. Jahn/Zanger 2013).

Zusätzlich empfiehlt es sich, die verantwortlichen Mitarbeiter mit entsprechenden **Handlungs- und Entscheidungsspielräumen** auszustatten (so genanntes Empowerment), um eine schnelle Reaktion auf die Beiträge der Nutzer zu garantieren (vgl. Schmitz/Eberhardt 2009). Weiterhin benötigen Veranstalter ein gut funktionierendes **Informationsmanagement**, mit dessen Hilfe die über die SN-Plattform gewonnen Informationen umgehend an die jeweils verantwortlichen Ansprechpartner weitergeleitet werden können. Dies gilt insb. für Veranstaltungen, die über einen längeren Zeitraum stattfinden. Hier bietet eine effiziente Weitergabe von Informationen die Chance, noch innerhalb des Veranstaltungszeitraums auf Probleme reagieren zu können. Somit muss der Veranstalter bereits in der Planung seines Events entscheiden, ob er die über die SN-Plattformen verfügbaren Informationen im Rahmen der Ablaufkontrolle (a) prozessbegleitend (Überwachungsfunktion) oder (b) ex post (Diagnosefunktion) einsetzen möchte. Für ein umfassendes Eventcontrolling sollten im Idealfall beide Ansätze kombiniert werden, um sowohl Probleme während des Events offenzulegen und zu beheben als auch Informationen für die Optimierung zukünftiger Veranstaltungen zu gewinnen.

6 Fazit

Der Forschungsbeitrag des vorliegenden Aufsatzes besteht darin, das Potential der Social Media-Kommunikation als Instrument des Eventcontrollings aufzuzeigen. Im Speziellen wurde dafür die **Eignung von Social Networking-Plattformen für die Ablaufkontrolle** von Events geprüft. Eine empirische Fallstudie von 2.803 Posts auf der Facebook-Seite 1000 FUNKEL zeigte, dass sich aus den Nutzerbeiträgen wertvolle Informationen gewinnen lassen, die Rückschlüsse auf die **Erlebnisqualität** eines Events erlauben. Aufgrund der Vielfältigkeit dieser Beiträge können Veranstalter diese Informationen sowohl zur Überwachung als auch Optimierung der Erlebnisqualität ihres Events nutzen.

Da Erlebnisse im Eventcontrolling bislang nur unzureichend betrachtet wurden, nimmt dieser Beitrag eine **Weiterentwicklung des Eventcontrolling-Repertoires** vor. So belegt die durchgeführte Fallstudie die generelle Eignung der von Lemke, Clark und Wilson (2011) entwickelten Kategorisierung der Erlebnisqualität, die Beiträge der Nutzer von SN-Plattformen inhaltlich zu systematisieren. Gleichzeitig wurde jedoch auch deutlich, dass sich die einzelnen Kategorien nicht immer eindeutig nur einem Kontaktpunkt zuordnen lassen. So können einige Kategorien des Kontaktpunktes I (Leistungserbringung) auch auf die SN-Plattform (Kontaktpunkt II: Kommunikation) übertragen werden. Somit prägt nicht nur die Gestaltung des Events (I), sondern auch die veranstaltungsbegleitende Fan-Seite (II) das gesamten Eventerlebnis der Konsumenten. Darüber hinaus beeinflussen auch andere Nutzer (Kontaktpunkt III) die Erlebnisqualität sowohl während des Events als auch bei der Nutzung der SN-Plattform. Die aufgezeigten Handlungsempfehlungen verdeutlichen, dass Veranstalter auch diesen Kontaktpunkt in der Ablaufkontrolle berücksichtigen sollten, auch wenn sie ihn nicht vollständig durch Maßnahmen des Eventmanagements kontrollieren können.

Zusammenfassend zeigt sich, dass die Erlebnisqualität ein geeignetes Konzept für das Eventcontrolling – insb. für die eventbegleitende Ablaufkontrolle – darstellt. Da veranstaltungsbegleitende Social Media-Angebote mittlerweile als wichtiges Instrument einer integrierten Veranstaltungskommunikation gelten (vgl. Kirchgeorg/Bruhn/Hartmann 2011) und die Konsumenten auf SN-Plattformen über ihre Erlebnisse berichten, sind sie für den Einsatz im Rahmen des Veranstaltungscontrollings prädestiniert. Einschränkend gilt es jedoch festzuhalten, dass sich die in diesem Beitrag dargestellte Konzeptualisierung der Erlebnisqualität ausschließlich auf die Bewertung der Erlebnisqualität einzelner Leistungsmerkmale eines Events bezieht (siehe Abschnitt 3). Daraus ergibt sich **Forschungsbedarf** für die Analyse der Facetten von Konsumerlebnissen (vgl. Drengner/Jahn 2012; Holbrook/Hirschman 1982). So ist beispielsweise zu untersuchen, ob sich die Bewertung bestimmter Stimuli mit spezifischen (z. B. emotionalen, sensorischen oder relationalen) Erlebnisfacetten kombinieren lässt, um somit die Beiträge der Nutzer noch besser zu strukturieren. Die Organisatoren von Events könnten somit erkennen, welche Kategorien der Erlebnisqualität bestimmte Facetten des Konsumerlebnisses (z. B. relationale Erfahrungen) beeinflussen.

Literaturverzeichnis

AMANDIO (Hrsg.) (2012): Social Media & Events Report 2012 – Wie nutzt die Eventbranche soziale Netzwerke, unter: http://info.amiando.com/social-media-report-2012?oaSource=fp-carousel&oaTerm=SMR2012&utm_medium=referrer &utm_source=fp-carousel&utm_campaign=SMR2012&utm_content=EN_SMR2012, letzter Abruf: 27.06.2013.

BERNECKER, M.; BEILHARZ, F. (2012): Social Media Marketing, 3. Aufl., Köln 2012.

BOYD, D. M.; ELLISON, N. B. (2007): Social Network Sites: Definition, History, and Scholarship, in: Journal of Computer-Mediated Communication, Vol. 13, 2007, No.1, pp. 210-230.

BRUHN, M.; HADWICH, K. (2013): Einführungsbeitrag zu Social Media, in: Bruhn, M.; Hadwich, K. (Hrsg.): Dienstleistungsmanagement und Social Media, Wiesbaden 2013, S. 3-41.

CARÙ, A.; COVA, B. (2003): Revisiting Consumption Experience: A More Humble but Complete View of the Concept, in: Marketing Theory, Vol. 3, 2003, No.2, pp. 267-286.

CHAN, K. W.; YIM, C. K.; LAM, S. S. K. (2010): Is Customer Participation in Value Creation a Double-Edged Sword? Evidence from Professional Financial Services Across Cultures, in: Journal of Marketing, Vol. 74, 2010, No.3, pp. 48-64.

CSIKZENTMIHAYLI, M. (1975): Beyond Boredom and Anxiety, San Francisco 1975.

DRENGNER, J. (2007): State of the Art der Wirkungs- und Erfolgsforschung im Eventmarketing, in: Nickel, O. (Hrsg.): Eventmarketing: Grundlagen und Erfolgsbeispiele, 2. Aufl., München 2007, S. 135-148.

DRENGNER, J. (2013): Sporterlebniswelten als Kommunikationsplattform im Eventmarketing, in: Zanger, C. (Hrsg.): Events und Sport, Stand und Perspektiven der Eventforschung, Wiesbaden 2013., S. 1-29.

DRENGNER, J.; JAHN, S. (2012): Konsumerlebnisse im Dienstleistungssektor, in: Bruhn, M.; Hadwich, K. (Hrsg.): Customer Experience, Wiesbaden 2012, S. 227-249.

DRENGNER, J.; JAHN, S.; GAUS, H. (2012): Creating Loyalty in Collective Hedonic Services: The Role of Satisfaction and Psychological Sense of Community, in: Schmalenbach Business Review, Vol. 64, 2012, No.1, pp. 59-76.

DRENGNER, J.; JAHN, S.; FURCHHEIM, P. (2013): Customer-Engagement-Praktiken auf Social Networking-Plattformen und deren Bedeutung für die Kundenintegration, in: Bruhn, M.; Hadwich, K. (Hrsg.): Dienstleistungsmanagement und Social Media, Wiesbaden 2013, S. 217-238.

FLIEß, S.; WITTKO, O.; SCHMELTER, M. (2012): Der Service Experience Value – Stand der Forschung, Konzeptualisierung und empirische Messung, in: Bruhn, M.; Hadwich, K. (Hrsg.): Dienstleistungsmanagement und Social Media, Wiesbaden 2012, S. 161-183.

GEBHARDT, W. (2000): Feste, Feiern, und Events. Zur Soziologie des Außergewöhnlichen, in: Gebhard, W., Hitzler, R.; Pfadenhauer, M. (Hrsg.): Events: Soziologie des Außergewöhnlichen, Opladen 2000, S. 17-31.

GREWAL, D.; LEVY, M.; KUMAR, V. (2009): Customer Experience Management in Retailing – An Organizing Framework, in: Journal of Retailing, Vol. 85, 2009, No.1, pp. 1-14.

HADWICH, K.; BECKER, F. (2013): Überwindung von Beschwerdebarrieren durch innovative Technologien – Eine empirische Untersuchung am Beispiel iFeedback, in: Bruhn, M.; Hadwich, K. (Hrsg.): Dienstleistungsmanagement und Social Media, Wiesbaden 2013, S. 565-591.

HARDAKER, C. (2010): Trolling in Asynchronous Computer-Mediated Communication: From User Discussions to Academic Definitions, in: Journal of Politeness Research. Language, Behaviour, Culture, Vol. 6, 2010, No.2, pp. 215-242.

HARTMANN, D. (2012): User Generated Events, in: Zanger, C (Hrsg.): Erfolg mit nachhaltigen Eventkonzepten. Tagungsband zur 2. Konferenz Eventforschung an der TU Chemnitz, Wiesbaden 2012, S. 23-36.

HOLBROOK, M. B. (1987): What Is Consumer Research?, in: Journal of Consumer Research, Vol. 14, 1987, No.1, pp. 128-132.

HOLBROOK, M. B. (1994): The Nature of Customer Value: An Axiology of Services in the Consumption Experience, in: Rust, R. T.; Oliver, R. L. (Eds.), Service Quality: New Directions in Theory and Practice, London 1994, pp. 21-71.

HOLBROOK, M. B.; HIRSCHMAN, E. C. (1982): The Experiential Aspects of Consumption: Consumer Fantasies, Feelings, and Fun, in: Journal of Consumer Research, Vol. 9, 1982, No.2, pp. 132-140.

HOGREVE, J.; ELLER, T.; FIRMHOFER, N. (2013): When the Whole World is Listening – An Exploratory Investigation of Individual Complaints on Social Media Platforms, in: Bruhn, M.; Hadwich, K. (Hrsg.): Dienstleistungsmanagement und Social Media, Wiesbaden 2013, S. 515-540.

JAHN, S.; DRENGNER, J. (2013): Transzendente Konsumerlebnisse bei Events, in: Zanger, C (Hrsg.): Events im Social Media-Zeitalter. Stand und Perspektiven der Eventforschung, Wiesbaden 2013, S. 109-128.

JAHN, S.; ZANGER, C. (2013): Events und Social Media in: Bruhn, M.; Hadwich, K. (Hrsg.): Dienstleistungsmanagement und Social Media, Wiesbaden 2013, S. 257-276.

KEPPER, G. (1996): Qualitative Marktforschung. Methoden, Einsatzmöglichkeiten und Beurteilungskriterien, 2. Aufl., Wiesbaden 1996.

KIRCHGEORG, M.; BRUHN, M.; HARTMANN, D. (2011): Live Communication im Wandel der Kommunikationsportfolios – Substitution oder Integration?, in: Marketing Review St. Gallen, 28. Jg., 2011, Nr.2, S. 7-13.

KOZINETS, R. V. (2010): Netnography. Doing Ethnographic Research Online, London 2010.

LEMKE, F.; CLARK, M.; WILSON, H. (2011): Customer Experience Quality: An Exploration in Business and Consumer Contexts Using Repertory Grid Technique, in: Journal of the Academy of Marketing Science, Vol. 39, 2011, No.6, pp. 846-869.

MARWICK, A. E.; BOYD, D. (2011): I Tweet Honestly, I Tweet Passionately: Twitter Users, Context Collapse, and the Imagined Audience, in: New Media Society, Vol. 13, 2011, No.1, pp. 114-133.

MAYRING, P.; BRUNNER, E. (2009): Qualitative Inhaltsanalyse. Qualitative Marktforschung, in: Buber, R.; Holzmüller, H. H. (Hrsg.): Qualitative Marktforschung, 2. Aufl., Wiesbaden 2009, S. 669-680.

MEFFERT, H.; BRUHN, M. (2012): Dienstleistungsmarketing. Grundlagen, Konzepte, Methoden, 7. Aufl., Wiesbaden 2012.

MINK, M.; GEORGI, D. (2012): Konzeptualisierung und Messung der Online Customer-to-Customer Experience, in: Bruhn, M.; Hadwich, K. (Hrsg.): Customer Experience, Wiesbaden 2012, S. 185-202.

PARASURAMAN, A.; ZEITHAML, V. A.; BERRY, L. L. (1985): A Conceptual Model of Service Quality and its Implication for Future Research, in: Journal of Marketing, Vol. 49, 1985, No.4, pp. 41-50.

PINKER, S. (1997): How the Mind Works, New York 1997.

PONS, F.; LAROCHE, M.; MOURALI, M. (2006): Consumer Reactions to Crowded Retail Settings: Cross Cultural Differences between North America and the Middle East, in: Psychology and Marketing, Vol. 23, 2006, No.7, pp. 555-572.

PRAHALAD, C. K.; RAMASWAMY, V. (2004): Co-Creating Experiences: The Next Practice in Value Creation, in: Journal of Interactive Marketing, Vol. 18, 2004, No.3, pp. 5-14.

RICHINS, M. (1999): Possessions, Materialism, and Other-Directedness in the Expression of Self, in: Holbrook, M.B. (Ed.): Consumer Value: A Framework for Analysis and Research, New York 1999, pp. 85-104.

SCHLESINGER, T. (2010): Zum Phänomen kollektiver Emotionen im Kontext sportbezogener Marketing-Events, in: Zanger, C. (Hrsg.): Stand und Perspektiven der Eventforschung, Wiesbaden 2010, S. 133-150.

SCHMITT, B. (1999): Experiential Marketing: How to Get Customers Sense, Feel, Think, Act, and Relate to Your Company and Brands, New York 1999.

SCHMITZ, G.; EBERHARDT, S. (2009): Empowerment als Ansatzpunkt zur effektiven Steuerung der Kundenintegration? – Eine konzeptionelle Analyse. In: Bruhn, M.; Stauss, B. (Hrsg.): Kundenintegration. Forum Dienstleistungsmanagement, Wiesbaden 2009, S. 381-401.

STAUSS, B.; SEIDEL, W. (2007): Beschwerdemanagement. Unzufriedene Kunden als profitable Zielgruppe, 4. Aufl., München 2007.

VARGO, S. L.; LUSCH, R. F. (2004): Evolving to a New Dominant Logic for Marketing, in: Journal of Marketing, Vol. 68, 2004, No.1, S. 1-17.

VERHOEF, P. C.; LEMON, K. N.; PARASURAMAN, A.; ROGGEVEEN, A.; TSIROS, M.; SCHLESINGER, L. A. (2009): Customer Experience Creation: Determinants, Dynamics and Management Strategies, in: Journal of Retailing, Vol. 85, 2009, No.1, pp. 31-41.

WEINBERG, P.; NICKEL, O. (2007): Grundlagen für die Erlebniswirkung von Marketingevents, in: Nickel, O. (Hrsg.): Eventmarketing. Grundlagen und Erfolgsbeispiele, 2. Aufl., München 2007, S. 37-50.

ZANGER, C. (2013): Events im Zeitalter von Social Media – Ein Überblick, in: Zanger, C. (Hrsg.): Events im Social Media-Zeitalter. Stand und Perspektiven der Eventforschung, Wiesbaden 2013, S. 1-18.

ZANGER, C.; DRENGNER, J. (2009): Eventmarketing, in: Bruhn, M.; Esch, F.-R.; Langner, T. (Hrsg.): Handbuch Kommunikation, Wiesbaden 2009, S. 195-213.

Christine Zilt, Philipp Röder

Events bei regionalen Attraktionspunkten – eine exemplarische Analyse touristischer Leistungsträger in Dresden

1 Themenstellung, Motivation und Zielsetzung der Untersuchung

Durch die Entstehung der Erlebnisgesellschaft und den damit verbundenen gestiegenen Kundenansprüchen geraten die Betreiber touristischer Attraktionen unter verstärkten Wettbewerbsdruck. Durch gezielte Inszenierung kann dabei ein erheblicher Beitrag zur Differenzierung gegenüber anderen Wettbewerbern geleistet werden. Die Arbeit beschäftigt sich konstitutiv mit der Untersuchung der Events als eine Form der Erlebnisinszenierung bei touristisch-attraktiven Orten. Im Speziellen wird bei den Dresdner Leistungsträgern der Zoo Dresden GmbH, der Sächsische Dampfschiffahrts GmbH & Co. Conti Elbschiffahrts KG und der Karl-May-Museums gGmbH untersucht, ob diese mit ihrem Angebot und der Umsetzung ihrer Events die Ziele der Erlebnisinszenierung erfüllen. Im Folgenden werden die drei Einrichtungen verkürzt Dresdner Zoo, Sächsische Dampfschiffahrt und Karl-May-Museum genannt.

2 Theoretischer Hintergrund

Für viele Touristen ist nicht nur die Destination oder ein bestimmtes Hotel ausschlaggebend für eine Reise, sondern es sollen auch reizvolle Attraktionen geboten werden (vgl Pechlaner/Bieger/Weiermair 2006, S. 15). Touristische Attraktionen bieten die Möglichkeit, Gäste aus dem Umland zu einem Besuch zu motivieren sowie das Image der Destination positiv zu beeinflussen. Gunn behauptet sogar, dass ohne die einzelnen Attraktionen in einer Region kein Tourismus existieren würde (vgl. Gunn 1997, S. 38). Jeder Attraktionspunkt besteht aus fünf Elementen: einem Symbol, der natürlichen Attraktion, diversen Dienstleistungen, den Mitkunden sowie Erlebnissen. Je nach Attraktion kann das Gewicht der einzelnen Elemente unterschiedlich ausfallen (vgl. Bieger/Laesser 2003, S. 19). Unter Erlebnisinszenierung im Tourismus wird die bewusste Gestaltung, Produktion und Inszenierung der Angebote verstanden, sodass ein emotionaler Mehrwert für den Kunden entsteht (vgl. Pechlaner/Bieger/Weiermair 2006, S. 74). Dabei können diverse Ausprägungsformen unterschieden werden. In dieser Arbeit liegt der Fokus auf der Inszenierung seltener Ereignisse in Form von Events (vgl. Romeiß-Stracke 2006, S. 38). Unter touristisch relevanten Events sind „(…) speziell inszenierte und herausgestellte Ereignisse oder Veranstaltungen von begrenzter Dauer mit touristischer Ausstrahlung“ zu verstehen (Freyer 1998, S. 19). Events sind Gegenstand vieler Wissenschaftsdisziplinen und können gemäß der folgenden Grafik als ein interdisziplinäres Forschungsgebiet angesehen werden. In diesem Beitrag werden Events vor allem aus der tourismuswissenschaftlichen Perspektive betrachtet. Die untersuchten Events beziehen sich eindeutig auf die Freizeit, sodass sie hier der Freizeitorientierung zuzuordnen sind (vgl. Abb. 1).

Abb. 1: Events als interdisziplinärer Forschungsgegenstand

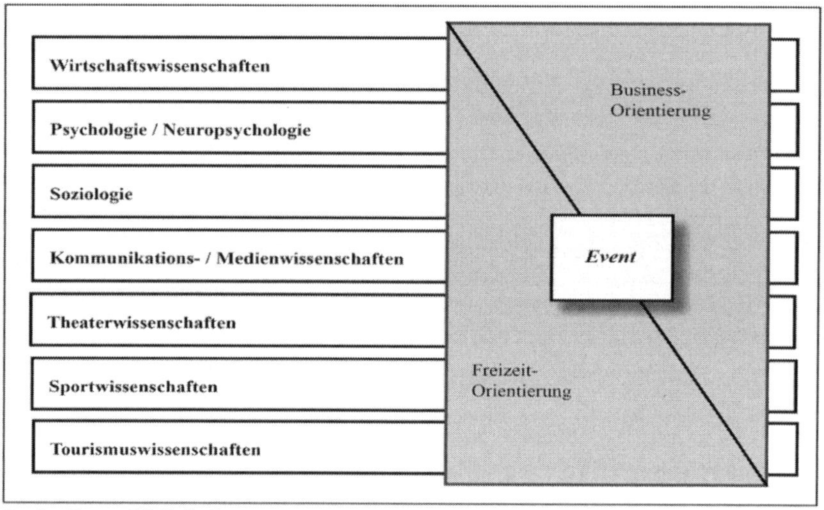

Quelle: Zanger (2010, S. 4)

Ob Events als Anlass für eine Reise dienen oder als Grundlage, dass bereits angereiste Touristen länger in einer Destination verweilen, sie können in allen Fällen einen touristischen Wert erzeugen (vgl. Getz 2007, S. 140). Dieser theoretische Hintergrund soll in Abbildung 2 zusammengefasst werden.

Abb. 2: Einordnung des Events in das Konstrukt Attraktionspunkt

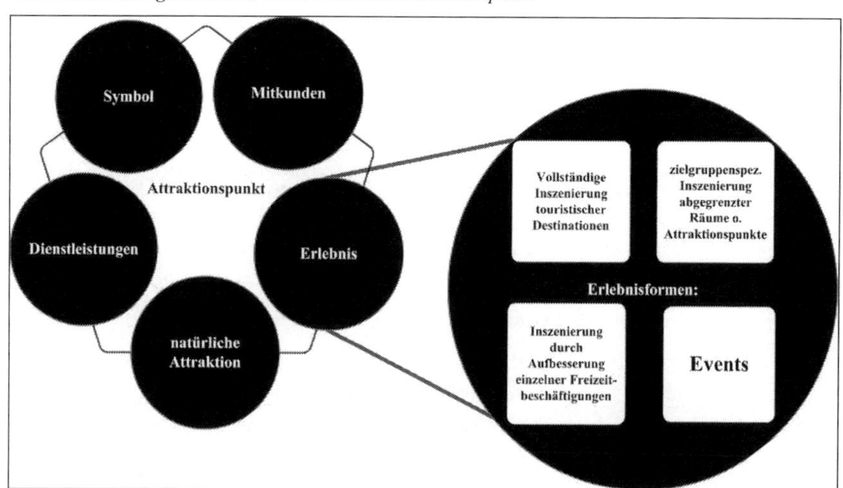

Quelle: eigene Erstellung in Anlehnung an Bieger/Laesser (2003, S. 19), Romeiß-Stracke (2006, S. 38)

Erlebnisse können gemäß Pine/Gilmore (1998) vier Dimensionen annehmen (vgl. Abb. 3). Die erste Kategorie umfasst die „Unterhaltung". Diese Dimension wird von einer passiven Teilnahme am Ereignis bestimmt. Das bedeutet, die Gäste fungieren als Zuschauer oder Zuhörer, nicht als Teil der Inszenierung. Als Beispiele werden hier das Sehen eines Kinofilmes oder das Besuchen eines Theaters angebracht. Die zweite Kategorie wird mit dem Begriff „Bildung" bezeichnet. In dieser Dimension wird vom Gast eine rege Teilnahme am Geschehen gefordert, wie bspw. beim Unterricht. Dennoch ist das Subjekt nicht Teil der Szenerie, sondern bleibt außenstehend. Bei der „Alltagsflucht" geht es vorrangig um das aktive Eintauchen in fremde Welten, z. B. durch die Mitwirkung an einem Schauspiel. Die letzte Kategorie wird mit „Ästhetik" betitelt. Hierbei wird der Kunde Teil einer „Gegenalltagswelt", jedoch nur als passiver Betrachter. Dies geschieht beispielhaft beim Bestaunen einer Sehenswürdigkeit. Das ultimative Erlebnis allerdings liegt in der Mitte der vier Bereiche. Es regt alle Sinne an und fordert den Gast sowohl aktiv als auch passiv. Beispielgebend kann hier der Besuch eines großen Erlebnisparks angebracht werden, wobei der Zuschauer sich zwischen unterschiedlichen Betätigungsmöglichkeiten bewegt (vgl. Pine/Gilmore 1998, S. 102).

Abb. 3: Die vier Bereiche des Erlebnisses

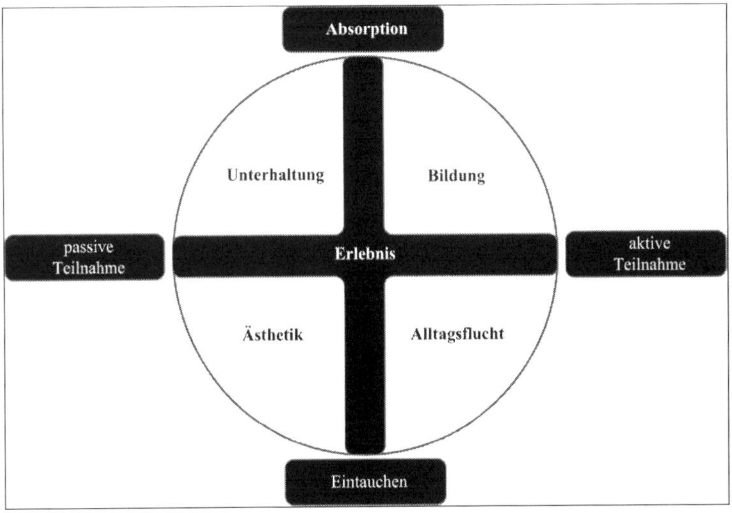

Quelle: in Anlehnung an Pine/Gilmore (1998, S.102)

Die Events in den drei ausgewählten Einrichtungen wurden anhand dieser Merkmale analysiert und mit Hilfe des 4-Dimensionen-Modells klassifiziert. Dabei wurden die

Events des Dresdner Zoos und des Karl-May-Museums mehrheitlich in den Bereich der Alltagsflucht eingeordnet, wohingegen die Veranstaltungen der Sächsischen Dampfschiffahrt überwiegend in den Bereich der Ästhetik einzuordnen sind. Durch die Erlebnisinszenierung im Tourismus ist es möglich mittels der aufgeführten Erlebnisformen eine zielgruppenorientierte Erlebnisatmosphäre zu erzeugen. Diese kann bei geeigneter Umsetzung eine Attraktivitätssteigerung in der Wahrnehmung der Gäste hervorrufen, welche mit der Vergrößerung des Einzugsbereiches, der Ansprache einer neuen Zielgruppe sowie der Verlängerung der Verweildauer einhergehen kann. Diese Ziele der Erlebnisinszenierung sind unter anderem Gegenstand der empirischen Untersuchung.

3 Methodik und Vorgehensweise

In der Untersuchung wurde die Primärforschung in Form einer Gästebefragung durchgeführt. Zu diesem Zweck wurde ein vollstrukturierter, vollstandardisierter Fragebogen konzipiert. Durch die Befragung an 14 vorgegebenen Terminen konnte eine Stichprobengesamtheit von 400 Fragebögen erzielt werden. Die 345 Fragebögen, die nach Ausschluss von Fragebögen mit mehrheitlich fehlenden Werten in der empirischen Untersuchung analysiert wurden, setzen sich zu 42,7 Prozent aus männlichen und zu 57,3 Prozent aus weiblichen Probanden zusammen. In die Untersuchung gingen bei zwei von drei Einrichtungen die Gruppen mit und ohne Event mit jeweils 60 Fragebögen ein. Lediglich im Karl-May-Museum war es auf Grund einer geringeren Teilnehmeranzahl an der Veranstaltung „Adventsfeuer" und äußeren Bedingungen, wie später Uhrzeit und bedingtem Wetter bei der „Kindermuseumsnacht", nicht möglich, den Stichprobenumfang von 60 Fragebögen zu erreichen. Die Stichprobe teilt sich wie nachfolgend dargestellt auf:

Tab. 1: Zusammensetzung der Stichprobe

Termin	ohne Event / Veranstaltungsname	Einrichtung	Fragebögen Anzahl
26.10.2011	ohne Event	Zoo Dresden	16
19.11.2011	ohne Event	Zoo Dresden	11
27.11.2011	ohne Event	Zoo Dresden	33
Gesamt:			**60**
31.10.2011	Halloween im Zoo	Zoo Dresden	30
18.12.2011	Weihnachten bei den Tieren	Zoo Dresden	30
Gesamt:			**60**
05.11.2011	ohne Event	Sächsische Dampfschiffahrt	30
12.11.2011	ohne Event	Sächsische Dampfschiffahrt	30

Gesamt:			**60**
26.11.2011	Stollenfahrt	Sächsische Dampfschiffahrt	30
06.12.2011	Stollenfahrt + Nikolaus	Sächsische Dampfschiffahrt	30
Gesamt:			**60**
Termin	**ohne Event / Veranstaltungsname**	**Einrichtung**	**Fragebögen Anzahl**
27.12.2011	ohne Event	Karl-May Museum	30
28.12.2011	ohne Event	Karl-May Museum	30
Gesamt:			**60**
19.10.2011	Kindermuseumsnacht	Karl-May Museum	6
26.10.2011	Kindermuseumsnacht	Karl-May Museum	22
04.12.2011	Adventsfeuer	Karl-May Museum	17
Gesamt:			**45**
Total:			**345**

Die Entwicklung und Verwirklichung der Befragung orientierte sich am Forschungsablauf von Atteslander (vgl. Atteslander 2010, S. 21). Im ersten Schritt der Datenauswertung wurde mittels der deskriptiven Statistik die Gästestruktur erfasst und überprüft, ob durch die Events eine Vergrößerung des Einzugsgebietes erfolgte sowie eine neue Zielgruppe angesprochen werden konnte. Ferner diente eine Faktoranalyse der Überprüfung der theoretisch gewonnenen Erkenntnisse zum Thema Erlebnis und der Bestimmung der Ausrichtung des Events der jeweiligen Einrichtung. Des Weiteren wurden die Veranstaltungen auf ihre Wirkung bezüglich der Ausweitung der Aufenthaltsdauer und der Erhöhung der Anzahl der Besuche untersucht. Abschließend erfolgte die Analyse der Einstellungen der Besucher gegenüber den Events. Durch die Untersuchung der Einstellungen konnte die Grundhaltung der Besucher dem Event gegenüber erfasst und damit die Attraktivitätssteigerung überprüft werden.

Die Grundhaltung der Probanden gegenüber dem Event wurde mittels der Einstellungsmessung von Aussagen durch die Likert-Technik vorgenommen und mit Hilfe der deskriptiven Statistik analysiert. Personen sollen dabei den Grad ihrer Zustimmung zu sieben Aussagen auf einer 6-stufigen Skala zum Ausdruck bringen.

Tab.2: 6-stufige Likert-Skala

1	2	3	4	5	6
Stimme überhaupt nicht zu	Stimme nicht zu	Stimme eher nicht zu	Stimme eher zu	Stimme zu	Stimme vollkommen zu

4 Zusammenfassung der Ergebnisse

4.1 Allgemeine Analyse der Ausrichtung aller untersuchten Events

Von den 345 Befragten gaben lediglich fünf Prozent an, dass das Erleben von Events für sie „vollkommen wichtig“ ist. Für die Hälfte der Befragten spielen Events eine „eher wichtige“ bis „wichtige“ Rolle. Die übrigen 43,9 Prozent sind an Events weniger interessiert. Mit Hilfe der Faktoranalyse soll untersucht werden, in welchem Zusammenhang das Event als eine Möglichkeit der Erlebnisausprägung gesehen wird und welche Faktoren als Anreiz für den Gast dienen könnten, die Einrichtung aufzusuchen.

Als Folgerung lassen sich vier Faktoren bilden. Drei der Faktoren können auch mit den beschriebenen Dimensionen des Erlebnisses (vgl. Abb. 3) verglichen werden.

Die Grundlage der Faktoranalyse war die Frage „Was ist Ihnen beim Besuch einer touristischen Einrichtung wichtig?“, somit können die einzelnen Faktoren als Besuchermotive der Einrichtung gesehen werden, auf die sich die Attraktion stützen kann. Für den Konsumenten zählt ein gutes Unterhaltungsprogramm, und somit auch ein Event, zu den Beweggründen eines Besuchs. Ferner gehören Bildung, einfache Orientierung sowie eine Art Gegenalltag in Verbindung mit Natur zu den Gründen, eine touristische Einrichtung aufzusuchen. Durch den Vergleich mit dem 4-Dimensionen-Modell von Pine und Gilmore (1998) lässt sich daraus folgende Erkenntnis ableiten: eine Einordnung des Events in die Dimension der „Unterhaltung“ fordert, dass die Gäste eher passiv an der Veranstaltung als stiller Beobachter teilnehmen wollen. Somit sollte bei der Ausrichtung eines Events der Schwerpunkt auf diese Aspekte gelegt werden. Anzumerken ist jedoch, dass das Angebotskonzept der Einrichtungen auf dem Prinzip der „Gegenalltagswelt“ basiert. Das „Eintauchen“ in eine andere Umgebung ist fester Bestandteil des Angebots der Attraktionspunkte und kann als Grundmotivation für den Besuch derselben angesehen werden. Diese Faktoranalyse ist demnach nicht uneingeschränkt auf die Realität übertragbar und als Methode für die Bestimmung der Ausrichtung eines Events nur bedingt geeignet. Dennoch ist gemäß den Ergebnissen dieser Untersuchung von einer rein aktiven Ausgestaltung der Events abzusehen. Wie auch teilweise in der Realität umgesetzt, sollte die passive Unterhaltung grundsätzlich für Besucher möglich sein. Dies kann durch den Wechsel von aktiver und passiver Unterhaltung realisiert werden.

4.2 Dresdner Zoo GmbH

Soziodemographika

Die Events „Halloween im Zoo" und „Weihnachten bei den Tieren" konnten keine neue Zielgruppe ansprechen, da sich die Gästestrukturen bei den Gruppen sowohl mit als auch ohne Event sehr ähneln. Wichtig ist, dass die Kontrollgruppe ohne Event in der Ausprägung des Familienstandes und des Einzugsbereiches vielfältiger zusammengesetzt ist als es mit Event der Fall ist. Währenddessen sich die Veranstaltungen vorrangig an Familien in den Mittdreißigern mit durchschnittlich zwei Kindern richten, konnten in der Kontrollgruppe auch ledige Personen verzeichnet werden. Zusätzlich wurde eine antithetische Entwicklung des Einzugsbereiches festgestellt. Dieser kann in den folgenden beiden Abbildungen identifiziert werden.

Abb. 4: Herkunft Kontrollgruppe ohne Event

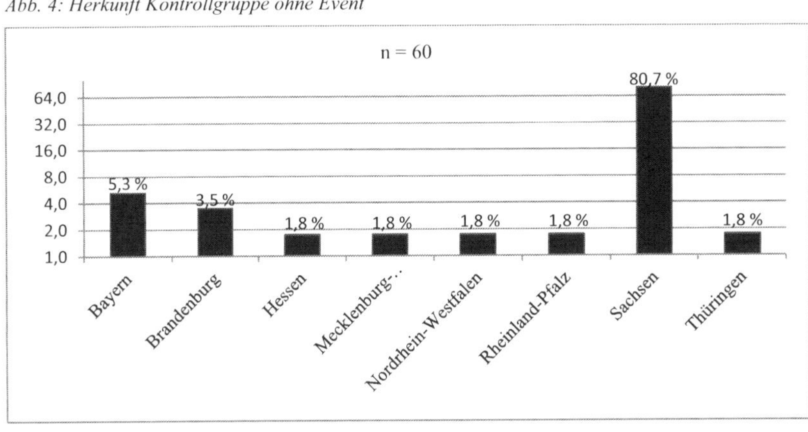

Abb.5: Herkunft der Gruppe mit Event

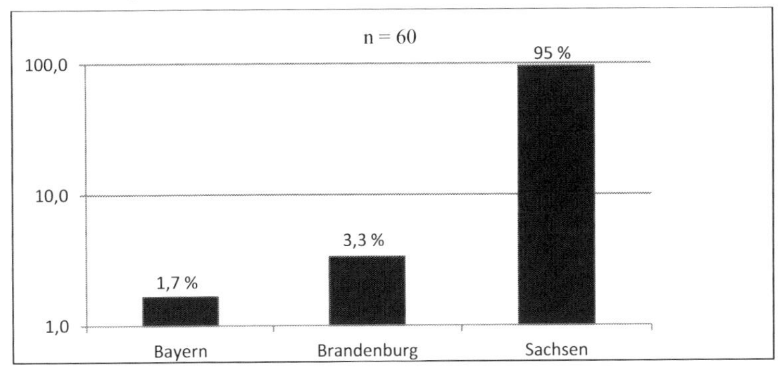

In beiden Gruppen stammt ein Großteil der Besucher aus dem lokalen Umfeld. Allerdings ist ein deutlicher Zuwachs von 13,9 Prozent an lokalen Besuchern in der Gruppe mit Event zu verzeichnen. Da die Mehrheit der Gäste aus dem lokalen Umfeld der Einrichtung stammt und diese mit einer Anzahl von 13,5 die meisten Aufenthalte im Jahr tätigen, wurde diese Gruppe des Weiteren auf ihr Besucherverhalten geprüft.

Besuchshäufigkeiten

Mittels einer Kreuztabelle wurde der Zusammenhang zwischen der Besuchsanzahl und der positiven Beurteilung der Variable „Oftpos“ analysiert. Diese Variabel repräsentiert die positive Beurteilung der Aussage „Ich besuche öfters solche Veranstaltungen außerhalb des normalen touristischen Angebots.“ Als Resultat konnte eine positive Beziehung zwischen der Besucherhäufigkeit und der positiven Bewertung von „Oftpos“ ermittelt werden. Allerdings wurde der Zusammenhang durch den Chi-Quadrat-Test nicht bestätigt und ist damit nicht exakt interpretierbar.

Aufenthaltsdauer

Im Dresdner Zoo können die Besucher jederzeit selbst bestimmen, wie lange sie sich in dem Attraktionspunkt aufhalten möchten. Sie sind in keinem Fall an ein festes Programm gebunden, das sie nicht selbst abbrechen können. Der Aufenthalt ist ergo freiwilliger Natur. Ein Vergleich der Aufenthaltsdauer, jeweils mit und ohne die Durchführung eines Events, kann daher ein deutliches Indiz für eine Attraktivitätssteigerung der Einrichtung in der Wahrnehmung der Gäste darstellen. Die Analyse der Aufenthaltsdauer ergab als eindeutiges Ergebnis, dass die Events die Gäste motivieren, ihren Aufenthalt in der Einrichtung im Mittel um fast eine halbe Stunde zu verlängern. Speziell bei der Aufenthaltsdauer von über drei Stunden konnte mit Hilfe des Events die Besucheranzahl verdoppelt werden.

Abb. 6: Vergleich der Aufenthaltsdauer mit und ohne Event

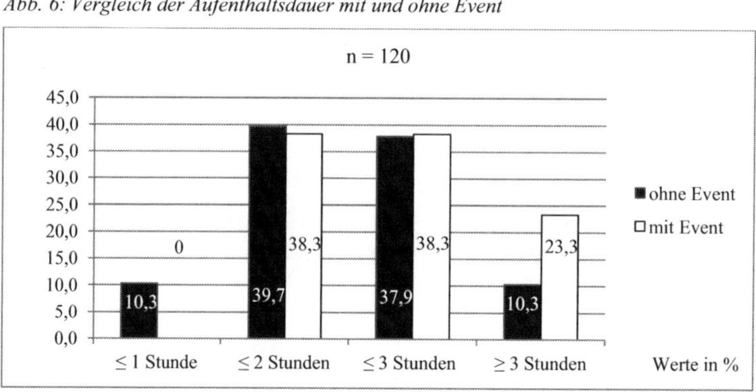

Es lässt sich daraus deutlich erkennen, dass die Probanden durch das Event in der Einrichtung motiviert werden, ihren Besuch auszudehnen. Dies bestätigt, dass die Durchführung einer Sonderveranstaltung einen zusätzlichen Nutzen für den Gast generiert, da dies eine Attraktivitätssteigerung der Einrichtung in der Wahrnehmung der Gäste impliziert.

Einstellungen gegenüber dem Event

Mit einer durchschnittlichen Gesamtbewertung der Zufriedenheit von 4,26 auf einer Skala von 1 bis 6 kann auf überwiegende Befriedigung der Bedürfnisse geschlossen werden. Da sich die erwartete mit der erhaltenen Leistung deckt, wird keine Enttäuschung beim Gast erzeugt. Dennoch gibt es Potential zur Verbesserung der Zufriedenheit. Eine umfassende Zufriedenheitsanalyse, die mittels Leistungs-, Erwartungs- und Zufriedenheitsskalen durchgeführt wird (vgl. Stauss 1999, S.13), bietet eine gute Möglichkeit eine genaue Einstellungsbewertung der Gäste vorzunehmen (vgl. Geissler/Drengner/Zanger 2006, S. 41). Ähnliches lässt sich auch aus der Beurteilung der Attraktivität der Events schließen. Die Veranstaltungen tragen für 82,1 Prozent der Befragten „eher“ bis „vollkommen“ zur Attraktivitätssteigerung der Einrichtung bei. Jedoch ist der Anteil der Probanden, welche der Aussage „vollkommen“ zustimmen mit 19,6 Prozent vergleichsweise niedrig. Es hat sich ergeben, dass Events ein geeignetes Mittel der Inszenierungsform im Zoo sind. 78,6 Prozent stimmen der Aussage „Es sollten öfters solche Veranstaltungen durchgeführt werden“ „eher“ bis „vollkommen“ zu. Gleichwohl zeigt der Vergleich mit der tatsächlichen Nachfrage nach Events, dass weniger Gäste wirklich ein Event der Einrichtung besuchen würden. Dies gründet auch in der Tatsache, dass sich das Event nicht eindeutig als Besuchermotiv herauskristallisieren konnte.

4.3 Die Sächsische Dampfschiffahrts GmbH & Co. Conti Elbschiffahrts KG

Soziodemographika

Bei der Sächsischen Dampfschiffahrt wurden die Events „Stollenfahrt“ sowie „Stollenfahrt mit Nikolausauftritt“ untersucht. Durch die Events hat sich der Anteil der regionalen Besucher weitgehend verdoppelt. Damit muss die Vergrößerung des Einzugsbereiches verneint werden. Die Stichprobe der Besucher ohne Event ist bezüglich ihrer Herkunft sehr breit gestreut, lediglich 23,7 Prozent der Probanden stammen aus Sachsen.

Abb. 7: Herkunft der Gruppe ohne Event

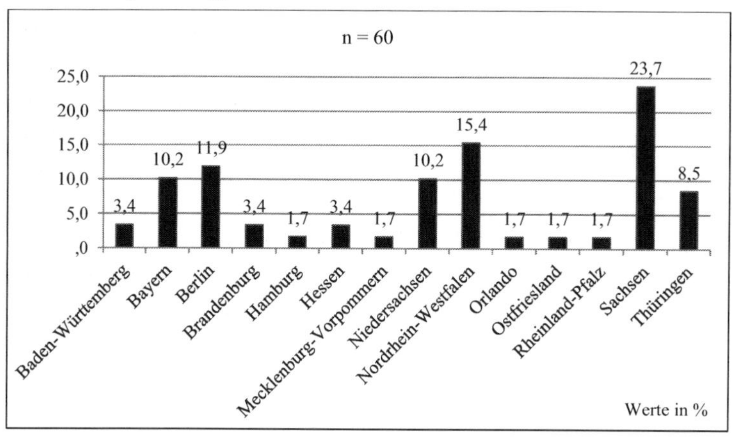

Abb. 8: Herkunft der Gruppe mit Event

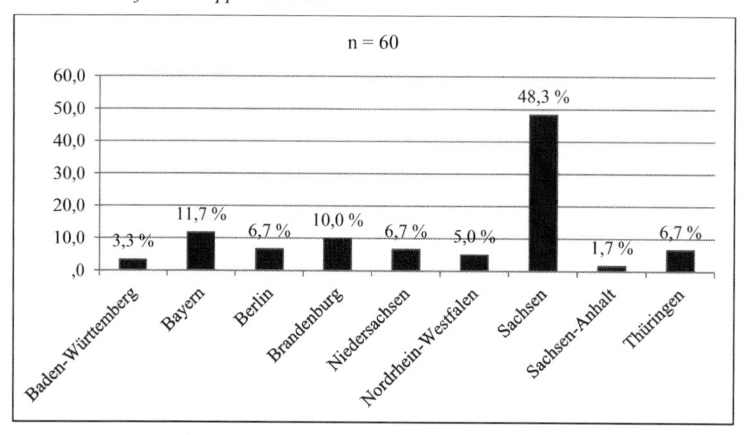

Eine weitere Erkenntnis ist, dass die Besucher der Events der sächsischen Dampfschiffahrt stark die Gruppe der „Best Ager“ repräsentieren. Das Durchschnittsalter dieser Gruppe liegt bei 47 Jahren. Ferner ist festzustellen, dass weniger Familien mit Kindern die Events der Einrichtung aufsuchen. In der Gruppe mit Event können mit 69 Prozent der Nennungen 13,1 Prozent mehr Kinderlose als in der Gruppe ohne Event vorgefunden werden. Dies kann als bedeutend angesehen werden, da besonders die „Stollenfahrt mit Nikolaus“ für Familien reizvoll sein sollte. Mit 48,3 Prozent sind vor allem Gäste aus Sachsen die Hauptzielgruppe der Events. Daher wurde in einem weiteren Schritt untersucht, ob diese auch durch die Events zu einem kontinuierlicheren Besuch angeregt werden.

Besuchshäufigkeiten und Aufenthaltsdauer:
Auch in dieser Einrichtung wurde mittels einer Kreuztabelle der Zusammenhang zwischen der Besuchsanzahl und der positiven Beurteilung der Variable „Ich besuche öfters solche Veranstaltungen außerhalb des normalen touristischen Angebots“, analysiert. Auf Grund der Tatsache, dass mit 33 Teilnahmen pro Jahr eher nationale als regionale oder lokale Gäste die Zielgruppe sind sowie der vermehrt negativen Bewertung der Frage, lässt sich dahingehend kein Zusammenhang erkennen. Auch die Analyse der Aufenthaltsdauer war in diesem Fall nicht durchführbar, da sowohl die Kontrollgruppe als auch die Gruppe mit Event denselben Streckenverlauf und die gleiche Fahrtdauer aufweisen. Folglich ist kein Rückschluss auf die Wirkung des Events als Motivator für die Besucherhäufigkeit sowie Aufenthaltsdauer möglich.

Einstellungen gegenüber dem Event:
Durch die Einstellungsbewertung sind globale Folgerungen über die Beurteilung der Events realisierbar. Ein Mittelwert von 4,53 erlaubt die Erkenntnis, dass die Probanden zufrieden mit den untersuchten Events sind. Dennoch könnte mit Hilfe einer ausführlichen Zufriedenheitsanalyse der Anteil der Probanden, welche „vollkommen“ zufrieden sind, von 15 Prozent deutlich erhöht werden. Gleiches gilt für die Attraktivität, die zweifellos eng mit der Zufriedenheit einhergeht. In Verbindung mit einer mittleren Einstellungsbewertung von 4,54 kann eine positive Wirkung des Events auf das Image der Einrichtung konkludiert werden. Ferner wurde das zweite Item, das den Unterhaltungswert des Events darstellt, mit einem Mittelwert von 4,25 mit „eher“ zufriedenstellend bewertet. Eine Gegenüberstellung der Variablen offenbart, dass beide Variablen relativ homogen bewertet wurden. Dementsprechend kann den Events eine attraktivitätssteigernde Wirkung zugesprochen werden. Bei der Evaluation der Häufigkeiten von Besuchen der Events ergab sich eine erhebliche Differenz zwischen dem Wunsch nach mehr Sonderveranstaltungen (83,3 Prozent) und der tatsächlichen Nachfrage (38,3 Prozent). Dies bekräftigt auch das Ergebnis, dass das Event als Besuchermotiv falsifiziert.

Interessant wäre hier für die zukünftige Forschung herauszufinden, warum die Nachfrage nach Sonderveranstaltungen so gering ausfällt. Ferner könnte die Nachfrage durch Rabattstrategien für Rentner oder Familien auch bei Veranstaltungsfahrten gesteigert werden.

4.4 Karl-May-Museum

Soziodemographika

Im Karl-May-Museum wurden die Events „Kindermuseumsnacht“ und „Adventsfeuer“ hinsichtlich ihrer Auswirkungen auf das Besucherverhalten untersucht. Ähnlich wie bei den vorangegangenen Einrichtungen ist auch beim Karl-May-Museum ein Anstieg der regionalen Gäste von 27,2 Prozent bei der Durchführung des Events im Vergleich zum normalen touristischen Betrieb zu verzeichnen.

Abb. 9: Herkunft der Gruppe ohne Event

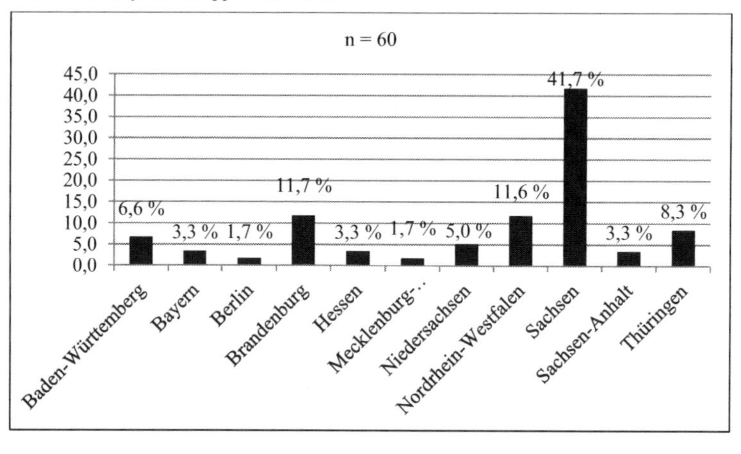

Abb. 10: Herkunft der Gruppe mit Event

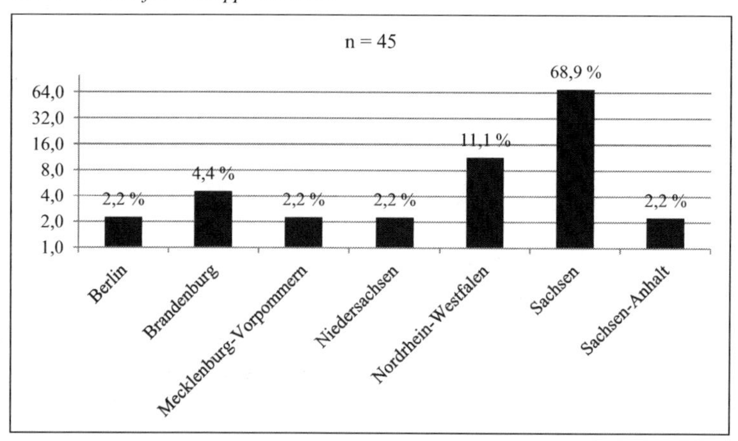

Der Altersdurchschnitt der Probanden mit Event liegt mit 52 Jahren deutlich höher als in der Gruppe ohne Event. Diese Fakten erlauben den Rückschluss, dass die Stichprobe mit Event die Gruppe der „Best Ager" repräsentiert. Des Weiteren halten sich bei 50 Prozent der Befragten keine sich in einer Ausbildung befindenden Kinder im Haushalt auf. Relevant ist dies, da in einem der Fälle die „Kindermuseumsnacht" evaluiert wurde, welche besonders der Unterhaltung jüngerer Kinder dient. Es ist folglich evident, dass vorrangig Großeltern mit den Enkelkindern dieses Event aufsuchen. Für diese Gruppe wurde in einem weiteren Schritt die Beziehung der Besucherhäufigkeit und der Teilnahme an Events untersucht.

Besuchshäufigkeiten

Mittels einer Kreuztabelle wurde der Zusammenhang zwischen der Besuchsanzahl und der positiven Beurteilung der Variable „Oftpos" analysiert. Diese Variabel repräsentiert die positive Beurteilung der Aussage „Ich besuche öfters solche Veranstaltungen außerhalb des normalen touristischen Angebots." Mit 21,7 Besuchen finden sich vornehmlich regionale Gäste im Museum ein. Diese bewerteten zu 80 Prozent das Item positiv. Ferner konnte festgestellt werden, dass ab dem 13. Besuch pro Jahr die Besucherhäufigkeit der Gäste, welche das Item positiv beurteilten, größer ist, als es ohne Event der Fall wäre. Wichtig ist an dieser Stelle, dass dieser Zusammenhang durch den Chi-Quadrat-Test nicht bestätigt werden kann und somit keinen Rückschluss auf die Grundgesamtheit bietet. Auch ist es nicht möglich mittels der Kreuztabelle echte Kausalitäten aufzudecken. Eine Regressionsanalyse wäre in diesem Fall für weitere Forschung denkbar.

Aufenthaltsdauer

Im Karl-May-Museum obliegt es dem Gast während des normalen Betriebes seinen Rundgang selbst zu organisieren. Jeder Besucher hat die Möglichkeit, seinen Interessen individuell nachzugehen. Die Events des Karl-May-Museums wiederum verlaufen nach einem festen Ablaufplan. Obwohl der Aufenthalt der Gäste damit extern gesteuert wird, ist ein Vergleich der Aufenthaltsdauer beider Gruppen sinnvoll. Ein durchschnittlicher Besuch im Karl-May-Museum, ohne die Durchführung einer Sonderveranstaltung, dauert 1,51 Stunden. 45,6 Prozent der Besucher verbringen bis zu zwei Stunden in der Einrichtung. An zweiter Stelle wurde mit 38,6 Prozent die Dauer von bis zu einer Stunde genannt. Im Vergleich dazu liegt die durchschnittliche Zeitspanne der Besucher einer Sonderveranstaltung bei 3,13 Stunden. Dabei blieb keiner der Besucher nur eine Stunde im Attraktionspunkt. Bis zu drei Stunden hielten sich 60 Prozent in der Einrichtung auf. 26,7 Prozent blieben länger als drei Stunden im Museum. Damit lässt sich erkennen, dass die Aufenthaltsdauer durch ein Event mehr als verdoppelt werden konnte und somit auf eine Attraktivitätssteigerung der Einrichtung geschlossen werden kann.

Abb. 11: Vergleich der Aufenthaltsdauer mit und ohne Event

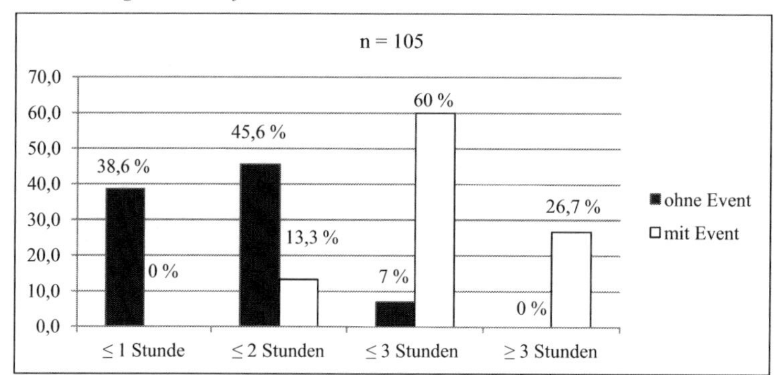

Einstellungen gegenüber dem Event

Die Einstellungsbewertung fiel im Vergleich zu den anderen untersuchten Einrichtungen am besten aus. 95,3 Prozent bewerteten das Item „Ich bin zufrieden mit der Umsetzung der Veranstaltung." und 95,6 Prozent „Die Veranstaltung entspricht meinen Erwartungen." gut. Bei der Gegenüberstellung ist eine durchgängig positive Tendenz zu verzeichnen, die sich aus einem hohen Grad an Zufriedenheit deduzieren lässt. Auch die Attraktivität wurde mit einem Mittelwert von 5,4 als „vollkommen" zufriedenstellend bewertet. Dadurch lässt sich erkennen, dass das Karl-May-Museum seine Events gut an die Kundenbedürfnisse angepasst hat. Daraus folgt auch der Wunsch von 97,7 Prozent der Befragten nach mehr Events. Mit einer durchschnittlichen Bewertung der Variable „Ich besuche öfters solche Veranstaltungen außerhalb des normalen touristischen Angebots." von 4,45 ist weiterhin noch Potenzial, mehr Besucher durch Events anzuziehen. Als einzige Einrichtung konnte hier festgestellt werden, dass mit 97,7 Prozent der Nennungen das Event als ein Besuchermotiv dienen kann und damit auch großen Wert auf dessen Ausgestaltung und Ankündigung gelegt werden sollte.

5 Ausblick

Die zum Teil inflationäre Benutzung des Begriffs Event erschwert die wissenschaftliche Auseinandersetzung mit diesem Konstrukt. Gemäß Freyer (1998) kann erst durch die Konzipierung eines einheitlichen Eventbegriffes im Tourismus und dessen entsprechender Benutzung eine geschlossene Theorie erarbeitet werden. Bis dahin erfolgt die separate Betrachtung des jeweiligen Sachverhaltes (vgl. Scherhag 1998, S. 97).

Das umfassende Spektrum von Veranstaltungen diverser Attraktionspunkte ermöglicht Dresden eine Attraktivitätssteigerung für Touristen als auch Besucher. Viele Regionen setzen lediglich auf die Durchführung von Mega-Events, obwohl bereits ermittelt werden konnte, dass deren wirtschaftlicher Nutzen überschätzt wird. Besonders in der Entwicklung des regionalen Tourismus spielen kleine und lokale Events eine übergeordnete Rolle. Diese bringen zwar keine internationalen Tourismusströme in die Destination, allerdings befriedigen sie die Bedürfnisse bereits ortsansässiger bzw. regionaler Besucher (vgl. Brüggemann/Meyer 1998, S. 236).

Im Eventbereich wurden bisher vorwiegend Sport-Events untersucht. Kaplanidou (2007) bestätigte in seiner Arbeit, dass das Image einer Destination sich wohl auf das zukünftige Urlaubsverhalten der Interessenten auswirkt, dennoch übt das Event keinen Einfluss auf die Entscheidung aus, die Destination erneut zu besuchen (vgl. Kaplanidou 2007, S. 159ff.). Des Weiteren konnte in der Untersuchung von Hallmann und Breuer zum Imagefit bei Sport-Events erkannt werden, dass lediglich allgemeine Muster aus Studien deduziert werden können (vgl. Hallmann/Breuer 2010, S. 234). Zukünftige Forschung sollte sich neben den Einflüssen sportlicher Events auf das Destinationsimage auch den kulturellen Events zuwenden. Ziel sollte es sein, das Konstrukt Event-Image messbar zu machen.

Damit ein Attraktionspunkt nachhaltig attraktiv für das Publikum erscheint, sollte mittels Erlebnismanagements darauf großen Wert gelegt werden, dass nicht nur eine Vielzahl an Aktivitäten angeboten wird, sondern diese auch abwechslungsreich gestaltet sind (vgl. Kaulbars 2007, S.29).

Durch die empirische Untersuchung wird ein erster allgemeiner Einblick in die Analyse von Events bei regionalen Attraktionspunkten gegeben. Bislang wurde keine solche Analyse in einzelnen Attraktionspunkten durchgeführt. Sie fungiert somit als Grundlage für weitere Forschungsarbeiten. Auch konnten nicht alle theoretisch-gewonnenen Erkenntnisse in der Praxis bestätigt werden. Aus diesem Grund wurden keine allgemeingültigen Handlungsempfehlungen für die Einrichtungen abgeleitet. Eine umfassende Zufriedenheitsanalyse mit größeren Itembatterien sowie eine Inszenierungsanalyse für die Einrichtung ist damit ein möglicher Inhalt für weitere Untersuchungen. Zusätzlich ist eine Faktoranalyse, welche das Event als ein Besuchermotiv identifiziert, denkbar. Möglich wäre eine ähnliche Untersuchung auch mit Sport-Events.

Literaturverzeichnis

ATTESLANDER, P. (2010): Methoden der empirischen Sozialforschung, 13. Aufl., Berlin 2010.

BIEGER, T.; LAESSER, C. (2003): Attraktionspunkte – Multioptionale Erlebniswelten für wettbewerbsfähige Standorte, Berlin, Stuttgart, Wien 2003.

BRÜGGEMANN, S.-O.; MEYER, D. (1998): Events in Dresden, in: Freyer, W.; Meyer, D.; Scherhag, K. (Hrsg.): Events. Wachstumsmarkt im Tourismus?: Tagungsband zum 3. Dresdner Tourismus-Symposium, Dresden 1998, S. 231-241.

FREYER, W. (1998): Eventmanagement im Tourismus. Kulturveranstaltungen und Festivals als touristische Leistungsangebote, in: Freyer, W.; Meyer, D.; Scherhag, K. (Hrsg.): Events. Wachstumsmarkt im Tourismus?: Tagungsband zum 3. Dresdner Tourismus-Symposium, Dresden 1998, S. 17-50.

GEISSLER, M.; DRENGNER, J.; ZANGER, C. (2006): Eventreport 2005, regionalökonomische Wirkungen von Großveranstaltungen am Beispiel des "splash!"-Festivals 2005 [eine empirische Studie], Chemnitz 2006.

GETZ, D. (2007): Event Studies. Theory, research and policy for planned events, Oxford et. al. 2007.

GUNN, C. A. (1997): Vacationscape: Developing Tourist Areas, 3. Aufl., Washington, London, Bristol 1997.

HALLMANN, K.; BREUER, C. (2010): Image Fit between Sport Events and their Hosting Destinations from an Active Sport Tourist Perspective and its Impact on Future Behaviour, in: Journal of Sport & Tourism, Vol. 15, 2010, No. 3, pp. 215-237.

KAPLANIDOU, K. (2007): Affective event and destination image: Their influence on Olympic travelers' behavioral intentions, in: Event Management, Vol. 10, 2007, No. 2/3, pp. 159-173.

KAULBARS, J. (2007): Was genau ist ein Erlebnis? Welche Antworten hat die Emotionspsychologie für Erlebnismanager, Bremerhaven 2007.

PECHLANER, H.; BIEGER, T.; WEIERMAIR, K. (2006): Attraktionsmanagement. Führung und Steuerung von Attraktionspunkten, Wien 2006.

PINE, B. J.; GILMORE, J. H. (1998): Welcome to the Experience Economy, in: Havard Business Review, Reprint 98407, pp. 97-105.

ROMEIß-STRACKE, F. (2006): Ist optimale Inszenierung möglich?, in: Brunner-Sperdin, A.; Weiermair, K. (Hrsg.): Erlebnisinszenierung im Tourismus. Erfolgreich mit emotionalen Produkten und Dienstleistungen, Berlin 2006, S. 35-64.

SCHERHAG, K. (1998): Events — Eine Chance für die Tourismuswirtschaft?, in: Freyer, W.; Meyer, D.; Scherhag, K. (Hrsg.): Events. Wachstumsmarkt im Tourismus? Tagungsband zum 3. Dresdner Tourismus-Symposium, Dresden 1998, S. 83-100.

STAUSS, B. (1999): Kundenzufriedenheit, in: Marketing ZFP, Zeitschrift für Forschung und Praxis, 21. Jg., 1999, H. 1, S. 5-24.

ZANGER, C. (2010): Stand und Perspektiven der Eventforschung - Eine Einführung, in: Zanger, C. (Hrsg.): Stand und Perspektiven der Eventforschung, Wiesbaden 2010, S. 1-12.

Hans R. G. Rück

Compliance bei Events

1 Problemstellung

Bestimmte Arten von geschäftlichen Veranstaltungen sind in den letzten Jahren negativ in die Schlagzeilen gekommen, ja sogar in den Fokus der Staatsanwaltschaften gerückt – vor allem durch eine unangebrachte Nähe zur Freizeitgestaltung und Unterhaltung. Im Zusammenhang mit der Kostenübernahme durch das einladende Unternehmen entstand dadurch der „böse Schein", es handele sich um unlautere Beeinflussungsversuche, oder mit anderen Worten: um korruptionsnahe Tatbestände.

Compliance wird die Veranstaltungswirtschaft, aber auch die Tourismuswirtschaft, in den nächsten Jahren tief greifender verändern als irgend eine andere aktuelle Entwicklung, ausgenommen die neuen Kommunikationstechnologien und das Thema Nachhaltigkeit. Die hohe Bedeutung von Compliance ist heute erst im Ansatz verstanden worden – das gilt für die Veranstaltungswirtschaft selbst und ihre Verbände, aber auch für die Tourismuswirtschaft, die in vielfältiger Weise von Veranstaltungen profitiert. Der folgende Beitrag bietet erstmalig einen vollständigen Überblick der Anforderungen von Compliance an Veranstaltungen, ihrer Auswirkungen auf die Veranstaltungskonzeption sowie der potenziellen wirtschaftlichen Folgen für die betroffenen Branchen.

Die Notwendigkeit von Compliance im Veranstaltungsbereich lässt sich angesichts der diversen Skandale der letzten Jahre nicht bestreiten. In diesem Sinne wird Compliance schädliche Gewohnheiten aufbrechen und der dringend nötigen Professionalisierung der Veranstaltungswirtschaft einen kräftigen Schub verleihen.

Allerdings entfaltet Compliance derzeit auch schädliche Wirkungen, die eine wissenschaftliche Abhandlung nicht verschweigen kann: Die Konkurrenz verschiedener Vorschriften und Kodizes sowie fragwürdige Überregulierungen haben bei den Marktteilnehmern zu einer erheblichen Verunsicherung bei Einladungen zu geschäftlichen Veranstaltungen geführt. Immer mehr Gäste bleiben weg. In der Folge werden Veranstaltungen und Budgets gestrichen oder gekürzt, Dienstleister beklagen inzwischen zum Teil spürbare Umsatzeinbußen. Im Folgenden gilt es, die Ursachen dieser Entwicklung zu analysieren, die besonders betroffenen Veranstaltungsarten und Leistungsträger aufzuzeigen sowie Verbesserungsvorschläge zu unterbreiten, die dazu führen können, dass Compliance in der Veranstaltungswirtschaft künftig eine uneingeschränkt konstruktive Rolle spielen kann.

2 Compliance im Veranstaltungsbereich – eine Einführung

2.1 Der Begriff „Compliance"

Der Begriff „Compliance" stammt von dem englischen Verb „to comply", was übersetzt „entsprechen, befolgen, erfüllen, gehorchen" bedeutet. Bei Compliance geht es um die Befolgung von Gesetzen und Regeln, speziell im geschäftlichen Verkehr.

Das Konzept stammt ursprünglich aus der anglo-amerikanischen Finanzindustrie und bezeichnet ein rechtlich einwandfreies, redliches und faires Verhalten einer beliebigen Organisation, speziell eines Unternehmens, gegenüber Marktteilnehmern, Staat und Mitbürgern. In der Praxis ist damit meist die Vermeidung von Korruption und anderen unethischen Praktiken wie Kinderarbeit oder Prostitution gemeint. Das Leitbild von Compliance ist ein „gut-bürgerliches Verhalten" des Unternehmens („Good Corporate Citizenship").

Ein wesentliches Merkmal von Compliance ist die *Institutionalisierung*, d. h. ihre Verankerung in der jeweiligen Organisationsstruktur. Wesentliche Kennzeichen sind der Erlass von Compliance-Richtlinien und die Bestellung von Compliance-Beauftragten (den „Compliance Officers"), deren Aufgabe es ist, die Einhaltung der geltenden Gesetze und Normen zu überwachen.

Compliance wird dementsprechend definiert als *institutionalisierte Befolgung von Gesetzen und ethisch-moralischen Normen durch eine Organisation im geschäftlichen Verkehr*.

Im selben Sinn und kürzest möglich definieren Rieder/Falge (2010, S. 13) Compliance als „organisierte Rechtschaffenheit [...] im geschäftlichen Verkehr", wobei diese Definition nahezu aphoristische Qualität besitzt, bringt sie doch in nur zwei Worten das Spannungsverhältnis zum Ausdruck, welches der Konzeption von Compliance immanent ist: Rechtschaffenheit durch Vorschriften organisieren zu wollen, birgt automatisch das Risiko der Bürokratisierung und pseudo-moralischer Gängelung im Geiste selbsternannter politischer Korrektheit. Wäre der „ehrbare Kaufmann" im Geschäftsleben als Ideal noch allgegenwärtig, bedürften wir der Organisation von Rechtschaffenheit nicht. Wenn man will, kann man Compliance als den Preis ansehen, den wir zu entrichten haben für den Werteverfall, der in den vergangenen Jahrzehnten im geschäftlichen Verkehr stattgefunden hat.

Die Ziele von Compliance entsprechen seiner rationalistischen Grundkonzeption: Korrektes Verhalten wird nicht um seiner selbst willen angestrebt, sondern um juristische Klagen, Strafzahlungen und Schadensersatzforderungen zu vermeiden, die in einer globalisierten Wirtschaft schmerzhafte Größenordnungen erreichen können: Der Siemens-Skandal beispielsweise kostete das Unternehmen 1 Mrd. Euro Geldbußen und 500 Mio. Euro Anwaltshonorare. Das zweite zentrale Ziel von Compliance ist die Vermeidung von Imageschäden. Der Ergo-Skandal und die dadurch ausgelöste Vernichtung von Markenwert bietet dafür ein eindrückliches Beispiel.

2.2 Veranstaltungen als Fokus und Treiber der Compliance-Diskussion

Veranstaltungen[1] standen von Anfang an im Brennpunkt der Compliance-Diskussion. Genauer gesagt ging es um Einladungen zu geschäftlichen Veranstaltungen, die aufgrund verschiedener Merkmale auffällig waren: ein hoher monetärer Gegenwert, touristisch attraktive oder gar exotische Destinationen, besonders luxuriöse Veranstaltungsstätten, aufwändige Rahmenprogramme und Bewirtung, Einladung privater Begleitpersonen.

Besondere Bekanntheit erlangten die Fälle EnBW (Einladung hochrangiger Amtsträger mit dienstlichen Beziehungen zur EnBW zu Spielen der Fußball-WM 2006), Ergo Versicherung und Wüstenrot Bausparkasse („Belohnungsreisen" bzw. Incentives für den Außendienst in den Jahren 2007/2011, auf denen es zu sexuellen Ausschweifungen kam) (vgl. Iwersen 2012; Ergo 2011a; o. V. 2011; 2011b; Peitsmeier 2011), Thyssen-Krupp und Mazda (Einladung von Journalisten zu luxuriösen Auslandsreisen und Einladungsveranstaltungen zwecks „Medienlandschaftspflege") (vgl. Knop 2012; Förster 2013).

Noch vor allen anderen Branchen hatten die Auswüchse im Pharma-Vertrieb für Aufsehen gesorgt (vgl. Maugé 2006). Auch hier ging es um hochwertige Einladungen zu Veranstaltungen, mit denen Ärzten allerlei unlautere Anreize gegeben werden sollten, bestimmte Präparate zu verschreiben. Um drohenden Eingriffen des Gesetzgebers zuvor zu kommen, gründete die Pharma-Industrie im Jahr 2004 den Verein zur „Freiwilligen Selbstkontrolle für die Arzneimittelindustrie" (FSA), welcher anschließend den

1 „Der Begriff Veranstaltung bezeichnet ein organisiertes, zweckbestimmtes, zeitlich begrenztes Ereignis, an dem eine Gruppe von Menschen vor Ort und/oder über Medien teilnimmt" (Rück 2013a). Den Begriff Event behandeln wir im Rahmen dieser Arbeit der Einfachheit halber gleichbedeutend mit dem Begriff Veranstaltung, da eine Unterscheidung zwischen den beiden für das Thema der vorliegenden Abhandlung nur von geringem Erkenntniswert wäre.

„FSA-Kodex" (auch „Pharmakodex" genannt) entwickelte. Seitdem dürfen z. B. Fachtagungen, Fortbildungen und Kongresse für Ärzte nicht mehr im Ausland oder an touristisch attraktiven Orten durchgeführt werden, „wo Berge, Seen oder das Meer in der Nähe sind" (o. V. 2004), welche der Dienstreise einen unangemessenen Freizeitcharakter verleihen können.

Diese Beispiele sind allerdings nur die sprichwörtliche „Spitze des Eisbergs". Bei zu vielen geschäftlichen Veranstaltungen stehen sachfremde Motive im Vordergrund: Ausschlaggebend für die Wahl des Tagungsorts ist oft die Frage, wo man denn noch nicht gewesen sei. Ein feucht-fröhlicher Segeltörn mit der Belegschaft wird schon mal gern als „Teambuilding-Event" verkauft, ein Skiausflug im Team als „Strategieklausur". Und weil der Vorstand gerne Golf spielt, geht man eben mit den besten Kunden Golfspielen (auch weil es in diesen Kreisen üblich ist). Derartige Praktiken haben ihren Teil dazu beigetragen, dass Veranstaltungen mittlerweile insgesamt unter verschärfter Beobachtung stehen – „freizeitorientierte" Kunden-Events ebenso wie „nüchterne" (sollte man meinen) Tagungen. Und Sie belegen, dass die Frage der Compliance von (Einladungen zu) geschäftlichen Veranstaltungen mit gutem Grund gestellt wird.

2.3 Grundlagen und Erscheinungsformen von Compliance

2.3.1 Vorschriften des Strafgesetzbuchs

Ausgangsbasis von Compliance sind die einschlägigen Vorschriften des Strafgesetzbuchs (StGB) zur Vorteilsgewährung bzw. Vorteilsannahme und Bestechung bzw. Bestechlichkeit (§§ 131–334 StGB für Amtsträger in der Verwaltung, § 299 StGB für Angestellte in privaten Unternehmen). Darin geht es um sogenannte „Unrechtsvereinbarungen" (vgl. dazu Blask/Curtius 2011, S. 6ff.) mit dem Zweck der unlauteren Beeinflussung von Entscheidungen wie z. B. Auftragsvergaben oder Genehmigungen. Strafbar ist eine Vorteilsgewährung/Vorteilsannahme, wenn der Vorteil für eine bestimmte Gegenleistung – bei Amtsträgern: für die Dienstausübung – gewährt/angenommen wird. Beide Parteien machen sich strafbar: derjenige, der den persönlichen Vorteil anbietet und derjenige, der ihn annimmt (vgl. Kühl 2011, §§ 299, 311-314 StGB). Was den Vorteilsannehmenden betrifft, gelten die Bestimmungen des StGB nur für Angestellte und Beamte, also unselbstständig Beschäftigte, nicht aber für selbstständige Unternehmer oder Freiberufler (vgl. auch Acker/Ehling 2013, S. 15), da Letztere im Gegensatz zu Ersteren durch ihre Entscheidungen nur sich selbst, aber keinen anderen schädigen können. Für Amtsträger gelten dabei strengere Maßstäbe als

Angestellte; damit möchte der Gesetzgeber das Vertrauen der Bürger in die Lauterkeit der Öffentlichen Verwaltung schützen (vgl. ACC 2010, S. 5).

2.3.2 Kodizes und Leitlinien („Soft Law")

Die Vorschriften des StGB sind sehr allgemein gehalten und geben nur einen Rahmen vor; im Alltag bieten sie kaum Orientierung. Das wurde spätestens mit dem Fall EnBW offensichtlich, und dadurch bekam die Compliance-Debatte in Deutschland eine neue Dimension: Nach dem Urteil des Bundesgerichtshofs gegen den damaligen Vorstandsvorsitzenden Utz Claassen (vgl. BGH 2008b) stand mit einem Mal die Möglichkeit im Raum, sich durch das Aussprechen oder Annehmen einer Einladung zu einem Fußballspiel strafbar zu machen (vgl. Keller 2012, S. 18). Der Fall rief in den Führungsetagen der deutschen Wirtschaft verständlicherweise hohe Aufmerksamkeit hervor, und in der Folge bildeten sich auf Betreiben mehrerer Konzerne zwei privatwirtschaftliche Initiativen mit dem Ziel, die gesetzlichen Vorgaben für den Alltag handhabbarer zu machen und dadurch ein höheres Maß an Rechtssicherheit zu schaffen. Das Ergebnis waren zwei Kodizes bzw. Leitlinien (vgl. i. F. Rück 2012, S. 15f):

1. Der *„Kodex zur Abgrenzung von legaler Kundenpflege und Korruption"* – auch „Ampelpapier" genannt – wurde verfasst vom *„Arbeitskreis Corporate Compliance"* (vgl. ACC 2010, http://www.inea-online.com). Dieser setzt sich zusammen aus 25 Unternehmensrepräsentanten (Chief Compliance Officers) sowie Justizfachleuten (Eurojust, Staatsanwaltschaften, Strafrechtswissenschaftlern) sowie Vertretern von Europäischem Rechnungshof, diversen Kammern und Verbänden.

2. Der *„S 20-Leitfaden für Hospitality und Strafrecht"* wurde verfasst von der *„Sponsoreninitiative S 20"* in Zusammenarbeit mit dem Deutschen Olympischen Sportbund und dem Bundesinnenministerium (vgl. S 20 2011, http://www.s20.de). In der „S 20", die sich selbst als „The Sponsor's Voice" bezeichnet, sind internationale Konzerne zusammengeschlossen, die sich stark im (Sport-)Sponsoring engagieren (u. a. Adidas, Bayer, Coca-Cola, Deutsche Bahn, Deutsche Post, McDonalds, Mercedes-Benz, Siemens und Deutsche Telekom). Die S 20 kooperieren in der „Initiative Sportstandort Deutschland" mit dem Deutschen Olympischen Sportbund und dem Bundesinnenministerium.

Beide Kodizes sind zwar nicht rechtsverbindlich, da sie aber unter hoheitlicher Beteiligung von Staatsanwaltschaften und Ministerien zustandekamen, gelten sie vor Gericht als verlässlicher Verhaltensmaßstab; Juristen sprechen hier zuweilen von „Soft Law“.

3. Der früheste Kodex dieser Art und in vieler Hinsicht ein Prototyp der beiden jüngeren ist der bereits erwähnte FSA-Kodex (vgl. FSA 2012, http://www.fs-arzneimittelindustrie.de), der in doppelter Hinsicht eine Sonderstellung einnimmt: Er gilt nur für einen einzigen Wirtschaftszweig. Und er besitzt Rechtsverbindlichkeit gegenüber den Unternehmen, die sich ihm angeschlossen haben; die Verbandsgeschäftsstelle kann auf dieser Grundlage Geldbußen von bis zu 250.000 € verhängen. Für die beiden erstgenannten Kodizes gilt das nicht, sie sind weder rechtsverbindlich noch strafbewehrt. Der Pharmakodex ist also ein Sonderfall und wird deshalb im Folgenden nicht eingehend besprochen. Es sei jedoch darauf hingewiesen, dass viele der Leitlinien in den beiden jüngeren Kodizes sich an den (strengeren) Pharmakodex anlehnen oder daraus abgeleitet worden sind.

2.3.3 Eigene Richtlinien der Unternehmen

Neben gesetzlichen Vorschriften und Kodizes gibt es noch ein dritte Quelle von Compliance: nämlich Richtlinien, welche sich einzelne Unternehmen (oder auch Verbände) selbst gegeben haben. Solche Richtlinien sind für die Mitarbeiter des Unternehmens grundsätzlich rechtsverbindlich und können im Falle der Nichtbeachtung arbeitsrechtliche Konsequenzen nach sich ziehen. Wie neueste Studien zeigen (vgl. KPMG 2013), verfügen börsennotierte Unternehmen in Deutschland weit häufiger über ein Compliance-Management-System und damit solche Richtlinien als mittelständische Unternehmen (vgl. Zimmermann 2013, S. 3).

Von unternehmensspezifischen Richtlinien abgesehen können wir festhalten: Compliance materialisiert sich in Deutschland (bislang) nicht in gesetzlichen Vorschriften, sondern zum weitaus größten Teil in Kodizes, die nicht rechtsverbindlich sind (mit Ausnahme des Pharmakodex).

2.4 Verhaltensrichtlinien der aktuellen Kodizes im Detail

Im Folgenden werden die Vorschriften des „Ampelpapiers“ und des S 20-Leitfadens vorgestellt (vgl. i. F. Rück 2012, S. 15f.; S 20 2011, S. 16ff.; ACC 2010, S. 5ff.).

Im Mittelpunkt beider Kodizes stehen Zuwendungen[2], die geeignet sein könnten, eine Unrechtsvereinbarung im Sinne der §§ 299 und 311–314 StGB herbeizuführen, d. h. Entscheidungen von Angestellten und Amtsträgern in unlauterer Weise zu beeinflussen, wie: Einladungen zu hochwertigen Geschäftsessen, Hospitality-Paketen, Veranstaltungen sowie damit verbundene Begleiterscheinungen wie die Übernahme von Reise- und Übernachtungskosten, die kostenfreie Einladung von Begleitpersonen, die Wahl besonders attraktiver Destinationen und Veranstaltungsorte sowie Merkmale der Veranstaltung selbst und der sie begleitenden Rahmenprogramme. Dabei gelten, dem StGB folgend, für Amtsträger schärfere Bestimmungen als für Angestellte.

Unterschiede zwischen beiden Kodizes zeigen sich in der Strukturierung der Tatbestände:

> Der Kodex des Arbeitskreises Corporate Compliance versieht Zuwendungen mit einer „Ampel“ (daher die Bezeichnung „Ampelpapier“): Zuwendungen im *„grünen Bereich“* sind uneingeschränkt erlaubt; Zuwendungen im *„gelben Bereich“* sind grundsätzlich unzulässig, aber mit Genehmigungsvorbehalt versehen; Zuwendungen im *„roten Bereich“* sind generell unzulässig.
>
> Der S 20-Leitfaden hingegen führt sogenannte „negative Indizien“ auf und gibt dazu folgende Handlungsempfehlung: „Falls *kein* negatives Indiz vorliegt, kann die Einladung [oder Zuwendung bzw. deren Annahme; d. Verf.] erfolgen. ... Liegen *ein oder mehrere* negative Indizien vor, muss im Einzelfall ... geprüft werden, ob eine Einladung statthaft ist“ (S 20 2011, S. 17; Hervorhebungen d. d. V.).

Inhaltlich stimmen beide Kodizes weitgehend überein. Die folgende Darstellung nutzt die anschauliche Idee der „Ampel“ und wendet diese auf die Liste „negativer Indizien“ gemäß S 20-Leitfaden an, welche punktuell um die Regelungen des „Ampelpapiers“ ergänzt werden. Wir erläutern zunächst die unproblematischen Tatbestände („Grün“), dann die unzulässigen am anderen Ende der Skala („Rot“) und schließlich den besonders komplizierten Übergangsbereich („Gelb“):

---

2 Der Themenstellung des Beitrags entsprechend werden Zuwendungen im Folgenden immer mit Einladungen gleichgesetzt, es sei denn, eine andere Art der Zuwendung wird ausdrücklich genannt.

Grüne Ampel

Zulässig sind alle „sozialadäquaten" Einladungen; die „der Höflichkeit und Gefälligkeit entsprechen und sozial üblich als auch [...] allgemein gebilligt sind" (ACC 2010, S. 8). Hierunter fallen z. B. kleinere Aufmerksamkeiten, Einladungen, deren Ablehnung landesüblichen Werten widerspräche, oder solche ohne geschäftlichen Hintergrund (vgl. ACC 2010, S. 15ff.). Zulässig ist es auch, Amtsträger zu Repräsentationszwecken einzuladen; das gilt beispielsweise für Spitzenbeamte oder Regierungsämter (vgl. BGH 2008a). Zulässig sind schließlich auch Einladungen im Zusammenhang mit Sponsoring-Aktivitäten, sofern (bei Amtsträgern) „keine unzulässige Kopplung mit dienstlichen Aufgaben erfolgt" (ACC 2010, S. 9).

Rote Ampel

Grundsätzlich unzulässig ist bei Amtsträgern wie Angestellten die Einladung von Personen, die maßgeblich in eine bevorstehende Beschaffungsentscheidung eingebunden sind, d. h. Zuwendungen dürfen nicht mit betrieblichen oder amtlichen Entscheidungen zusammenfallen. Diesen Grundsatz bezeichnet man als „Trennungsprinzip" (ACC 2010, S. 10, 20). Ebenfalls grundsätzlich unzulässig sind bei Amtsträgern wie Angestellten Zuwendungen sexueller oder anstößiger Natur sowie Zuwendungen, die auf Verlangen der anderen Seite gewährt werden.

Gelbe Ampel

Die „gelbe Phase" umfasst „alle Zuwendungen, deren Gewährung nicht ohne Genehmigung freigegeben (‚grüne Phase'), aber auch nicht ausnahmslos verboten ist (‚rote Phase')" (vgl. ACC 2010, S. 9). Für solche Zweifelsfälle ist die Genehmigung des/der Vorgesetzten und des Compliance-Officers einzuholen (vgl. ebd.). Eine „gelbe Ampel" bedeutet also nicht automatisch, dass eine Zuwendung oder Einladung unstatthaft ist. Vielmehr signalisiert sie ein „negatives Indiz" und ist damit als Aufforderung zur erhöhten Aufmerksamkeit zu verstehen. Leuchten gleich mehrere „gelbe Lichter" auf, so kann die Ampel für eine Einladung insgesamt auf „Rot" springen. Da jeder Fall anders gelagert ist, gilt es auch hier, eine Abwägung im Einzelfall vorzunehmen.

Grundsätzlich problematisch ist die *Annahme „höherwertiger" Geschenke.* Je höherwertiger, desto problematischer, und je näher zu einem Beschaffungszeitpunkt, desto unmöglicher die Annahme des Geschenks. Was als höherwertig zu gelten hat, bestimmt sich nach dem sachlichen und sozialen Kontext.

Ein negatives Indiz sind auch *„höherwertige" Einladungen*, speziell zu VIP-Veranstaltungen (Ausnahme: Einladung von Amtsträgern zu Repräsentationszwecken). Die Höherwertigkeit und der „VIP-Faktor" einer Einladung machen sich an ihrem finanziellen Gegenwert und ihrer Exklusivität fest: Während eine Einladung zu „Holiday on Ice" im Gegenwert von ca. 80 € als sozialadäquat angesehen werden dürfte, gilt ein Ticket für einen Klitschko-Boxkampf im Gegenwert von etwa 250 € als „VIP-Veranstaltung".

Nicht statthaft ist auch eine *„hoch- oder höherwertige" Bewirtung*, die den „Bündelcharakter" oder den Rahmen der Veranstaltung übersteigt. Laut „Ampelpapier" sind bei Amtsträgern gelegentliche Bewirtungen im Wert von bis zu 25 €, bei Angestellten von bis zu 50 € zulässig.

Die *Übernahme der Dienstreise- und/oder Übernachtungskosten durch den Veranstalter* gilt gemäß S 20-Leitfaden als „negatives Indiz"; nur für Referenten gilt die Kostenübernahme als unproblematisch (vgl. S 20 2011, S. 17). Im „Ampelpapier" hingegen gilt eine Kostenübernahme für Dienstreisen grundsätzlich als möglich, wenn die Dienstreise sachgerecht und nach Anlass und Umfang angemessen und vom Vorgesetzten genehmigt ist (vgl. ACC 2010, S. 18f.).

Als verdächtig gilt gemäß S 20-Leitfaden grundsätzlich auch ein *hoher Unterhaltungs- und Freizeitwert* einer Veranstaltung. Diese Einschätzung geht zurück auf die Rechtsprechung des BGH im Fall EnBW, wonach insbesondere Einladungen zu Veranstaltungen mit Freizeitcharakter geeignet sind, die Teilnehmer sachfremd im Sinne eines Korruptionsdelikts zu beeinflussen und ergo einen „bösen Anschein" zu erwecken (vgl. Acker/Ehling 2013, S. 14.; BGH 2008a, 2008b). Im S 20-Leitfaden wird daraus die Konsequenz gezogen, Einladungen zu Unterhaltungsveranstaltungen drastisch zu beschränken und nur noch zu „besonderen Anlässen" zu gestatten. Als Beispiele werden genannt: Firmenjubiläum, Werkseröffnung, Wechsel des Vorstandsvorsitzenden (vgl. S 20 2011, S. 20, 28). Bei Fachveranstaltungen ist im Falle von Amtsträgern bereits das bloße Vorhandensein von Unterhaltungselementen ein negatives Indiz, bei Angestellten dürfen die Unterhaltungsteile den Fachteil nicht überwiegen. Als unproblematisch gelten Unterhaltungselemente, die eine „sinnvolle, sozialadäquate Überbrückung zwischen den fach- bzw. geschäftlichen Anteilen dar[stellen] (z. B. Stadtrundfahrt, Museumsbesuch)" (S 20 2011, S. 18).

Auch ein *Veranstaltungsort und -rahmen mit touristischem oder hohem Freizeitwert* wird vom S 20-Leitfaden als „negatives Indiz" gewertet: Destination und Location sollen sachlich angemessen, das Hotel auf geschäftliche Veranstaltungen ausgelegt sein und über keine außergewöhnliche Ausstattung im Wellness-Bereich verfügen.

Luxus-Wellness-Hotels gilt es demnach zu meiden, genauso wie ausgefallene und spektakuläre Destinationen (vgl. S 20 2011, S. 24) – es sei denn, die Wahl ist sachlich bedingt, z. B. durch den Inhalt der Veranstaltung oder die Entfernung zu den Wohnorten der Teilnehmer. Der S 20-Leitfaden lehnt sich hier erkennbar an Normen und Spruchpraxis des FSA an. Das „Ampelpapier" beschränkt sich diesbezüglich auf die summarische Festlegung, dass derartige Einladungen unter dem Zustimmungsvorbehalt des Compliance-Officers stehen; die Annahme ist zulässig, „wenn Anlass und Umfang der Einladung angemessen sind und eine Ablehnung dem Gebot der Höflichkeit widersprechen würde" (ACC 2010, S. 18f.).

Und schließlich gilt auch die *Einladung von nicht sachkundigen Personen und Begleitpersonen* dem S 20-Leitfaden zufolge als problematisch. (Die mangelnde Sachkunde macht sich fest am fehlenden fachlichen Bezug der Einladung zur Position bzw. Expertise des Eingeladenen.) Diese Sichtweise ist mit der Rechtsprechung des BGH konsistent, dass bei geschäftlichen Veranstaltungen „grundsätzlich [...] versucht werden [sollte], [...] auf die Einladung von Begleitpersonen zu verzichten, um nicht den Eindruck zu erwecken, dass man sich nicht über das Geschäft unterhalten wolle. Dann wäre die Schwelle zur reinen Freizeitveranstaltung schnell überschritten" (Acker/Ehling 2013, S. 17). Wird ein *eigenes Begleitprogramm* für Begleitpersonen geboten, so gilt das ebenfalls als „negatives Indiz".

2.5 Verhaltensrichtlinien für das Einladungsprozedere

Geschäftliche Einladungen sollen unter allen Umständen transparent erfolgen; denn Heimlichkeit gilt nach Auslegung des BGH als Indiz für unlautere Absichten (vgl. Acker/Ehling 2013, S. 16; ACC 2010, S. 6; BGH 2008a). Um eine Einladung transparent zu gestalten, ist Folgendes zu beachten (vgl. S 20 2011, S. 6, 11f.; Schenk 2012, S. 24.):

- Einladungen sollten stets offiziell auf Firmenbriefbogen erfolgen.
- Sie sollten an die Geschäftsadresse des Arbeitgebers, nicht an die Privatadresse des Einzuladenden gesendet werden.
- Bei größeren und aufwändigeren Einladungen sollte eine allgemein formulierte Einladung an den Arbeitgeber gesendet und diesem die Auswahl des oder der Teilnehmer freigestellt werden.

- Einladungen sind grundsätzlich mit Genehmigungsvorbehalt zu versehen, etwa mit folgendem Disclaimer: „Diese Einladung steht unter dem Vorbehalt, dass Ihnen die Genehmigung ihrer Vorgesetztenstelle vorliegt."
- Damit eine Genehmigung überhaupt erfolgen kann muss die Veranstaltung nach Art, Anlass und Umfang in der Einladung präzise beschrieben werden.
- Ferner sollte der Einladende, zu seinem eigenen Schutz, in der Einladung zwischen Amtsträgern und Nicht-Amtsträgern differenzieren (am einfachsten und sichersten ist es, eine entsprechende Variable in die Adressdatei einzufügen).

3 Auswirkungen der aktuellen Kodizes auf Veranstaltungen

3.1 Betroffene Veranstaltungsarten

Welche Arten von Veranstaltungen sind von den Regelungen nun in welchem Umfang betroffen, und warum? (vgl. i. F. auch Rück 2012, S. 16f.)

Betroffen sind zunächst alle „externen" Veranstaltungen, die sich auf Zielgruppen außerhalb des eigenen Unternehmens richten, speziell auf Kunden und Lieferanten, da es streng genommen nur hier zu Unrechtsvereinbarungen kommen kann. Dazu zählen auch „halbexterne" Zielgruppen, wie z. B. Außendienst-Mitarbeiter, die den Status von selbstständigen Handelsvertretern besitzen. Für interne Veranstaltungen gelten die Kodizes streng genommen nicht; es steht jedoch zu erwarten, dass sie auf diese durchfärben, etwa wenn sich die Steuerbehörden bei der Beurteilung der steuerlichen Absetzbarkeit künftig an den Leitlinien der Kodizes orientieren.

Die besondere Aufmerksamkeit der Leitlinien gilt allen *Veranstaltungen mit Freizeit- und Unterhaltungscharakter*. Zu solchen Veranstaltungen zählen:

> *Veranstaltungen zur „Beziehungspflege":* Dabei handelt es sich nicht um regelrechte Marketing-Events, sondern um Veranstaltungen mit dem Ziel, Kundenbeziehungen auf einer informelleren Ebene zu etablieren bzw. auszubauen. Prototypisch für diese Art von Veranstaltungen sind die bekannten und auf Unternehmensleitungsebene besonders beliebten „Golf-Events" (siehe dazu im Detail das folgende Kap. 3.2.1).

Galas, Empfänge, Festakte (z. B. Firmenfeiern): Veranstaltungen dieser Art richten sich in der Regel an die eigenen Mitarbeiter sowie an (wichtige) externe Partner (Kunden, Lieferanten).

Hospitality-Pakete bzw. Einladungen zu *Unterhaltungsveranstaltungen in Sport und Kultur:* Sponsoring-Engagements werden häufig als Plattform zur Verbesserung der geschäftlichen Beziehungen eingesetzt; in diesem Zusammenhang sind beispielsweise Einladungen von Geschäftspartnern in gemietete Logen von Sportstadien oder auch zu Kulturveranstaltungen üblich.

Incentives: Diese Belohnungsveranstaltungen zählen ebenfalls in der Regel zu den freizeitorientierten Veranstaltungen; häufig handelt sich dabei auch um Reisen (auch „Belohnungs-" oder „Wettbewerbsreisen" genannt). Betroffen sind Incentives für Kunden und „halbexterne" Zielgruppen, wie oben bereits erwähnt. Mitarbeiter-Incentives sind von den Regelungen der Kodizes streng genommen nicht betroffen, da es jedoch bei Incentives häufig zu sachfremden Ausschweifungen kommt, ist auch hier mit erhöhter Aufmerksamkeit und einer fallweisen Anwendung der Regelungen zu rechnen.

Alle diese Arten von Veranstaltungen haben gemein, dass sie in einem exklusiven bis luxuriösen Ambiente (Loge, Veranstaltungsstätte, Hotel) stattfinden, dass häufig auch private Begleitpersonen eingeladen sind, für die gern auch ein eigenes Unterhaltungsprogramm angeboten wird, und dass nicht selten auch die Reise- und Übernachtungskosten vom einladenden Unternehmen übernommen werden. Der Freizeit- und Unterhaltungscharakter ist bei all diesen Veranstaltungen evident, weil bewusst herbeigeführt, denn sie dienen im weitesten Sinn der „Klima-" bzw. „Beziehungspflege".

Die Übergänge zwischen den einzelnen Kategorien sind im übrigen fließend, wie das Beispiel des alljährlichen Neujahrskonzerts der Deutschen Lufthansa AG zeigt: Hier werden Top-Kunden (Senatoren, Hons) und besonders verdiente Mitarbeiter zu einem von der Lufthansa gesponserten Konzert der Berliner Philharmoniker nach Berlin eingeladen, Freiflug natürlich inklusive. Es handelt sich hier also um eine Kombination aus Empfang, Belohnungsveranstaltung (Incentive) und Hospitality-Paket.

Die besondere Aufmerksamkeit der Leitlinien gilt neben Veranstaltung mit Freizeit- und Unterhaltungscharakter auch allen *Einladungen, die in unmittelbarem Zusammenhang mit Beschaffungsentscheidungen ausgesprochen werden.* Dies betrifft im Rahmen der Veranstaltungswirtschaft insbesondere die sogenannten *Fam Trips (Scouting*

Trips, Site Inspections). Fam Trips[3] sind Besichtigungsreisen zu Destinationen und Veranstaltungsstätten, deren Kosten (ganz oder in Teilen) üblicherweise von örtlichen Leistungsträgern (Destination Management-Organisationen, Incoming-Agenturen, Veranstaltungsstättenbetreiber, Hotellerie) übernommen werden. Fam Trips dienen der Vorbereitung von Beschaffungsentscheidungen. Teilweise werden sie lange Zeit vor einer Veranstaltung zur allgemeinen Information durchgeführt, häufig aber auch erst, wenn die Veranstaltungsplanung in die Endphase geht und mehrere mögliche Veranstaltungsstätten inspiziert werden sollen. Fam Trips sind, mit anderen Worten, häufig beschaffungsnahe Einladungsreisen. Da alle Leistungsträger natürlich bemüht sind, sich von ihrer besten Seite zu zeigen, sind diese Reisen häufig durch ein aufwändiges, aber auch strapaziöses Programm gekennzeichnet, das in den Augen unkundiger Beobachter allerdings den Anschein einer luxuriösen Vergnügungsreise erwecken kann. Die Mischung aus zeitlicher Nähe zur Beschaffungsentscheidung, aufwändigen Bewirtungen, Besichtigungs- und Rahmenprogrammen bei Übernahme aller Reise- und Übernachtungskosten ergibt aus Perspektive der Kodizes ein problematisches Gesamtbild. Bereits seit einigen Jahren sind daher die Teilnehmerzahlen bei Fam Trips rückläufig. Immer häufiger entsenden Unternehmen auch „Ersatzpersonen" ohne Entscheidungsbefugnis. Für Hosted Buyer-Programme[4] von Messegesellschaften gilt im Grunde dasselbe, wenn auch in abgeschwächter Form, da Hosted Buyer-Programme typischerweise von Intermediären und nicht von den Leistungsträgern selbst angeboten werden, welche die Programme letztlich aber finanzieren.

Das „Trennungsgebot" gilt natürlich nicht nur für Fam Trips oder Hosted Buyer-Programme, sondern auch für alle anderen oben genannten (und ungenannten) Arten von Veranstaltungen. Demnach ist im Vorfeld einer (Beschaffungs-) Entscheidung die Einladung von Personen unstatthaft, die an dieser Entscheidung mitwirken. Das wäre dann auch bei Veranstaltungen zur Beziehungspflege wie dem oben erwähnten „Golf-

---

3 Fam Trip, kurz für *Familiarization Trip* (*to familiarize oneself with something*, „sich mit etwas vertraut machen"). Die verwandten Fachtermini „Scouting Trip" und „Site Inspection" beziehen sich insbesondere auf Veranstaltungsstätten, der Begriff „Fam Trip" ist allgemeiner und schließt auch ganze Destinationen mit ein.

4 Ein *hosted buyer* („bewirteter Käufer") ist ein besonders betreuter Kunde. Hosted Buyer-Programme werden v. a. von Messebetreibern oder anderen Intermediären eingesetzt: Der Messeveranstalter lädt gezielt prospektive Kunden auf die Messe ein und übernimmt die Reise- und Übernachtungskosten. Im Gegenzug ist jeder einzelne hosted buyer verpflichtet, auf der Messe eine bestimmte Anzahl an Gesprächsterminen mit Ausstellern zu absolvieren.

Event“, Kunden- und Vertriebs-Incentives, Hospitality-Paketen sowie Galas, Empfängen und Festakten zu berücksichtigen.

Untersuchen wir nun exemplarisch die konkreten Auswirkungen der „Ampel“ anhand von zwei ausgewählten Veranstaltungsbeispielen. Die Beispiele sind fiktiv, aber realitätsnah gewählt.

3.2 Fallbeispiele für die Auswirkungen der Kodizes

3.2.1 Kunden-Event zur Beziehungspflege

Betrachten wir zunächst das Beispiel eines aufwändigen Kunden-Events:

> Ein Unternehmen lädt Top-Kunden (teils Inhaber, teils angestellte Top-Manager) mit Ehe- und Lebenspartnern zu einem „Golf-Event“ über das Wochenende ein. Die Eingeladenen treffen auf die Geschäfts- und Vertriebsleitung des einladenden Unternehmens. Für die Begleitpersonen gibt es ein separates Unterhaltungsprogramm. Auf der Veranstaltung sind Produkte des einladenden Unternehmens ausgestellt, Mitarbeiter stehen für Fragen zur Verfügung. Die Veranstaltung findet im Schwarzwald statt, in einem Luxus-Wellness-Hotel der Kategorie „Fünf Sterne Superior“, in dem ein Luxus-Restaurant untergebracht ist, das im „Guide Michelin“ mit zwei Sternen bewertet wird. Ein exklusives Rahmenprogramm mit Gourmet-Menü und ein Gala-Abend mit einem bekannten Show-Künstler runden die Veranstaltung ab. Ziele der Veranstaltung sind Kundenbindung und Klimapflege im Rahmen bestehender Geschäftsbeziehungen; bei einigen der Eingeladenen stehen Beschaffungsentscheidungen unmittelbar bevor, es laufen Ausschreibungen.

Bei dieser Veranstaltung leuchten gleich mehrere Ampeln gelb und eine rot. Grünes Licht erhält allein die begleitende Produktausstellung des einladenden Unternehmens und die Einladung von Inhabern oder geschäftsführenden Gesellschaftern. Hingegen verstößt die Einladung angestellter Top-Manager von Unternehmen, bei denen Beschaffungsentscheidungen unmittelbar bevorstehen, gegen das „Trennungsprinzip“ und erhält deshalb ein rotes Stoppsignal. Die Einladung der übrigen Top-Manager ist mit einer „gelben Ampel“ zu bewerten, bedingt durch den offensichtlichen Freizeitcharakter der Veranstaltung und das luxuriöse Ambiente sowie die touristisch attraktive Destinationen, die Einladung privater Begleitpersonen und das separate Unterhaltungsprogramm für dieselben, sofern dafür keinen Zuzahlung verlangt wird.

Gleichwohl bleiben Einladungen zu solchen Veranstaltungen auch in Zukunft zulässig – soweit die Einladung vollkommen transparent erfolgt (nach den in Kap. 2.4 genannten Kriterien) – darauf ist gerade bei Veranstaltungen mit deutlichem Freizeitcharakter der allergrößte Wert zu legen.

3.2.2 Fam Trip

Nehmen wir zweites das Beispiel eines typischen Fam Trips:

> Der Event-Manager eines Unternehmens (also ein potentieller Auftraggeber) wird zu einem Fam Trip eingeladen. Einladende sind: die Destination Management Organisation, mehrere Location-Betreiber und andere Leistungsträger aus der Destination (z. B. Hotels). Der Fam-Trip findet drei Monat vor einer geplanten Veranstaltung statt, das ist den Einladenden auch bekannt. Das Programm umfasst die Besichtigung potentieller Locations, Übernachtungsgelegenheiten im Umfeld, weiterhin die Besichtigung potentieller Points auf Interest für das Rahmenprogramm, ein aufwändiges Probeessen in den Veranstaltungsstätten sowie die Übernahme aller Reise-, Verpflegungs- und Übernachtungskosten sowie Spesen. Der Event-Manager reicht bei seinem Vorgesetzten einen entsprechenden Dienstreiseantrag ein, der genehmigt wird. Darin sind das komplette Programm und die damit verbundenen Einladungen ausgewiesen.

Nach dem „Trennungsprinzip" dürfte der Event-Manager die Einladung nicht annehmen („rote Ampel"), denn eine Beschaffungsentscheidung steht unmittelbar bevor. Er müsste als Selbstzahler reisen und sein Unternehmen die Kosten tragen.

Das obige Beispiel wurde jüngst Schenk (2012), Vorstandsmitglied von Transparency International, in einem Fachbeitrag aufgegriffen (vgl. dazu Schenk 2012 sowie – als Erwiderung darauf – Rück 2013a). Sie gelangt zu einem völlig anderen Ergebnis: Der Event-Manager nehme einen dienstlichen Termin wahr; nicht er verschaffe sich einen persönlichen Vorteil, sondern das Auftrag gebende Unternehmen spare Reise- und Übernachtungskosten, folglich sei gegen die Annahme der Einladung überhaupt nichts einzuwenden. Man darf ergänzen: Die Einladung entspricht branchenüblichen Gepflogenheiten, die Einladungsinhalte sind sachlich gerechtfertigt und angemessen. In Summe bedeutet das: „Grünes Licht" für Fam Trips!

Dieser offene und extreme Widerspruch – einmal „rot", einmal „grün" – irritiert und verunsichert die Marktteilnehmer. Dabei besteht aus unserer Sicht überhaupt kein Zweifel, dass der Sichtweise von Schenk zuzustimmen ist, die sich konsequent an den

Bestimmungen des StGB orientiert, während das „Trennungsprinzip" darüber hinaus greift. Diesbezüglich stehen beide Kodizes in der Kritik, das „Ampelpapier" wie der S 20-Leitfaden (s. Kap. 4).

3.3 Wirtschaftliche Folgen von Compliance und betroffene Unternehmen

Die wirtschaftlichen Folgen von Compliance können zum gegenwärtigen Zeitpunkt nicht exakt beziffert werden, selbst eine grobe Abschätzung ist nicht möglich, da eine aussagefähige und unabhängige Statistik dazu bisher nicht existiert. Dem Verfasser sind zahlreiche Einzelfälle bekannt, aus denen jedoch seriöserweise keine verallgemeinernden Schlüsse gezogen werden können. Auch gibt es noch keine Forschungsarbeiten, die sich mit den wirtschaftlichen Effekten von Compliance im Veranstaltungsbereich auseinandergesetzt haben. Diese stoßen nach bisherigen Erfahrungen auch auf erhebliche Hindernisse, denn die Auskunftsbereitschaft der Betroffenen Unternehmen ist überaus gering: man will offensichtlich vermeiden, noch mehr mit dem Thema Compliance in Verbindung gebracht zu werden, als es ohnehin schon geschieht.

Mutmaßlich sind folgende Bereiche der Veranstaltungswirtschaft besonders betroffen:

Sport- und Kultur-Sponsoring (betrifft Sponsoring-Nehmer wie Sportvereine, Opernhäuser, Musikfestivals und dergleichen, Logen-Vermarkter, Sponsoring-Agenturen und andere Dienstleister): Compliance wird für das Sponsoring zur Wachstumsbremse, denn die Sponsoring-Engagements vieler Unternehmen basieren zu einem wesentlichen Teil auf Hospitality-Konzepten, deren Akzeptanz bei den eingeladenen Kunden durch die Compliance-Diskussion stark gelitten hat, weshalb Logen zunehmend leer bleiben (vgl. Keller 2012, S. 18.)

Incentives (betrifft Agenturen und andere Dienstleister, auch im Incoming-Bereich): Bei Incentives für Kunden und Vertriebsmitarbeiter war früher das Teuerste gerade gut genug, gab es einen regelrechten Wettbewerb um die exotischste Destination und das spektakulärste Event-Motto. Zwar sind Incentives nach wie vor statthaft, sofern die Zuwendung als nachträgliche Belohnung gewährt wird, was am besten auf Basis einer objektiven Rangliste geschehen sollte („Wettbewerb basiertes Incentive"). Doch haben Skandale wie bei Ergo und Wüstenrot und die anhaltende Compliance-Diskussion viele Unternehmen erkennbar sensibilisiert und zu spürbarer Zurückhaltung auch auf diesem Gebiet geführt.

Touristisch attraktive Destinationen: Hier setzt die FSA bereits seit Jahren restriktive Standards, die jetzt, so ist zu befürchten, mit den neuen Kodizes auch auf andere Wirtschaftszweige übergreifen. Um ein Beispiel zu nennen: Ärzte-Tagungen auf Sylt hat die FSA pauschal untersagt, sofern nicht die teilnehmenden Ärzte alle aus dieser Region kommen.[5] Diese „Regionalklausel" dient der FSA erkennbar als Hebel, um Veranstaltungen in attraktiven Destinationen zu untersagen, ohne dies offen zugeben zu müssen.

Fünf-Sterne-Hotels: Auch hier „schwappen" die Regelungen des Pharma-Kodex mittlerweile in andere Wirtschaftszweige. Viele Veranstalter buchen für geschäftliche Veranstaltungen inzwischen grundsätzlich keine Fünf-Sterne-Häuser mehr – egal, ob es sich um ein Fünf-Sterne-Wellness- oder ein Fünf-Sterne-Business-Hotel handelt. Verschärft tritt das Problem bei Häusern auf, die in touristisch attraktiven Destinationen gelegen sind, z. B. Baiersbronn im Schwarzwald oder Königsallee in Düsseldorf.

Special Event Locations[6] mit Freizeit- und Unterhaltungscharakter: Freizeitparks (z. B. Disneyland Paris, Europapark Rust), Ferienclubs, Kreuzfahrtschiffe – all diese klassischen Feriendestinationen werben seit Jahren um Tagungsgäste, um die Auslastung ihrer Kapazitäten besonders in der Off-Season zu verbessern. Das wird in Zukunft deutlich schwerer, denn touristische Attraktivität wird im Lichte von Compliance neu bewertet: der Trend geht zu Destinationen und Veranstaltungsstätten, deren sachliche Angemessenheit nicht bezweifelt werden kann, d. h. vor allem zu Tagungshotels und Veranstaltungszentren. Hingegen stößt die Vermarktung von Special Event Locations für geschäftliche Veranstaltungen wegen deren offensichtlicher Freizeitcharakteristik an Grenzen. Ein bestimmtes Segment der Special Event Locations dürfte allerdings von Compliance profitieren, nämlich Bildungseinrichtungen wie Museen und zoologische Gärten, denn Bildungsinhalte gelten auch für geschäftliche Veranstaltungen und deren Rahmenprogramme als angemessen.

---

5 Hinter der "Sylt-Entscheidung" des FSA steht eine spezifische Regelung des Pharmakodex, wonach Veranstaltungen mit Ärzten nur an Orten stattfinden dürfen, die von allen Teilnehmern ohne größeren Aufwand erreichbar sind. Was touristisch attraktive Destinationen angeht, ist die Schiedssprechung des FSA im Übrigen nicht konsistent, vgl. dazu die Kritik bei Fissenewert 2013.

6 Zum Begriff vgl. Rück 2013b.

Künstler (Musiker, Schauspieler, Zauberkünstler etc.), wegen der zunehmenden Streichung oder Kürzung von Unterhaltungselementen auf Veranstaltungen.

Im Übrigen dient Compliance derzeit gern als Vorwand, um im Veranstaltungsetat Kürzungen durchzusetzen. Das zeigt sich deutlich an Einschnitten bei Veranstaltungen, die ursprünglich gar nicht Compliance-relevant sind, wie z. B. internen Tagungen.

Neben all diesen negativen wirtschaftlichen Effekten sind aber durchaus auch positive wirtschaftliche Effekte von Compliance denkbar. So schreibt beispielsweise die Ergo-Versicherung in ihrer neuen Incentive-Richtlinie vor, dass Wettbewerbsreisen künftig nur noch mit Ehe- und Lebenspartnern durchgeführt werden dürfen (vgl. Ergo 2013, S. 6; Schenk 2012, S. 24.), was die Gesamtzahl der Veranstaltungsteilnehmer bei Ergo deutlich erhöhen wird, mit entsprechend positiven Folgen für die beteiligten Dienstleister. So etwas dürfte jedoch eine Ausnahme von der Regel sein. Es spricht mehr für die Vermutung, dass die wirtschaftlichen Folgen von Compliance überwiegend negativ sind. Sie werden gegenwärtig allerdings durch die gute Geschäftsreise-Konjunktur in Deutschland (vgl. EITW 2013) überdeckt.

4 Kritische Würdigung des gegenwärtigen Entwicklungsstandes von Compliance im Veranstaltungsbereich

4.1 Mängel der bestehenden Kodizes

Die Tatsache, dass Compliance nötig oder doch zumindest unvermeidlich ist, sollte nicht darüber hinwegtäuschen, dass der bisherige Entwicklungsstand kaum befriedigen kann. Mehrere Defizite fallen zurzeit ins Auge:

a) Konkurrierende, inkonsistente Regelungen: Aus Sicht eines durchschnittlichen Marktteilnehmers, der mit dem Thema Compliance bisher nicht befasst war, konkurrieren hier mehrere Kodizes miteinander, deren Leitlinien sich in mehreren Punkten unterscheiden. Diese Inkonsistenzen sind der Akzeptanz von Compliance nicht zuträglich.

b) Fixierung auf feste Obergrenzen: In den Kodizes werden für verschiedene Sachverhalte Limits genannt, die über alle Branchen hinweg Gültigkeit haben sollen:

- Für Bewirtungsaufwendungen wird eine Obergrenze von 25 € für Amtsträger und 50 € für Angestellte genannt.

- Einladungen zu Sportveranstaltungen im Gegenwert von über 100 € gelten als unstatthaft.

- Für geschäftliche Veranstaltungen werden Hotels der Oberklasse als nicht akzeptabel bezeichnet, was im Umkehrschluss bedeutet: „Vier Sterne sind genug“.

Solche festen Obergrenzen sind aus mehreren Gründen nicht zielführend:

Sie berücksichtigen nicht die unterschiedlichen Bedingungen in unterschiedlichen Branchen. Die SAP hat gewiss nicht von ungefähr in ihren Richtlinien eine Obergrenze für Bewirtungen in Höhe von 150 € festgelegt (vgl. SAP 2006), also das Dreifache des vorgeschlagenen Limits. Einheitliche Obergrenzen wirken schnell willkürlich; Festlegungen dieser Art sollten nach dem Subsidiaritätsprinzip von den Unternehmen selbst getroffen werden.

Sie sind inhaltlich zum Teil unsinnig, so beispielsweise die „Sterne-Regelung“ bei Hotels: Diese ignoriert, dass „fünf Sterne“ in Deutschland nicht „fünf Sternen“ in anderen Ländern entsprechen, so dass man theoretisch für jedes Land eine eigene Obergrenze festzulegen hätte. Außerdem wird übersehen, dass auch in Deutschland „fünf Sterne“ nicht „fünf Sterne“ sind, sondern dass man zwischen den Kategorien „Fünf Sterne Wellness“ und „Fünf Sterne Business“ unterscheiden muss (vgl. Noormann 2009). Und schließlich sei auch noch vermerkt, dass die Teilnahme an der Sterne-Klassifikation der Dehoga keineswegs verpflichtend, sondern freiwillig ist. In Berlin hat es im Jahr 2009 bereits den Fall gegeben, dass einige Fünf-Sterne-Häuser ihre Klassifikation zurückgegeben haben, weil sie die Akquisition von Tagungen erschwert hat (vgl. ebd.). Das wirft die (rhetorische) Frage auf, was mit einer solchen Obergrenze wohl gewonnen sein kann?

Sie verhindern durch ihre Plakativität die inhaltliche Auseinandersetzung mit Compliance bei Veranstaltungen. Quantitative Obergrenzen betreffen notwendigerweise Äußerlichkeiten, die für die Compliance-Konformität einer Veranstaltung keineswegs aussagekräftig sein müssen. Viel bedeutsamer wäre die Beschäftigung mit den Inhalten, den Zielen und dem nachweislichen Erfolg der Veranstaltung: Sind die Inhalte sachbezogen und klar definiert? Welche Ziele sollen bei welchen Zielgruppen erreicht werden? Inwiefern stehen diese Ziele mit denen des Unternehmens und seinem Wertekanon in Einklang? Wird die erreichte Wirkung hinterher auch kontrolliert und dokumentiert? Findet ein systematischer Verbesserungsprozess von Veranstaltung zu Veranstaltung statt? All das sind Indizien für systematisches Management, die einen Verdacht auf mangelnde Compliance-Konformität gar nicht erst aufkommen lassen. Um es am obigen Beispiel zu verdeutlichen: „Mit den Kunden Golf spielen" wäre als Antwort auf die Frage nach den Zielen einer Veranstaltung eben nicht ausreichend.

c) Überregulierungen: Die Kodizes greifen zum Teil über die Bestimmungen des Strafgesetzbuchs hinaus; das hat das obige Beispiel unterschiedlicher Bewertungen eines Fam Trips gezeigt. Der Vorwurf der Überregulierung trifft vor allem den S 20-Leitfaden, der akribisch Einzeltatbestände regelt, statt sich auf allgemeine Grundsätze zu beschränken, wie es der Arbeitskreis Corporate Compliance in seinem „Ampelpapier" weitgehend tut.

So wird im S 20-Leitfaden festgelegt, dass Amtsträger wie Angestellte zu Unterhaltungsveranstaltungen nur noch zu „besonderen Anlässen" eingeladen werden dürfen; ausdrücklich genannt werden Firmenjubiläen (diese kommen etwa alle 25 Jahre vor), die Einführung eines neuen Vorstandsvorsitzenden (findet meist etwas häufiger statt), Werksöffnungen und dergleichen (vgl. S 20 2011, S. 20, 28).

Befremdlich ist auch, dass der S 20 Leitfaden sich darauf einlässt, im Detail zu erörtern, welche Inhalte von Rahmenprogrammen als „sozialadäquat" gelten können und welche nicht. Dies offenbart eine höchst problematische Einstellung gegenüber der eigenen Aufgabe und Legitimation. Dass nämlich eine private Initiative – man könnte auch sagen: ein Verein von Lobbyisten – Stadtrundfahrten und Museumsbesuche als angemessen, den Auftritt einer Jazzband aber als sozial inadäquat einstuft, muss als Selbstüberhebung gewertet werden. Außerdem könnten solche Vorschriften den „bösen Schein" erwecken, bei Compliance handele es sich in Wahrheit um eine neue Form von Prohibition – und diesen Anschein gilt es dringend zu vermeiden, wenn eine hohe Akzeptanz vom Compliance dauerhaft sichergestellt werden soll.

Fragwürdig ist auch das „Trennungsprinzip", das beide Kodizes verwenden: Es ist eine Lebensselbstverständlichkeit, dass bei einer zeitlichen Abfolge von Verträgen die späteren Abschlüsse nicht unabhängig sind von den Erfahrungen bei den jeweils vorangehenden Abschlüssen. Das schließt Belohnungen für vorangehende Abschlüsse ein. Wer also jede Zuwendung *vor* einem Vertragsabschluss als *unlauter* einstufen möchte („rote Ampel"!), läuft unweigerlich in Abgrenzungsprobleme und ist, genau besehen, nur noch einen kleinen Schritt entfernt davon, sämtliche Kundenbindungsprogramme[7] zu verbieten. Schließlich kann man Kunden auch durch nachträgliche Belohnungen „anfüttern“, wie man im Vertrieb dazu sagt. Hier liegt eindeutig eine Überregulierung vor. Es wäre weit zweckmäßiger und den Realitäten im Geschäftsleben auch weit näher, sich stattdessen präzise an die Bestimmungen des Strafgesetzbuchs zu halten und Einladungen dann als unlauter einzustufen, wenn sie einen *persönlichen Vorteil* bergen, der erkennbar *für eine Gegenleistung bzw. Dienstausübung gewährt* werden soll. Zeitliche Nähe ist kein geeigneter Indikator für eine Kausalbeziehung. Dem alten Grundsatz *Cui bono?* folgend, sollte immer zuerst auf den *Begünstigten* abgestellt werden: Persönlicher Vorteil oder nicht? Das „Trennungsprinzip“ hingegen führt selbst bei engstmöglicher Auslegung (Begrenzung des Einladungsverbots auf den Zeitraum laufender Ausschreibungen) zu überzogenen Verboten, wie das obige Beispiel des Fam Trips gezeigt hat. Hier ist dringend eine Klarstellung erforderlich: Könnten Fam Trips nicht mehr auf Einladungsbasis stattfinden, verlören Tourismusindustrie und Veranstaltungswirtschaft grundlos ein wertvolles Instrument für Marketing und Qualitätssicherung (vgl. dazu im Detail Rück 2011), das auch bedeutsam ist für das Funktionieren des Veranstaltungsmarktes insgesamt, denn ein Verbot der Kostenübernahme für die Teilnehmer würde unbekannte Destinationen und Locations benachteiligen und für diese wie eine Markteintrittsbarriere wirken.

4.2 Compliance als Professionalisierungsprogramm für die Veranstaltungswirtschaft

Die genannten Kritikpunkte sollten nicht den Blick darauf verstellen, dass Compliance für die Veranstaltungswirtschaft und das Event-Management vielfältige positive Wirkungen entfalten kann; denn unter dem Einfluss von Compliance werden sich die Anforderungen an Veranstaltungen grundlegend wandeln, und oft zum Besseren (vgl. i. F. auch Rück 2012, S. 17f.):

Content schlägt Unterhaltung: Früher wurden Veranstaltungen oft um eine Entertainment-Idee herum konzipiert. Durch Compliance werden Veranstaltungen tendenziell nüchterner, aber auch zielorientierter. Denn im selben Maß, wie die Unterhaltung in den Hintergrund rückt, tritt die Frage nach den relevanten Inhalten und Zielen der Veranstaltung in den Vordergrund. Weit mehr als bisher werden in Zukunft die Vermitt-

---

7 Beim „Miles and More“-Programm der Deutschen Lufthansa werden nach einer umsatzwirksamen Transaktion (Flug) Meilen gutgeschrieben, die erst beim nächsten Flug finanziell wirksam werden – ist das nun eine Belohnung nach oder vor einer Transaktion?

lung von Wissen und die Inszenierung der inhaltlichen Botschaften im Mittelpunkt von Veranstaltungen stehen. Dieser Trend ist übrigens ein internationaler: In den USA erschien vor kurzem ein hochinteressanter Video-Beitrag unter dem programmatischen Titel: „Brains, not Beaches!“ (Latham 2013) Sinngemäß übersetzt: „Wissensvermittlung, nicht Freizeitgestaltung!“ Die Kernthese lautet: Ein Übermaß an Unterhaltungsangeboten auf Veranstaltungen habe dem Ruf der Veranstaltungswirtschaft geschadet. Sie solle sich deshalb in Zukunft auf ihren eigentlichen Auftrag besinnen, der zuallererst in der Vermehrung von Wissen bestehe. Zwar ist dieser Aufruf aus der Perspektive von Tagungen und Kongressen formuliert, doch wird dieser Trend mit zunehmender Durchsetzung von Compliance auf andere Veranstaltungsarten übergreifen: Der inhaltliche Kern rückt in den Vordergrund, der Rahmen in den Hintergrund. Veranstaltungen ohne Botschaft – wie das oben beschriebene „Golf-Event“ – wird es auch in Zukunft noch geben, aber sie werden es schwerer haben, Teilnehmer zu finden.

Fam Trips werden Educationals: Fam Trips bleiben ein zentrales Marketinginstrument für Destinationen und Locations, weil auf die Erkundung vor Ort auch in Zukunft nicht verzichtet werden kann. Doch Fam Trips müssen sich wandeln, unabhängig davon, ob sie in Zukunft auf Einladungs- oder Selbstzahlerbasis stattfinden. Sie müssen inhaltlich aufgewertet und zu einem ernsthaften Instrument der Weiterbildung weiterentwickelt werden. Nur dann ist die Kostenübernahme aus Compliance-Sicht akzeptabel oder für den Selbstzahler sein Geld wert.

Veranstaltungsorganisatoren werden Kommunikationsfachleute: In dem Maß, wie Kommunikationsbotschaften, Wissensvermittlung und Weiterbildung bei Veranstaltungen in den Vordergrund rücken, müssen sich Veranstaltungsorganisatoren und Event-Manager vom Organisator weiterentwickeln zum Kommunikationsfachmann, der pädagogische, inszenatorische und Marketing-Kompetenzen bündelt. Dieser Trend ist schon länger sichtbar (vgl. Deloitte 2011), wird jedoch durch Compliance an Dynamik gewinnen und eine tief greifende Veränderung des Berufsbildes und der Ausbildungsziele für Veranstaltungsplaner und Event-Manager nach sich ziehen.

Compliance wird für Event-Manager und -Agenturen zum Profilierungsinstrument: Für Veranstaltungsplaner und Event-Manager, für Event-Agenturen und Professional Congress Organizers, aber auch für Location- und Hotel-Betreiber birgt Compliance enorme Chancen, ihre Beratungsqualität und damit ihr Standing zu steigern bzw. Wettbewerbsvorteile zu erzielen.

Normalität als Herausforderung: Durch Compliance werden Veranstaltungen gleichförmiger – zumindest übergangsweise –, weil die Sorge um die Konformität der Kreativität Fesseln anlegen wird. Innerhalb der neuen Grenzen innovative Lösungen zu entwickeln, wird für die Veranstaltungswirtschaft zur Herausforderung, an der sie sich weiter professionalisieren kann.

Sponsoren fordern Compliance-Konzepte: Compliance verunsichert Sponsoren derzeit. Darum müssen Veranstalter in Zukunft Compliance-Konzepte entwickeln und aktiv kommunizieren, denn Sponsoren wollen sicher sein, dass Veranstaltungen compliant ablaufen.

5 Fazit und Ausblick

Die Notwendigkeit und Sinnhaftigkeit von Compliance kann nach den Verstößen der vergangenen Jahre nicht in Zweifel stehen. Doch es gilt, ihre schädlichen Nebenwirkungen einzudämmen. Zurzeit herrscht auf Seiten der Auftrag gebenden Unternehmen eine enorme Unsicherheit, welche Einladungen zu welchen Veranstaltungen noch ausgesprochen und angenommen werden dürfen (vgl. Acker/Ehling 2013, S. 14; Keller 2012, S. 18). Das ist die Folge der Widersprüche zwischen den konkurrierenden Leitlinien und der unnötigen Überregulierungen, die weiter oben aufgezeigt wurden. Die Art der Kommunikation tut ein Übriges: Ständig von Straftatbeständen zu sprechen, wenn diese in Wahrheit weit entfernt sind, wirkt regelrecht einschüchternd (siehe exemplarisch den S 20-Leitfaden). Diese Fehlentwicklungen drohen bei Veranstaltungen eine regelrechte „Verbotsspirale“ in Gang zu setzen.

Diese Entwicklung gilt es zu durchbrechen. Hier sind zum einen die Verbände der Veranstaltungs-, aber auch der Tourismuswirtschaft gefordert, in Sachen Compliance für Aufklärung zu sorgen. Inzwischen haben sich Verbände wie MPI, die Vereinigung deutscher Veranstaltungsorganisatoren e. V. oder auch Organisationen wie das German Convention Bureau sich des Themas angenommen und beginnen aktiv darüber zu informieren. Hier sind zum anderen aber auch die Verfasser der Kodizes gefordert, diese zu überarbeiten oder – noch besser – sich auf einen einheitlichen Kodex zu einigen. Ob das kurzfristig gelingen kann (und ob die Bereitschaft dazu vorhanden ist), darf bezweifelt werden. Damit richten sich die erwartungsvollen Blicke auf die Politik. Diese hätte noch mehr gute Gründe, sich endlich für zuständig zu erklären: Es ist schon interessant, wie Acker und Ehling (2013, S. 14) feststellen, „dass das zurzeit international wohl schärfste Anti-Korruptionsgesetz, der UK Bribery Act 2010, in Einladungen im Geschäftsverkehr anscheinend kein großes Problem erkennt und diese im

Gegenteil als ausdrücklich wichtig und förderungswürdig anerkannt werden." Es wäre höchste Zeit, dass auch deutsche Politiker, zuallererst jene im Tourismusausschuss des Deutschen Bundestags, sich der schädlichen Folgen eines zunehmenden Wildwuchses bei Compliance bewusst werden und Einladungen und Veranstaltungen im Geschäftsverkehr vor Überregulierung in Schutz nehmen. Andernfalls droht eine schleichende Strangulierung auch der völlig gesetzestreuen Beziehungspflege in der Wirtschaft.

In diesem Sinne bleibt zu wünschen, dass man bei Veranstaltungen alsbald zu einer „Compliance-Politik mit Augenmaß" findet.

Literaturverzeichnis

ACC/ARBEITSKREIS CORPORATE COMPLIANCE (2010): Kodex zur Abgrenzung von legaler Kundenpflege und Korruption, unter: www.inea-online.com, letzter Abruf: 01.01.2013.

ACKER, W.; EHLING, J. (2013): Einladung in die Business-Lounge? Strafbarkeitsrisiko bei Vergabe oder Annahme von Einladungen im geschäftlichen Verkehr, in: Compliance Berater, Nr. 0/2013 vom 13.02.2013, S. 14–17.

BGH/BUNDESGERICHTSHOF (2008a): BGH entscheidet zum strafrechtlichen Vorwurf der Vorteilsgewährung bei Verschenken von WM-Tickets an Amtsträger: im Ergebnis keine Vorteilsgewährung. Urteil vom 14.10.2008, 1 StR 260/08, in: Neue Juristische Wochenschrift 2008, 3580.

BGH/BUNDESGERICHTSHOF (2008b): Freispruch des ehemaligen Vorstandsvorsitzenden der EnBW AG vom Vorwurf der Vorteilsgewährung: im Ergebnis bestätigt. Mitteilung Nr. 189/2008 der Pressestelle des Bundesgerichtshofs, Karlsruhe, 14.10.2008.

BLASK, H.; CURTIUS, F. (2011): Handhabung von Hospitality-Paketen bei Fußballveranstaltungen vor dem Hintergrund gesetzlicher Anforderungen. Memorandum, Hrsg. von C. Seifert (Deutsche Fußball-Liga) und W. Niersbach (Deutscher Fußball-Bund), unter: http://events.dfb.de/uploads/media/dfb_broschuere_hospitality_09-11_100dpi.pdf, letzter Abruf: 12.08.2013.

DELOITTE Consulting (2011): Effizienz im Pharma-Marketing: Veranstaltungsmanagement zwischen Kostendruck und Marketingerfolg. Berlin 2011.

EITW/EUROPÄISCHES INSTITUT FÜR TAGUNGSWIRTSCHAFT (2013): Meeting- und Event-Barometer Deutschland 2013: Die Deutschland-Studie des Kongress- und Veranstaltungsmarktes. Pressekonferenz, IMEX, 21.05.2013. Unter: www.gcb.de, letzter Abruf: 23.05.2013.

ERGO Versicherungsgruppe (2011a): Untersuchung von Wettbewerbsreisen und Incentives, unter: http://www.ergo.com, letzter Abruf: 01.01.2013.

ERGO Versicherungsgruppe (2011b): HMI Wettbewerbsreise Budapest 2007: Fachbericht der Konzernrevision, unter. http://www.ergo.com, letzter Abruf: 01.01. 2013.

FISSENEWERT, P. (2013): Wenn die Tagung verdächtig ist, in: Allgemeine Hotel- und Gastronomie-Zeitung, 2013, Nr. 18, S. 15, unter: http://www.ahgz.de, letzter Abruf: 06.05.2013.

FÖRSTER, A. (2013): Champagner bis zum Abwinken, in: Frankfurter Rundschau, 18. April 2013, unter: http://www.fr-online.de, letzter Abruf: 20.04.2013.

FSA/FREIWILLIGE SELBSTKONTROLLE FÜR DIE ARZNEIMITTELINDUSTRIE E. V. (2012): Kodex für die Zusammenarbeit der pharmazeutischen Industrie mit Ärzten, Apothekern und anderen Angehörigen medizinischer Fachkreise, unter: http://www.fs-arzneimittelindustrie.de, letzter Abruf: 01.01.2013.

IWERSEN, S. (2012): Lustreisen-Skandal: Interner Bericht enthüllt Details der Ergo-Affäre, in: Handelsblatt, 14. August 2012, unter http://www.handelsblatt.com, letzter Abruf: 01.01.2013.

KELLER, T. (2012): Beziehungspflege um jeden Preis?, in: Go Global Biz, 2012, Nr. 12, S. 18f.

KNOP, C. (2012): Jürgen Claassen und der Luxus, in: Frankfurter Allgemeine Zeitung, 24. November 2012, S. 18.

KPMG (2013): Compliance Benchmark-Studie 2013, unter: http://kpmg.de, letzter Abruf: 21.05.2013.

KÜHL, K. (2011): Strafgesetzbuch: Kommentar. 27. Aufl. des von Dreher, E.; Maassen; H. begr. und von K. Lackner, seit der 21. Aufl. neben ihm von K. Kühl, seit der 25. Aufl. von diesem allein fortgef. Werkes, München 2011.

LATHAM, J. (2013): PCMA Report: Brains, not Beaches, in: International Meetings Review, 9. April 2013, unter: http://www.internationalmeetingsreview.com, letzter Abruf: 11.04.2013.

MAUGÉ, M. (2006): Wissenschaftliche Medizinkongresse und der Pharmakodex: Abbild der Marketing- und Vertriebsmisere der Pharma-Industrie, in: m:con visions, 2006, Nr. 2 (Juni), S. 24.

NOORMANN, G. (2009): Berliner Luxushotel gibt seine Sterne zurück: Interview mit Willy Weiland, in: Escapio Blog, Eintrag vom 22.06.2009, unter: http://de.escapio.com, letzter Abruf: 01.01.2013.

O. V. (2011): Wüstenrot greift nach Sex-Skandal durch, in: Die Welt, 14.12.2011, unter: http://www.welt.de, letzter Abruf: 01.01.2013.

PEITSMEIER, H. (2011): Sexaffäre im Gellert-Bad: Imagedesaster für Erg, in: Frankfurter Allgemeine Zeitung, 27.05.2011, S. 16., unter: http://www.faz.net/aktuell/wirtschaft/unternehmen/sex-affaere-im-gellert-bad-imagedesaster-fuer-ergo-17189.html, letzter Abruf: 01.01.2013.

RIEDER, M. S./FALGE, S. (2010): Rechtliche und sonstige Grundlagen für Compliance: A Deutschland, in: Görling, H.; Bannenberg, B. (Hrsg.): Compliance: Aufbau – Management – Risikobereiche, Heidelberg u. a. 2010, S. 13–29.

RÜCK, H. (2011): Unter Verdacht: Fam-Trips am Compliance-Pranger, in: Events – Das Management-Magazin für Live-Kommunikation, 2011, Nr. 6, S. 46–47.

RÜCK, H. (2012): Das Compliance-Fiasko: Die große Ratlosigkeit – wie Lobbyisten und ihre Rechtsanwälte der Veranstaltungswirtschaft die Flügel stutzen, in: Events – Das Management-Magazin für Live-Kommunikation, 2012, Nr. 2, S. 15–20.

RÜCK, H. (2013a): Stichwort »Event-Locations«, in: Gabler Wirtschaftslexikon Online, Sachgebiet Tourismus, unter: http://wirtschaftslexikon.gabler.de, letzter Abruf: 01.01.2013.

RÜCK, H. (2013b): Compliance – wirklich nur ein Scheinriese?, in: Events – Das Management-Magazin für Live-Kommunikation, 2013, Nr. 2, S. 52–54.

SAP (2006): Geschäftsgrundsätze für Mitarbeiter (in der Fassung vom März 2006), SAP AG, Walldorf 2006.

SCHENK, S. (2012): Scheinriese Compliance, in: Conference & Incentive Management, 2012, Nr. 6, S. 20–24.

S 20/SPONSORENINITIATIVE S 20 (2011): Leitfaden Hospitality und Strafrecht, 2011, unter: www.s20.de.

UK MINISTRY OF JUSTICE: The Bribery Act 2010: Quick Start Guide.

VEREINIGUNG DEUTSCHER VERANSTALTUNGSORGANISATOREN E. V. (2012): Leitfaden Compliance im Veranstaltungsbereich, Berlin 2012.

ZIMMERMANN, C. (2013): Compliance im Mittelstand – Aktuelle Entwicklungen und zunehmende Anforderungen an die Unternehmensführung, in: Kloepfel Consulting (Hrsg.): Kloepfel Magazin, 2013, Nr. 1, S. 2–4, unter: http://www.kloepfel-consulting.com, letzter Abruf: 21.05.2013.

Lothar Winnen, Alexander Wrobel, Marcel Colley

Möglichkeiten des Event-Controlling mit Facebook Fan-Seiten: Eine quantitative Analyse anhand eines Praxisbeispiels

1 Einleitung

Mit ca. 24,6 Millionen Nutzern hat das soziale Netzwerk Facebook in Deutschland eine außerordentliche Größe erreicht (vgl. Roth 2012). Viele Unternehmen befinden sich gerade in der Phase, Facebook als Kommunikationsinstrument zu entdecken (vgl. Jäger/Petry 2012; Rump/Schabel 2011). Facebook ist hierbei attraktiv, da Unternehmen Fan-Seiten einfach, schnell und kostenlos anlegen können. Die Fan Seite bietet die Möglichkeit, dass Facebook User *Gefällt mir* klicken und damit automatisch Fan werden und den Inhalten der Seite folgen. Der Nutzen liegt für Unternehmen in der Möglichkeit in eine direkte und interaktive Kommunikation mit den (potentiellen) Kunden zu treten und einen Meinungsbildungsprozess über eine Marke oder ein Produkt begleiten und beeinflussen zu können. Hierbei gilt ein oft ignorierter aber einfache Grundsatz: *Über ein Unternehmen und dessen Produkte wird geredet, unabhängig davon, ob es bei Facebook vertreten ist oder nicht.*

Es ist daher ein Irrglaube zu meinen, dass negative Mund zu Mund Propaganda verhindert werden könnte, indem man bei Facebook nicht vertreten ist. Ein oft geäußertes Argument, dass der Facebook Auftritt erst dazu führt, dass negativen Stimmen eine Plattform gegeben wird, ist daher nur teilweise als richtig zu sehen. Oftmals wird nur das publik, was ohnehin schon hinter verschlossenen Türen ausgesprochen wurde. Unternehmen sollten daher die Chance ergreifen, den vorhandenen Meinungsbildungsprozess zu beeinflussen.

Die Nutzung von Facebook durch Unternehmen ergibt in erster Linie Potentiale für das Marketing. Seit Kurzem fokussieren auch andere Funktionsbereiche Facebook, zum Beispiel das HR Recruiting. So hat der Automobilhersteller BMW neben einer allgemeinen Unternehmensseite auch eigene Karriereseiten, um potentielle Arbeitnehmer bzw. Auszubildende anzusprechen (vgl. BMW Karriere 2012). Neben diesen allgemeinen Nutzungsanlässen haben Event- und Marketingagenturen ein besonderes Interesse an der Nutzung von Facebook im Rahmen der Vermarktung von Großevents wie Konzerten, Messen oder öffentlichen Tanzevents. In der Praxis findet diese Vermarktung in der Art statt, dass ein Event bei Facebook als ein *virtuelles Event* angelegt wird und potentielle Gäste hierzu eingeladen und zum Abgeben einer Zusage aufgefordert werden.

Die Nutzung einer Facebook Fan-Seite in Verbindung mit einem angelegten Event kann die klassische Werbekommunikation ergänzen oder sogar ersetzen, indem Werbemittel online verbreitet, detaillierte Informationen auf der Fan Seite platziert werden, sowie potentielle Eventbesucher dazu angeregt werden Informationen zu verbreiten. Auch die Platzierung von auf die Zielgruppe abgestimmten Werbeanzeigen nach Alter, Herkunft, Geschlecht und weiteren Variablen ist möglich (vgl. Hohensee/Schuermann 2012). Eventagenturen können hierbei von Facebooks hoher Altersdurchdringung bei den 18-34 Jährigen profitieren (vgl. Roth 2012).

Eine Facebook Fan Seite ermöglicht detaillierte statistische Auswertungen des Nutzerverhaltens und ist dabei hinsichtlich der Anzahl von Fans gegenüber dem privaten Nutzerprofil (maximal 5.000 Freunde) unbegrenzt. Sie birgt jedoch den Nachteil, dass der Seiteninhaber keine Eventeinladungen aussprechen kann, da dies nur von Facebook Profilen (klassischer User) durchführbar ist. Um diesen Vorteil dennoch nutzen zu können, kann das Einladen potentieller Eventbesucher durch Kooperationspartner und Fans der eigenen Seite vollzogen werden. Betrachtet man die Entwicklung der Nutzung von Fan-Seiten und Einladungsfunktionen bei der Bewerbung öffentlicher Events ist seit Jahren eine verstärkte Nutzung erkennbar. In der Praxis zeigt sich, dass viele Veranstalter sowohl den Aufbau ihrer Facebook Präsenz vorantreiben, also auch ihre Events konsequent bewerben. Offensichtlich sehen diese Veranstalter hierbei einen konkreten Nutzen.

Die grundsätzlichen Mehrwerte von Facebook liegen daher auf der Hand. Es ist jedoch fraglich, wie erfolgreich jeder Einzelne in seinem speziellen Anwendungskontext agieren kann, denn die Pflege einer Facebook Fan Seite ist zeitaufwendig und somit nicht kostenlos. Es stellt sich daher die Frage in wie weit Eventagenturen den Erfolg eigner Maßnahmen messen können, unabhängig davon ob Sie eine Vermarktung für eigene oder fremde Eventkonzepte über Facebook anstreben.

2 Entwicklung von Hypothesen und methodisches Vorgehen

Um Fragestellungen zur Messbarkeit der Facebook Aktivitäten beantworten zu können, bietet Facebook im Rahmen der Nutzung einer Fan Seite die Möglichkeit Statistiken direkt online einzusehen bzw. detaillierte Informationen über das Nutzerverhalten der eigenen Fans über eine Excel-Export-Funktion herunter zu laden. Es liegen z. B. standardmäßig soziodemografische Informationen der Nutzer, Kennzahlen zum Seitenzugriff oder Kennzahlen zur Verbreitung einzelner Posts (Beiträge) vor. Es ist daher möglich das eigene Kommunikationsverhalten mit den Fans zu kontrollieren und somit steuerbar zu machen. Ein Abgleich zwischen der Qualität bzw. Quantität eigener Posts mit der Entwicklung der eigenen Fan Zahlen kann zudem Indizien liefern, ob die

Kommunikationsstrategie hinsichtlich des Aufbaus bzw. des Wachstums einer Fan Seite erfolgreich ist.

Ziel der Erstellung eines Posts ist es, möglichst viele Personen zu erreichen, die Interaktion von Fans zum Seiteninhaber zu fördern, und neue Fans für die Seite zu gewinnen. Facebook unterscheidet die möglichen Beitragsarten von Posts in Textbeiträge, Fotobeiträge, mitgeteilte Links, Videos, Angebote, Veranstaltungen, Meilensteine und Fragen. Jeder erzeugte Post erscheint auf der Startseite eines jeden Fans und ist damit theoretisch sichtbar. Facebook setzt hierbei einen Edge-Rank-Algorithmus ein, der berechnet, wie wichtig ein Post einer Fan Seite oder eines Freundes für den jeweiligen User ist (vgl. Schmidt 2012). Dies hat zur Folge, dass nur Posts, die der Algorithmus für den User als wichtig erachtet, weit oben auf der Startseite angezeigt werden. Alle anderen Posts sind zwar noch sichtbar, müssen allerdings durch den User aktiv auf der Startseite gesucht werden. Die Wichtigkeit eines Posts lässt sich durch monetäre Unterstützung grundsätzlich nach oben korrigieren. Diese Funktion wurde jedoch für den relevanten Untersuchungszeitraum nicht angewendet. Jede Aktion eines Fans oder Nicht Fans auf einen Post der Agentur, sei es ein Textkommentar oder ein *Gefällt mir* Klick, erzeugt eine Statusmeldung im Seitenprofil des Fans, die theoretisch für die Freunde des Fans sichtbar ist. Auch hier greift wieder der Facebook Algorithmus.

Betrachtet man die Präsenz großer Unternehmensseiten auf Facebook wird erkennbar, dass vor allem auf großen Seiten ein höheres Maß an Qualität und Quantität von Posts als bei kleinen Facebook Seiten gegeben ist. Es ist daher zu erwarten, dass mit steigender Qualität und einer kontinuierlichen Kommunikation mit der Zielgruppe das Wachstum der eigenen Fan-Zahlen beeinflusst werden kann. Der Erfolg eines Beitrages kann hierbei über seine Reichweite gemessen werden, d. h. der Anzahl der Personen, die diesen Beitrag gesehen, bzw. mit diesem interagiert haben. Daher lautet

Hypothese I:

> *Im Kontext der Bewerbung eines öffentlichen Events steigt mit zunehmender Reichweite der Facebook Beiträge die Anzahl der Fans der Veranstalter Seite.*

Ein weiterer und messbarer Mehrwert stellt die Kennzahl der Anzahl der bestätigten Einladungen zu einem Event dar. Diese Größe kann als Frühindikator des Eventerfolges gewertet werden. Hierbei liegt die Annahme zu Grunde, dass mit steigender Anzahl der Facebook Zusagen zu einem Event auch die tatsächlichen Besucherzahlen am Tag des Events steigen. Des Weiteren wird davon ausgegangen, dass die Zusage zu einem Event grundsätzlich als Absicht erklärt wird, dass Event zu besuchen. Eine Zusage kann an dieser Stelle vor oder nach dem Kauf einer Eintrittskarte erfolgen, erfolgt jedoch grundsätzlich vor dem Event. Existiert dieser beschriebene Zusammenhang, so kann anhand der akutellen Zusagen einerseits der Erfolg einer laufenden Werbekampagne beurteilt werden, anderseits aber auch eine Prognose über die tatsächliche Besucherzahl abgegeben werden. Daher lautet

Hypothese II:

> *Je mehr Facebook Zusagen zu einem öffentlichen Event vorliegen, desto größer ist die Anzahl der tatsächlichen Eventbesucher.*

Zusätzlich könnte ein Abgleich von Zusagen mit den realen Vorverkaufszahlen einen weiteren Anhaltspunkt liefern inwieweit über ein möglicherweise erkennbares Verhaltensmuster der Eventerfolg prognostiziert werden kann. Gedanklich sind verschiedene Muster vorstellbar von denen das folgende als realistisch angesehen wird: Zu Beginn eines Bewerbungszeitraums eines üblichen Events ist eine Zusage als Absicht zum Besuch des Events zu werten, auch wenn noch keine Eintrittskarte gekauft ist. Erfahrungen aus der Organisation von Events bis 1.600 Personen einer jungen Zielgruppe in NRW zeigen, dass der potentielle Gast den Kauf einer Eintrittskarte in der Regel erst kurz vor dem Event vornimmt. Zum Ende des Bewerbungszeitraums ist auch denkbar, dass Kunden, die bereits eine Karte gekauft haben, rückwirkend die Teilnahme an dem Event erklären. Daher lautet

Hypothese III:

> *Die Anzahl der Facebook Zusagen und die realen Vorverkaufszahlen stehen in einem erkennbaren Zusammenhangsmuster.*

Die vorliegenden Fragestellungen bzw. Hypothesen werden auf Basis von Datensätzen der Event- und Marketingagentur Event Experience in Form einer Case Study überprüft. Zunächst wird die Ausgangslage der Eventagentur hinsichtlich der Relevanz von Facebook erläutert. Hypothese I und II werden anschließend im Kontext eines quantitativen Untersuchungsdesign verifiziert. Aufgrund der nur eingeschränkten Datenbasis zur Hypothese III erfolgt eine Überprüfung nur qualitativ bzw. argumentativ. Das Untersuchungsdesign ist daher verstärkt als Hypothesen bildend anzusehen. Zuletzt werden konkrete Praxisbeispiele der Eventagentur vorgestellt, die im Kontext der abschlossenen Hypothesen Überprüfung als praxisrelevant erachtet werden und als Best Practice Beispiele dienen.

3 Case Study Eventagentur Event Experience

Das Unternehmen Event Experience aus Hagen ist eine Eventagentur, die neben dem klassischen Agentur- und Auftragsgeschäft einen Schwerpunkt auf die Planung und Durchführung eigener öffentlicher Events gelegt hat. Die Nutzung von Facebook besitzt bei diesen Eventkonzepten eine hohe Relevanz, da die Zielgruppe mit 18-40 Jahren genau dem Schwerpunkt der Altersverteilung von Facebook entspricht (vgl. Abb. 1; Roth 2012). Auf die parallele Nutzung anderer sozialer Plattformen wird aus Effizienzüberlegungen und der sich abzeichnenden Marktbereinigung verzichtet (vgl. IVM 2012).

Abb. 1: Alters- und Geschlechterverteilung der Facebook Seite

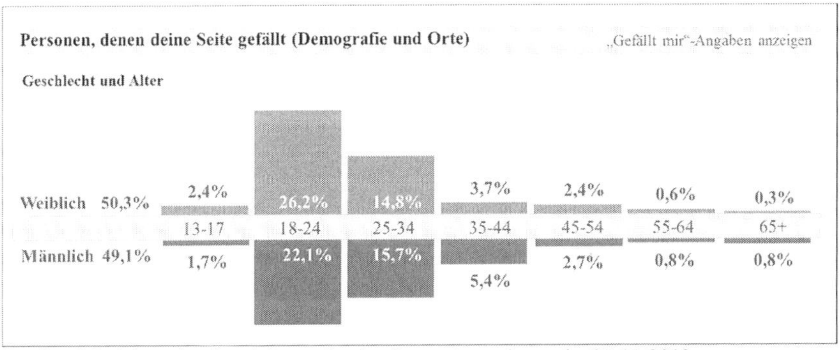

Quelle: Administrationsbereich von facebook.eventexperience.de, 25.11.2012

Facebook dient der Eventagentur Event Experience nicht nur als eine Vermarktungsplattform für eigene Events, sondern kann mit der Bereithaltung einer detaillierten Datenlandschaft das klassische Event- bzw. Marketing Controlling unterstützen. So hat sich die Zusage zu einem Event bei Facebook als Indikator für den Erfolg der Vorverkaufszahlen für Eintrittskarten bei zahlreichen Events seit 2010 bewährt. Auch zur Planung von Kartenkontingenten für einen optionalen Abendeinlass ist die Facebook Zusage ein wichtiger Indikator. Darüber hinaus bietet die Anlegung eines Events die Möglichkeit an alle eingeladenen Gäste gezielt Information zum Event zu kommunizieren bzw. Dialoge zu führen. Dies gilt sowohl vor, während und nach dem Event.

Die Nutzung der eigenen Facebook Seite mit über 3.400 *Fans* (Stand: 28.11.2012) bietet den Vorteil einer überwiegend kostenlosen Werbe- und Kommunikationsplattform.

Die Events basieren auf einem sich finanziell selbst tragenden Konzept. Gegenstand der Vermarktung ist daher das Event selbst, nicht aber eine Marke oder ein Produkt. Diese Rahmenbedingungen führen bei der Agentur regelmäßig dazu, dass ein angesetztes Werbebudget deutlich geringer ausfällt als beim klassischen Auftragsgeschäft. Dies begünstigt die kostenlose Nutzung von Facebook.

Die positiven Erfahrungen mit der Facebook Fan Seite in den letzten zweieinhalb Jahren haben dazu geführt, dass die klassische Print Werbung durch eine starke digitale Präsenz bei Facebook substituiert wurde. Flankiert wird diese Entscheidung durch eine empirische Befragung auf einem Event der Agentur in 2011. Die Ergebnisse werden kurz skizziert.

Neben der klassischen Mund-zu-Mund Propaganda im Freundeskreis (35,8%) zählt Facebook (19,2%) zu dem zweithäufigsten genannten Medium, über welches das Event dem Gast erstmalig bekannt wurde.

Mit 50,8% aller Nennungen ist Facebook als das beliebteste Werbemedium eingestuft worden. Auf Platz zwei und drei folgen mit deutlichem Abstand der E-Mail-Newsletter (18,3 %) und die Info-Post Sendung des Veranstalters (13,9%). Zudem waren 41,7% aller befragten Gäste *Fan* der Facebook Seite des Veranstalters. Diese Ergebnisse belegen die hohe Relevanz von Facebook sowohl für die Eventvermarktung als auch das Event-Controlling. Diese Ergebnisse bestärken die Agentur darin, Facebook auch zukünftig als ein kostenloses Medium zur Bewerbung von Events zu nutzen.

4 Ursachenforschung zur Gewinnung neuer Fans

Die Erfahrungen aus der Agenturarbeit zeigen, dass im Rahmen der Eventbewerbung durch eine gezielte Kommunikation mit der Zielgruppe ein konstantes Fanwachstum generiert werden kann. Es soll daher untersucht werden, ob eine vom Seiteninhaber ausgehende Kommunikation im Rahmen des Marketings 30 Tage vor und bis zu 10 Tage nach einem Event die Gewinnung neuer Fans positiv beeinflusst. Es gilt daher Hypothese I zu überprüfen:

> *Im Kontext der Bewerbung eines öffentlichen Events steigt mit zunehmender Reichweite der Facebook Beiträge die Anzahl der Fans der Veranstalter Seite.*

Hierzu werden die über die Excel Export Funktion zur Verfügung stehenden Daten der Agentur Fan-Seite ausgewertet. Der zur Verfügung stehende Datensatz umfasst einen

Zeitraum von Januar bis September 2012, in welchem insgesamt vier Events mit 122 Beobachtungszeitpunkten vorliegen.

Zur Operationalisierung[1] des Begriffs der Reichweite der Facebook Beiträge wird das Merkmal der *täglich viralen Reichweite* heran gezogen. Dieses drückt ein von Posts des Seiteninhabers resultierendes aktives Nutzerverhalten aus. Hierin enthalten sind z. B. *Gefällt mir* Markierungen, das *Posten* von Beiträgen auf der Pinnwand der Fan-Seite, das Erwähnen der Fan-Seite usw. Des Weiteren kann das Merkmal der täglich *organischen Reichweite* herangezogen werden. Im Gegensatz zur viralen Reichweite wird hier nur das Nutzerverhalten der *Fans* der Fan-Seite betrachtet. Die *virale Reichweite* umfasst das Verhalten aller Personen, unabhängig davon, ob es sich hierbei um einen Fan oder einen Freund des Fans usw. handelt. Ein weiteres Merkmal ist die Anzahl der täglichen Seitenaufrufe.

Tab. 1: Deskriptive Statistiken und Korrelationen (n=122)

Statistiken und Korrelationen (n=122)

Tägliche(s)...	Arithmetisches Mittel	s	Seiten-aufrufe	Virale Reichweite	Organische Reichweite
Seitenaufrufe	55,57	78,31			
Virale Reichweite	862,84	798,51	,576**		
Organische Reichweite	205,93	228,66	,480**	,541**	
Fanwachstum	1,70	4,91	,452**	,483**	,245**

**signifikant auf 0,01 Level (2-seitig)

Tabelle 1 zeigt die bivariaten Korrelationskoeffizienten der untersuchten Variablen. Die Zielvariable des täglichen Fanwachstums steht hierbei mit allen potentiell vorhersagenden Variablen in einem statistisch signifikanten Zusammenhang. Da jedoch einfache Zusammenhänge das tatsächlich vorliegende Nutzerverhalten nur bedingt abbilden können, wurde ein Strukturgleichungsmodell aufgestellt. Ein solches Modell bildet a-priori formulierte und theoretisch oder logisch begründete komplexe Zusammenhänge zwischen Variablen ab und dient der Schätzung der Wirkungskoeffizienten der Variablen über ein lineares Gleichungsmodell (vgl. Weiber/Mühlhaus 2010, S. 6). Jedes in Abbildung 2 kreisförmig dargestellte Konstrukt wird durch genau einen gleich lautenden Indikator gemessen.

[1] Die hier genannten Definitionen ergeben sich direkt aus dem Facebook Excel Export.

Die Berechnung des Modells erfolgte mit der Software SmartPLS (vgl. Ringle/Wende/Will 2012). Die Methode Partial Least Squares Structural Equation Modeling hat sich in den letzten Jahren vor allem im Marketing etabliert (vgl. Hair et al. 2012).

Die Ergebnisse der PLS Modellierung sind in Tabelle 2 und das visualisierte Strukturgleichungsmodell in Abbildung 2 dargestellt.

Tab. 2: Pfad-Koeffizienten, T-Werte und 2-seitige Signifikanz (n=122)

	Koeffizient	**Mittelw.**	**S**	**T-Wert**	**Sign.**
Seitenaufrufe -> Fanzuwachs	0,261	0,278	0,133	1,962	0,052
org. Reichweite -> Seitenaufrufe	0,238	0,250	0,104	2,285	0,024
org. Reichweite -> virale Reichw.	0,541	0,533	0,088	6,176	0,000
virale Reichweite -> Fanzuwachs	0,333	0,317	0,125	2,673	0,009
virale Reichweite -> Seitenaufrufe	0,447	0,452	0,092	4,875	0,000

Die hier dargestellten positiven Pfad Koeffizienten können derart interpretiert werden, dass mit zunehmender Größe der Werte ein größer werdender Zusammenhang vorliegt. Die Koeffizienten sind zudem als statistisch signifikant einzustufen. Der Zusammenhang von Seitenaufrufen zu Fanzuwachs liegt hier allerdings mit einer Signifikanz von 0,052 knapp über der 0,05 Grenze. Da die für die Bestimmung der T-Werte zu Grunde liegende Bootstrapping Methode grundsätzlich leichte Abweichungen hervorrufen kann, wird dieser Wert im Folgenden als noch signifikant interpretiert.

Die Ergebnisse zeigen das folgende Bild: Je mehr Fans auf einer ersten Stufe erreicht werden, desto mehr Nutzer werden in einer zweiten Stufe erreicht, also Freunde von Fans (0,541); z. B. weil die Kommunikation eines Fans mit dem Seiteninhaber als Statusmeldung für eigene Freunde dargestellt wird und diese hierauf reagieren. Die Anzahl der Seitenaufrufe kann somit unmittelbar durch die organische Reichweite (0,238) sowie die virale Reichweite (0,447) erklärt werden. Des Weiteren wird dargestellt, dass mit steigender Anzahl der täglichen Seitenaufrufe, mehr Personen auf *Gefällt mir* klicken und somit ein Fan der Seite werden (0,261). Dies ist jedoch keine technische Voraussetzung, denn auch andere Kanäle können genutzt werden, um ein Fan zu werden, z. B. Social Bookmarks der eigenen Internet Präsenz oder der von Partner Seiten. Daher kann auch die virale Reichweite als Indikator zur Gewinnung neuer Fans verstanden werden (0,333): Je mehr Personen erreicht werden, desto wahrscheinlicher ist es, dass grundsätzlich über den Seiteninhaber gesprochen wird und ein Nutzer in diesem Kontext zum Fan wird.

Abb. 2: Strukturgleichungsmodell mit Zielkonstrukt Fanwachstum

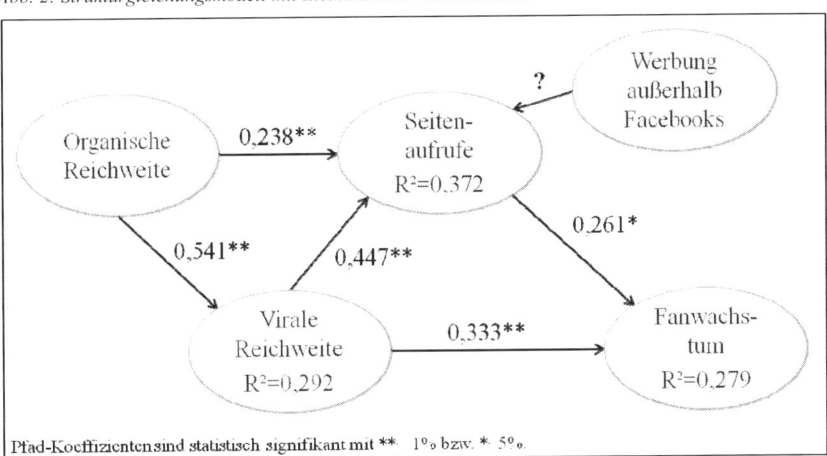

Mit einer Varianzaufklärung von R^2=0,279 kann eine Veränderung im Fanwachstum zu 27,9% durch das vorliegende Modell erklärt werden. Die nicht aufgeklärte Varianz von 0,721 könnte z. B. auf die Bewerbung der Fan-Seite im realen Leben zurückzuführen sein. Klassische Werbung auf Flyern und Plakaten, auf denen auf Facebook hingewiesen wird, sowie die Mund zu Mund Propaganda zum Event, bewegen die Nutzer ebenso zum (Auf)suchen und *Liken* (*Gefällt mir* Klick) der Fan Seite.

Insgesamt kann festgestellt werden, dass im vorliegenden Untersuchungsdesign ein statistisch signifikanter Zusammenhang zwischen der Kommunikation des Seiteninhabers und der Gewinnung neuer Fans vorliegt. Ein aktiver Kommunikationsaustausch bei Facebook im Rahmen der Eventbewerbung kann die Gewinnung neuer Fans daher unterstützen. Zeitliche Investitionen in den Aufbau einer Fan Seite lohnen sich daher. Im Folgenden Kapitel soll daher untersucht werden, ob eine Zusage von Facebook-Nutzern mit den relaen Besucherzahlen eines Events zusammenhängt.

5 Zusammenhang Facebook Zusagen und reale Besucherzahl

5.1 Quantitative Auswertung

Im Folgenden soll Hypothese II verifiziert werden:

Je mehr Facebook Zusagen zu einem öffentlichen Event vorliegen, desto größer ist die Anzahl der tatsächlichen Eventbesucher.

Als Berechnungsgrundlage dienen die im Anhang aufgeführten Eventdaten der Agentur. Hierbei wurden die virtuellen Zusagen zu einem Event bei Facebook den tatsächlichen Besucherzahlen auf dem Event gegenüber gestellt.

Der Datensatz umfasst 27 öffentliche Tanzevents, die zwischen 2010 und 2012 in der Region Hagen und Bochum stattfanden. Ein Großteil dieser Events sind Eigenproduktionen der Agentur. Im Datensatz sind zudem Daten von Events der Bochumer Eventagentur *Heroes@Night* enthalten, die im Rahmen dieser Untersuchungen zur Verfügung gestellt wurden. Eine vereinheitlichte Betrachtung ist möglich, da die Events hinsichtlich Ihrer Ausrichtung, Größe und Zielgruppe vergleichbar sind. Da der Stichprobenumfang (N=27) relativ klein ist, muss beachtet werden, dass Korrelationen alleine aufgrund zufällig verteilter Werte auftreten können. Der erwarte Korrelationskoeffizient liegt in diesem Untersuchungsdesign bei R=0,0385 (vgl. Fields 2009, S. 222)[2].

Abbildung 3 visualisiert einen positiven Zusammenhang im Streudiagramm. In Kombination mit der Darstellung der statistischen Auswertung (vgl. Tab. 3) folgt daher, dass der Zusammenhang zwischen den Facebook Zusagen und den realen Besucherzahlen mit r=0,886 (R^2=0,785) auf dem 0,01 Level statistisch signifikant ist. Hypothese I kann somit für das Untersuchungsdesign bestätigt werden.

---

2 Bei einem Stichprobenumfang von N=27, einem Freiheitsgrad von 1 und nur einer betrachten unabhängigen Variable k=1 ergibt sich r=k/(N-1) = 1/26= 0,0385.

Abb. 3: Streudiagramm zu Facebook Zusagen und realen Besucherzahlen

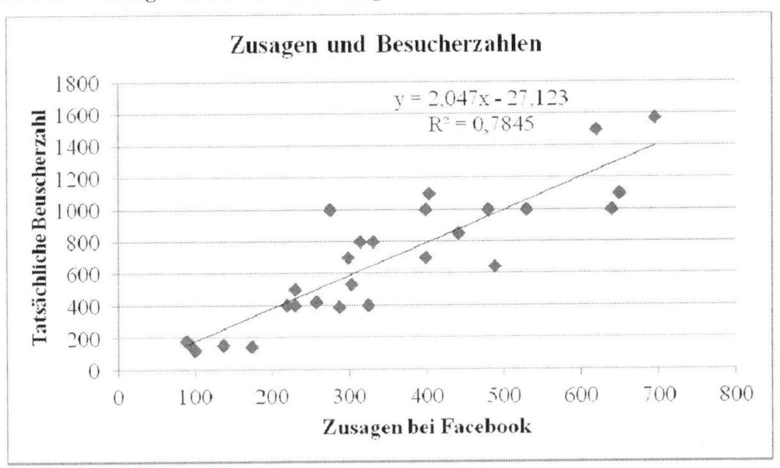

Tab.3: Darstellung bivariater Korrelationen

Korrelationen bei N=27

		Zusagen	Besuche
Zusagen	Pearson Korrelation	1	-
	Sig. (1-seitig)		-
Besuche	Pearson Korrelation	,886**	1
	Sig. (1-seitig)	,000	

**. Korreltaion ist signifikant auf dem 0,01 Level (einseitig)

Bei genauer Betrachtung des im Anhang dargestellten Datensatzes fällt auf, dass mit steigender Besucherzahl die Standardabweichung der Zusagen zunimmt. Es kann daher vermutet werden, dass die Steigung der Regressionsgeraden durch eine zunehmende Streuung im Datensatz für große Veranstaltungen leicht abweichen könnte. Dies wird zudem durch die Kennzahl des Variationskoeffizienten[3] gestützt, der bei sukzessiver Hinzunahme in die Berechnung von anfänglich 0,382 auf 0,507 für alle Events steigt (vgl. Anhang).

[3] Der Variationskoeffizient ist ein „Quotient aus Standardabweichung und Absolut-Betrag des Mittelwertes einer statistischen Reihe". Er misst „die Streuung relativ zum Niveau bzw. zur absoluten Größenordnung einer statistischen Reihe" (Schira 2003, S. 58).

Zusammenfassend kann festgehalten werden, dass mit einer Zusage bei Facebook statistisch 2,047 reale Gäste prognostiziert werden können. Aufgrund der Zunahme der Varianz im Datensatz einerseits, sowie einer grafischen Betrachtung anderseits, könnte sich dieses Verhältnis bei größeren Events deutlich nach oben korrigieren. Die Ergebnisse dieser Untersuchungen sind hierbei aber nur bedingt auf andere Eventformen generalisierbar und sollten daher für zukünftige Untersuchungen als Hypothesen generierend zu verstehen sein. Aufgrund der Eindeutigkeit der Auswertungen ist es aber sehr wahrscheinlich, dass die Anzahl der Facebook Zusagen als ein sehr guter Prädiktor für den Eventerfolg anzusehen ist.

5.2 Qualitative Betrachtung

Im Kontext des bis hierhin diskutierten Sachverhalts drängt sich eine weitere Überlegung auf. Die Facebook Zusagen könnten als Prognose-Instrument für einen laufenden Vorverkauf eines Events herangezogen werden. An dieser Stelle soll daher Hypothese III argumentativ betrachtet werden.

> *Die Anzahl der Facebook Zusagen und die realen Vorverkaufszahlen stehen in einem erkennbaren Zusammenhangsmuster.*

Abbildung 4 visualisiert die Entwicklung der Vorverkaufszahlen einer öffentlichen Tanzveranstaltung der Agentur vom 31.10.2012. Die Verkaufszahlen wurden vom 05.10. bis 31.10.2012 alle zwei Tage telefonisch abgefragt. Die Entwicklung der beiden Kurven soll im Folgenden erfahrungsbasiert interpretiert werden.

Zu Beginn des Bewerbungszeitraums eines Events neigen die potentiellen Besucher zur Bestätigung der ausgesprochen Event Einladung bei Facebook. Ihre Zusage drückt somit eine latent vorhandene Absichtserklärung zum Kauf einer Eintrittskarte aus. Diese setzt sich aber erst später in eine konkrete Kaufhandlung um, so dass der überproportionale Anstieg der Verkaufszahlen kurz vor einem Event zum Teil erklärt werden kann. Während die Facebook Fans des Veranstalters frühzeitig zusagen, aber erst später eine Eintrittskarte kaufen, gibt es eine große Zielgruppe außerhalb von Facebook, die bis dahin in keiner Statistik aufgetaucht ist, nun aber eine Eintrittskarte kauft.

Abb. 4: Eventbeispiel vom 31.10.2012

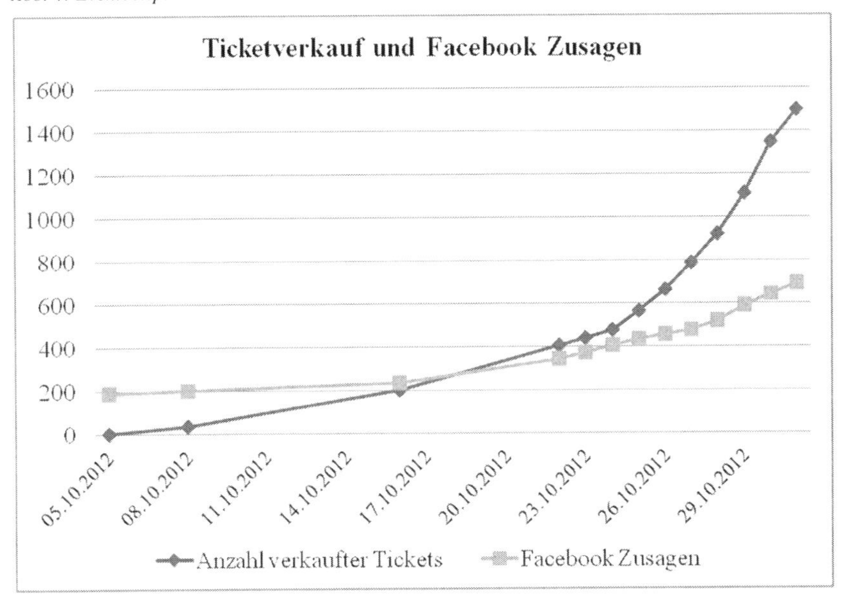

Es kann daher vermutet werden, dass für den Großteil der Zusagenden das folgende Handlungsmuster gilt: Erst erfolgt die Facebook Zusage und dann die konkrete Kaufhandlung, denn anders ist die Entwicklung im frühen Bewerbungszeitraum nicht zu erklären. Abbildung 4 zeigt zudem, was erfahrungsgemäß auch für die anderen Events der Agentur gilt: Die Vorverkaufszahlen überholen die Facebook Zusagen erst 10-14 Tage vor dem Event. Für zukünftige Untersuchungen drängt sich daher die Fragestellung auf, ob auf Basis eines solchen Musters im Vorfeld eines Events eine realistische Prognose für den Eventtag selbst abgegeben werden kann. Diese Erkenntnisse sollten daher den Ausgangspunkt zukünftiger Fragestellungen für Forschung und Praxis sein.

6 Best Practice Beispiele zur Kommunikation auf Facebook

In Abschnitt 4 konnte für das Fallbeispiel der Agentur statistisch gezeigt werden, dass eine verstärkte Kommunikation des Seiteninhabers mit der Gewinnung neuer Fans statistisch signifikant korreliert. Im Folgenden soll daher anhand einer Auswahl von Beispielbeiträgen gezeigt werden, welche Arten von Posts erfolgversprechend sind und wie dies quantitativ überprüft werden kann. Hierzu stellt Facebook dem Inhaber einer Facebook Fan-Seite eine automatische Statistikauswertung zur Verfügung. Diese statistische Auswertung stellt Facebook (bisher) nur für Fan-Seiten zur Verfügung.

Hierbei können Beiträge des Seiteninhabers der letzten Monate beliebig nach den Kriterien *Reichweite, Eingebundene Nutzer, Personen, die darüber sprechen* oder nach der *Viralität* sortiert werden (vgl. Abb. 5). Klickt man z. B. auf *Eingebundene Nutzer* lassen sich über eine Drill Down Funktion, die sich hinter dieser Kennzahl verbirgt, Details über das Zustandekommen der Information einsehen. Es wird unmittelbar deutlich, wie viele Personen auf *Gefällt mir*, *Teilen* geklickt oder den jeweiligen Beitrag *kommentiert* haben.

Abb. 5: Übersicht ausgewählter Posts der Fan-Seite facebook.eventexperience.de

Datum	Beitrag	Reichweite	Eingebundene Nutzer	Personen, die darüber sprechen	Viralität
21.11.2012	Presse	791	52	3	0,38%
20.11.2012	Plakate gedruckt und im Umlauf, Ticket...	926	53	10	1,08%
20.11.2012	Plakate gedruckt und im Umlauf, Ticket...	746	8	3	0,4%
15.11.2012	Auch in diesem Jahr machen wir wieder...	957	65	17	1,78%
13.11.2012	Wer weiß, wo das hier war? Das Jahr ve...	1.249	124	7	0,56%

Quelle: Administrationsbereich von facebook.eventexperience.de, 28.11.2012.

Die Agentur kann folglich die eigenen Beiträge und die Reaktionen von Fans und Nicht Fans einsehen und statistisch auswerten. Die Kommunikation wird somit transparent und steuerbar. Es lässt sich abschätzen, welche Posts eine erfolgreiche Kommunikation ausmachen.

Es ist denkbar die eigene Kommunikation in einer klassischen *Trial and Error* Strategie auszuprobieren und stetig zu verbessern. Anhaltspunkte können aber erste Studien liefern wie z. B. die Content Studie von Reimerth und Wigand (2012). Die Autoren haben analysiert, welche Inhalte für die Kommunikation erfolgsversprechend sind. In den Mittelpunkt wird die Viralität der Aktivitäten gesetzt, die sich aus Reaktionen auf Posts im Vergleich zur Fanzahl ergibt. Der durchschnittliche Viralitätsfaktor der untersuchten Postings beträgt 0,23 %. Dies bedeutet, dass für einen üblichen Post mit einer viralen Reichweite von 1.000 Personen durchschnittlich 23 aktiv antworten.

Um die durchschnittliche Viralität zu erhöhen wurde in der Studie untersucht, wie in einzelnen Posts formuliert wurde. Konkrete, emotionale oder einfach formulierte Botschaften zählten hierbei zu den Erfolgreichsten und wiesen deutlich höhere Reichweiten von bis zu 92 % auf (vgl. Abb. 6). Konkrete Posts kennzeichnen sich durch Fakten aus, emotionale Posts erzeugen Gefühle. Einfache Posts sind Aussagen, die treffend und kompakt formuliert sind (vgl. Reimerth/Wigand 2012, S. 11).

Abb. 6: Erhöhung der Viralität durch präzise, emotionale und einfache Posts

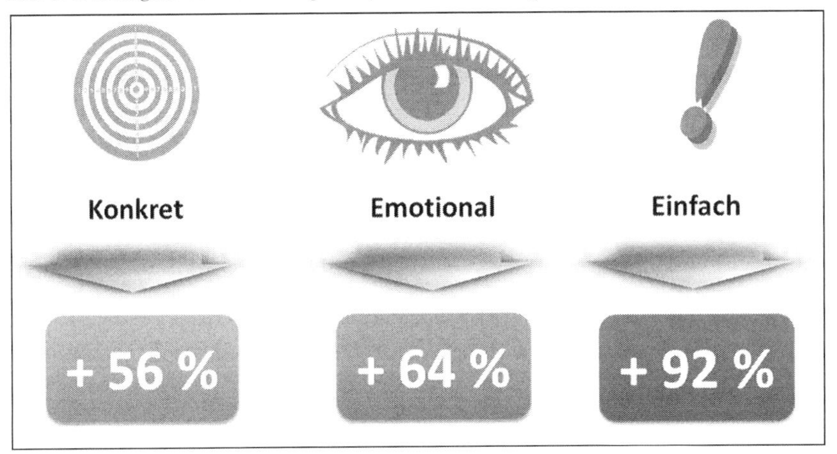

Quelle: vgl. Reimerth/Wigand (2012, S. 11)

Nicht nur die Art der Textformulierung, sondern auch die Wahl der Postart hat einen Einfluss auf die Viralität. So sind Bilder, Bildergalerien und Umfragen viralitäts-fördernd, Videos oder Links allerdings viralitäts-hemmend (vgl. Reimerth/Wigand, 2012, S. 21ff). Auch der Zeitpunkt der Kommunikation spielt eine wichtige Rolle. Hohe Viralitätswerte erreichen Posts in den Zeiträumen zwischen 10:00 und 11:00 Uhr vormittags und 19:00 und 20:00 Uhr am Abend. Als beste Wochentage können der Mittwoch und der Sonntag identifiziert werden. Hier werden im Vergleich zu anderen Tagen die höchsten Viralitäten erreicht (vgl. Reimerth/Wigand 2012, S. 15f).

Zusammengefasst lassen sich der Studie folgende Keyfacts entnehmen: „Nicht zu oft posten, Keep ist short, Bilder sind gut, lange Texte nicht, Links und Videos sind negativ, Consumer Brands haben die Nase vorn“ (vgl. Reimerth, Wigand, 2012, S. 56).

Abb. 7: Facebook Post im Vapiano Hagen

Quelle: facebook.eventexperience.de, 22.10.2012

Die aus der Studie gewonnenen Ergebnisse werden auf die Postings der Agentur übertragen und dabei erfolgreiche Posts herausgefiltert und näher erläutert. Aufgeführt wird zunächst ein Beitrag der im Zuge von Kooperationspartnern der Agentur entstanden ist. Dieser ist ausschnittsweise in Abbildung 7 dargestellt. Hierbei wurde ein Bild verwendet, welches lokal bekannte Sportler der 1. Basketball Bundesliga mit den Agenturinhabern zeigt. Ergänzt wurde dieses Bild mit einem einfachen Satz, der zur Interaktion aufgefordert hat: *Wer diese Jungs kennt drückt Gefällt mir!* Die verwendeten Elemente, kurzer prägnanter Text in Kombination mit einem emotionalen Bild liefern die Grundlage für eine hohe Viralität. Dieser Beitrag erhielt eine Viralität von 1,25 % bei 2.402 erreichten Personen und 30 Personen, die darüber sprechen. Darüber hinaus wurde der Beitrag 28 Mal mit *Gefällt mir* markiert und 8 Mal kommentiert.

Abbildung 8 zeigt einen Filmbeitrag in Form eines Nachberichtsbeitrages eines Events der Agentur. Der dargestellte Post wurde monetär unterstützt, da bekannt ist, dass Filmbeiträge grundsätzlich eine geringere Viralität aufweisen. Somit wurde die Reichweite des Beitrages stark erhöht.

Abb. 8: Facebook Post

Quelle: facebook.eventexperience.de, 03.11.2012.

Dass Video Posts rein statistisch hinsichtlich der Viralität nicht erfolgsversprechend sind, zeigt sich auch in diesem Fall. Die Reichweite konnte durch die monetäre Unterstützung auf 68.950 Personen gesteigert werden. Davon haben allerdings nur 98 Personen interagiert, indem sie *Gefällt mir* geklickt, kommentiert oder den Inhalt geteilt haben. Die Viralität liegt nur bei 0,14 %. Rein absolut gesehen, stellt aber die Anzahl der interagierenden Personen einen guten Wert dar. Insgesamt kann der Video Post aber als erfolgsversprechend gewertet werden, da die Anzahl der Klicks über die Aufrufe des Videos feststellbar waren. Innerhalb von drei Tagen nach Veröffentlichung des Videos waren bereits 1.300 Aufrufe feststellbar (vgl. Vimeo 2012). Bei einer realen Besucherzahl von 1.600 Personen bei diesem Event kann deshalb von einem erfolgreichen Post gesprochen werden.

Die oben beschriebenen Posts sind nur zwei von mehreren erfolgreichen Beispielen im Zeitraum vom 4. Oktober bis 4. November 2012. Parallel wurde eine monetär unterstützte Kampagne in Facebook geschaltet, die das Fan Wachstum der Seite steigern sollte. Es zeigt sich, dass im o. g. Zeitraum 497 neue Fans gewonnen werden konnten. Abbildung 9 zeigt das Fanwachstum noch einmal deutlich, wobei zu erkennen ist, dass die meisten Fans in unmittelbarer zeitlicher Nähe um das Event gewonnen werden konnten.

Abb. 9. Fanwachstum von facebook.eventexperience.de

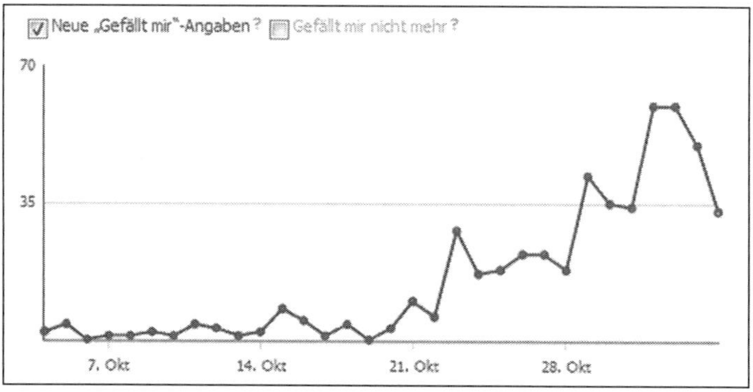

Quelle: Administrationsbereich von facebook.eventexperience.de, 29.11.2012.

7 Fazit

Die Untersuchungen zeigen, dass mit zunehmender Kommunikationsreichweite mehr Fans gewonnen werden können. Dies stellt einen strategischen Wettbewerbsvorteil für die Durchführung von großen Events dar, denn mit steigender Präsenz bei Facebook erfahren mehr Personen von den Aktivitäten eines Veranstalters. Dies ist eine relevante Voraussetzung, um Events durch die Einladungsfunktion gezielt zu vermarkten. In diesem Kontext zeigt sich, dass die Anzahl der Facebook Zusagen zu einem Event als Prognoseinstrument für den Veranstaltungserfolg dienen und die operative Planung der Agenturarbeit erleichtern können. Dies wurde exemplarisch an der Entwicklung der Vorverkaufszahlen im Abgleich zu den Facebook Zusagen dargestellt. Für zukünftige Untersuchungen mit größeren Stichprobenumfängen sollten zudem Events in Größenklassen eingeteilt werden, um eine fallweise Betrachtung für differenzierte

Aussagen treffen zu können. Es wird hierbei vermutet, dass mit zunehmender Eventgröße das Verhältnis Besucherzahl und Facebook Zusagen steigen könnte.

Für den Zeitraum der Eventbewerbung kann der Veranstalter zudem gezielt über eine große Palette von Beitragsarten auswählen und auf Basis der vorgestellten Praxisbeispiele erfolgsversprechend mit der Zielgruppe interagieren. Hierbei lässt sich zusammenfassend Folgendes festhalten: Die Art der dargelegten Best Practice Beispiele von Bild- und Textbeiträgen stimmen mit anderen Erkenntnissen überein (vgl. online-pr 2012), insbesondere das Ranking nach Relevanz der Beitragsarten (vgl. Zarrella 2012). Es konnte gezeigt werden, dass mit einfachen Mitteln Annahmen über den Erfolg oder Misserfolg der eigenen Kommunikation überprüfbar sind. Ergänzt wird dieser Mehrwert durch Facebooks kostenlosen Statistik-Excel Export, der weitere Auswertungen ermöglicht. Letztendlich kann im Rückblick die eigene Kommunikation analysiert werden, so dass diese Erfahrungen zu einer nachhaltigen Optimierung der eigenen Text- und Bildgestaltung von Beiträgen führen. Diese praktisch dargelegten Maßnahmen sind auf die Arbeit anderer Agenturen direkt übertragbar.

Literaturverzeichnis

BMW KARRIERE (2012): Facebook Fan Seite unter: http://www.facebook.com/bmw karriere?ref=ts&fref=ts, letzter Abruf: 30.10.2012.

FIELDS, A. (2009): Discovering Statistics Using SPSS, 3rd ed.. Los Angeles, London, New Dehli, Singapore, Washington DC 2009.

HAIR, J. F.; SARSTEDT, M.; RINGLE, C. M.; MENA, J. A. (2012): An Assessment of the Use of Partial Least Squares Structural Equation Modeling in Marketing Research, in: Journal of the Academy of Marketing Science, Vol. 40, 2012, No. 3, pp. 413-433.

HOHENSEE, M.; SCHUERMANN, C. (2012): Euer Geld? Gefällt mir! Wirtschaftswoche, 2012, Nr. 20.

IVM (2012): Entwicklung der Visits sozialer Netzwerke, unter: http://de.statista.com/statistik/daten/studie/209595/umfrage/entwicklung-der-visits-der-deutschen-social-networks/, letzter Abruf: 25.11.2012.

JÄGER, W.; PETRY T. (2012): Enterprise 2.0. Die digitale Revolution der Unternehmenskultur. Köln 2012.

ONLINE-PR (2012): 8 Tipps für erfolgreiche Facebook Posts, unter: http://pr.pr-gateway.de/tipps-fur-facebook-posts.html, letzter Abruf: 29.11.2012.

REIMERTH, G.; WIGAND, J. (2012): Welche Inhalte in Facebook funktionieren, unter: http://www.knallgrau.at/facebookcontentstudie, letzter Abruf: 28.11.2012.

RINGLE, C; WENDE, S.; WILL, A. (2012): Smart PLS 2.0 (beta). Version 2005, unter: www.smartpls.de, letzter Abruf: 24.11.2012.

ROTH, P. (2012): Aktuelle Facebook Nutzerzahlen für Oktober 2012, unter: http://allfacebook.de/zahlen_fakten/deutschland-oktober-2012/, letzter Abruf: 25.11.2012.

RUMP, J.; SCHABEL, F. (2011): Auf dem Weg in die Organisation 2.0. Mut zur Unsicherheit. Sternenfels 2011.

SCHIRA, J. (2003): Statistische Methoden der VWL und BWL, München 2003.

SCHMIDT, H. (2012): Sichtbarkeit deutscher Unternehmen auf Facebook sinkt kräftig, unter:http://www.focus.de/digital/internet/netzoekonomie-blog/neuer-algorithmus-sichtbarkeit-deutscher-unternehmen-auf-facebook-sinkt-kraeftig_aid_867858.html, letzter Abruf: 28.11.2012.

VIMEO (2012): Halloween 2012 Nachbericht, unter: http://vimeo.com/52727607, letzter Abruf: 29.11.2012.

WEIBER, R.; MÜHLHAUS, D. (2010): Strukturgleichungsmodellierung, Berlin, Heidelberg 2010.

ZARRELLA, D. (2012): How to Get More Likes, Comments and Shares on Facebook. Blogg-Eintrag vom 19.06.2012, unter: http://danzarrella.com/infographic-how-to-get-more-likes-comments-and-shares-on-facebook.html, letzter Abruf: 29.11.2012.

Anhang

Facebook Zusagen und reale Besucherzahlen

Veranstaltungsdaten zwischen 2010-2012					
Veranstaltungen	**Einladungen**	**Zusagen**	**Unsicher**	**Reale Besuche**	Variations-koeffizient der Zusagen
1	1200	100	40	120	-
2	2452	174	286	140	0,382
3	1598	94	196	150	0,256
4	1910	136	124	150	0,276
5	2994	89	274	180	0,268
6	2657	287	254	390	0,616
7	2300	220	100	400	0,479
8	6000	230	175	400	0,443
9	9700	325	324	400	0,495
10	4204	258	329	420	0,439
11	2500	230	180	500	0,406
12	1692	303	380	530	0,411
13	3433	489	852	640	0,529
14	3057	298	435	700	0,466
15	6300	400	280	700	0,476
16	2020	314	140	800	0,445
17	2810	331	308	800	0,431
18	4661	442	369	850	0,445
19	3850	275	195	1000	0,416
20	3500	400	350	1000	0,420
21	12600	481	510	1000	0,432
22	3000	530	290	1000	0,447
23	14000	640	415	1000	0,485
24	1819	404	277	1100	0,455
25	7000	650	600	1100	0,489
26	5700	620	520	1500	0,491
27	6582	695	636	1570	0,507
Summe	**119539**	**9415**	**8839**	**18540**	
arithm. Mittel	**4427,4**	**348,7**	**327,4**	**686,7**	
s	**3258,6**	**174,9**	**180,4**	**404,2**	

Sören Bär, Melanie Brehm

Erfolgsfaktoren von Online-Spielen

„Denn, um es endlich auf einmal herauszusagen, der Mensch spielt nur, wo er in voller Bedeutung des Worts Mensch ist, und er ist nur da ganz Mensch, wo er spielt."
(Schiller 1874, S. 591 ff.)

1 Problem- und Zielstellung

Bereits Friedrich Schiller (vgl. Schiller 1874) betonte die Wichtigkeit des Spielens für die individuelle Entwicklung des Menschen und trat gegen die Spezialisierung und Mechanisierung der Lebensvollziehung ein. Das Spielen ist seiner Auffassung nach eine Leistung, die allein in der Lage ist, die Ganzheitlichkeit der menschlichen Fähigkeiten hervorzubringen. Es besitzt seit jeher den Status einer gesellschaftlichen Aktivität, bei der Gemeinschaftserlebnisse im Vordergrund stehen. Deshalb findet man sich in der „analogen" Welt zu Gruppen zusammen, während im virtuellen Raum Communities und in Online-Spielen so genannte Gilden entstehen. Mit der stetig steigenden Zahl an Internet-Nutzern und höheren Online-Verweildauern ging in den letzten Jahren eine kontinuierlich wachsende Beliebtheit von Online-Spielen einher (vgl. Chen/Tu/Wang 2008). Dabei geht es auch virtuell entweder darum, sich im direkten Kampf gegen einen Rivalen zu behaupten, wie im Schach, oder ein gegnerisches Team zu besiegen, wie beim Fußball. Je früher einem Unternehmen der Einstieg in die schnell wachsende neue Games-Branche gelungen war, desto höher waren seine Chancen, dauerhaft zu bestehen. Zu Beginn erkannten nur wenige das Potenzial des aufkommenden Industriezweiges, weshalb sich einige große Unternehmen, wie z. B. Activision Blizzard, langfristig etablieren konnten. Durch die steigende Nachfrage kamen immer mehr Konkurrenten mit neuen Ideen hinzu, und das Angebot von Online-Spielen wurde so vielfältig, dass ein Überblick über die Branche kaum noch möglich war. Geschuldet ist das der Tatsache, dass im Spiel alles erlaubt ist. Ob realistischer Kriegsschauplatz, Mittelalter-Spektakel mit Feuerspuckern, Schaustellern und Dieben, eine verwunschene Phantasiewelt, in der Zwerge und Elfen gemeinsam das Böse bekämpfen oder das Schlüpfen in die Rolle eines vogelfreien Piraten - der Phantasie sind keine Grenzen gesetzt. Auch die Individualisierung und die Abgrenzung von anderen sind in Spielen eminent wichtig, weshalb Funktionen für die detaillierte Einstellung des virtuellen Charakters, von der Körpergröße bis zum Winkel der Nase, vor allem bei Online-Rollenspielen längst vorausgesetzt werden. Das Spielen in virtuellen Welten wurde in den vergangenen Jahren immer beliebter, und der Einfluss auf das reale Leben, im Spielerjargon häufig als ''Real Life'' bezeichnet, nahm stetig zu. Dieser „Transfer von Spielmechanismen auf nichtspielerische Umgebungen" (vgl. Stampfl 2012 S. 16) wird als ''Gamification'' bezeichnet. Viele Unternehmen nutzen den natürlichen Sammeltrieb der Menschen schon lange für ihre Marketingaktionen, indem ihre Kunden für den Erwerb bestimmter Produkte Punkte erhalten und diese für Prämien verwenden können. Kundenbindungsstrategien waren aber nur der Anfang des Einzugs der Online-Spiele in den Alltag. Die Vielzahl der Online-Spiele und deren unterschiedliche inhaltliche und technische Ausrichtung sind überwältigend. Bei Eingabe des Suchbegriffs „Online-Spiele“, werden bei Google fast 3,5 Millionen Ergebnisse erzielt. Entsprechend vielseitig sind auch die Genres. Es gibt Spiele-Hits in den unterschiedlichsten Bereichen. Für Massively Multiplayer Online Role-Playing Games (MMORPGs) lassen sich *World of Warcraft (WoW)* oder *Guild Wars* nennen. Im Bereich der Shooter ist *Counter-Strike* dominierend, während bei den Online-Strategie-Spielen *Die Siedler Online* mit 1,5 Millionen Spielern kurz nach dem Start im August 2011 zu einem Vorreiter geworden ist. Empirische Untersuchungen zur Herausbildung entsprechender Charakteristika von Genres und deren Bedeutung für die jeweilige Community existieren jedoch kaum (vgl. Song/Lee 2007). Das Überangebot an verfügbaren Online-Spielen stellt Entwickler und Publisher zunehmend vor das Problem, wie sich ihr Leistungsangebot von der Konkurrenz abheben soll und welche Merkmale ihre Produkte besitzen müssen, um ein breites Publikum zu erreichen. Deshalb ist es interessant zu untersuchen, ob es Faktoren gibt, die den Erfolg von Online-Games maßgeblich beeinflussen und gegebenenfalls begünstigen. Die Ermittlung derartiger Erfolgsfaktoren war Ziel der vorliegenden Untersuchung. Zudem spielt die Differenzierung zwischen den verschiedenen Genres eine Rolle. Daraus folgt die Annahme, dass in jedem Genre andere Faktoren erfolgsentscheidend sind.

2 Forschungsrelevanz

2.1 Wirtschaftliche Kennzahlen und Potenzial

Etwa ein Drittel der deutschen Bevölkerung spielt mehr oder weniger aktiv in virtuellen Welten. Die Tendenz ist steigend. Vor allem bei der jüngeren Generation im Alter von bis zu 25 Jahren besitzen Online-Games eine hohe Attraktivität. Auch die Zukunft der Branche scheint gesichert zu sein. So lag der globale Jahresumsatz 2011 bei 56 Milliarden Dollar. Das Beratungsunternehmen PricewaterhouseCoopers prognostizierte, dass der Umsatz bis 2015 auf 82 Milliarden Dollar steigen wird. Dass das Spielen von Computerspielen längst keine Nische mehr ist, sondern zum Massenphänomen wurde, zeigen auch die Befragungsergebnisse der Gesellschaft für Konsumforschung (GfK) aus dem Jahr 2012. Wie aus Abbildung 1 ersichtlich ist, spielen fast 25 Millionen Deutsche regelmäßig, 43,7 Prozent davon sind Frauen. Der Computer ist mit 17,2 Millionen Usern die meistgenutzte Plattform. Eingrenzungen lassen sich auch nicht bezüglich des Alters oder der Bildungsschicht treffen, wobei die Spieleranzahl unter den über 50-Jährigen und bei den Hochschulabsolventen jeweils am geringsten ist.

Abb. 1: Popularität von Online-Games in Deutschland

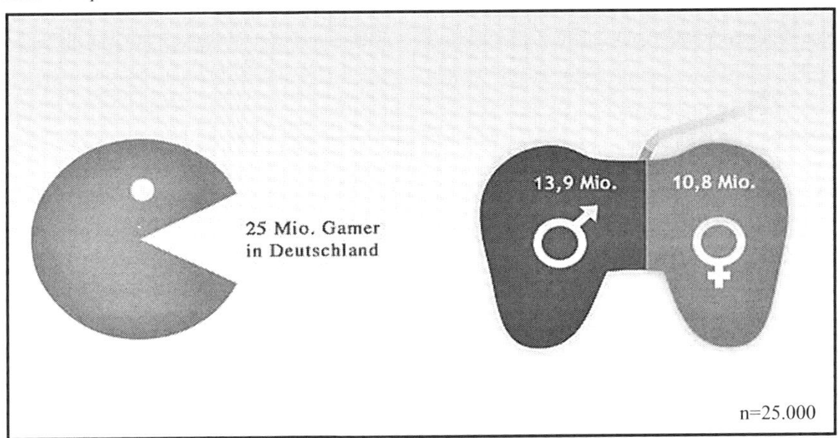

Quelle: GfK/BIU e.V. (2012)

Laut BIU (2012) ist der Umsatz in Deutschland von 2010 zu 2011 um 3,5 Prozent auf insgesamt 1,99 Milliarden Euro gewachsen (vgl. Abb. 2).

Abb. 2: Umsatzzahlen der deutschen Games-Branche in den Jahren 2010 und 2011

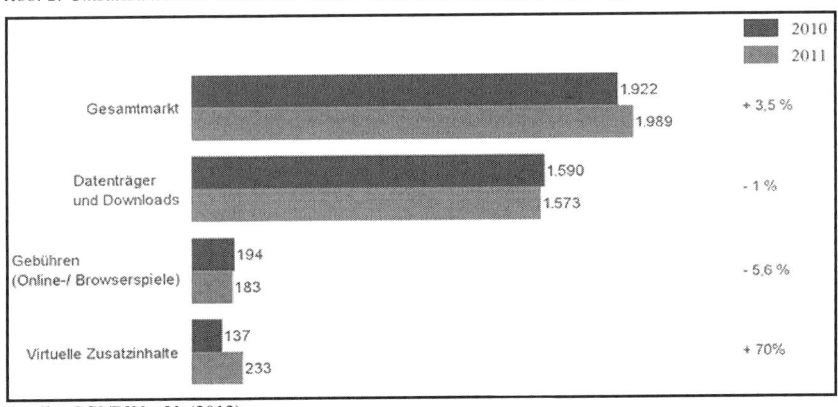

Quelle: GfK/BIU e.V. (2012)

Dieses Plus verdankt die Branche der Umstellung vieler auf dem pay-to-play-Prinzip basierenden Spiele auf das free-to-play-Modell[1] und dem damit verbundenen Anbieten von virtuellen Gütern. Die durchschnittlichen Ausgaben der 3,7 Millionen Nutzer dieser Zusatzinhalte, eine halbe Million mehr als noch 2010, haben sich von 43 Euro auf 63,50 Euro erhöht. Aktuelle Zahlen belegen aber, dass sich Datenträger immer noch gut verkaufen lassen. Am Release-Tag von *Diablo III*, dem 15. Mai 2012, wurden über 3,5 Millionen Exemplare des Spiels verkauft. Es kamen noch 1,2 Millionen Besitzer eines *World of Warcraft*-Jahrespasses hinzu, welche *Diablo III* kostenlos erhielten, so dass insgesamt 4,7 Millionen Spieler am Starttag auf die Server wollten.

2.2 Die Anziehungskraft von Online-Spielen

Zur Beantwortung der Frage, warum Menschen Online-Games spielen und diese eine große Faszination ausüben, dient das Theater als Modell für die soziale Welt. Erving Goffman folgert, dass alle Menschen stets eine Rolle spielen und sich eine theatralische Fassade schaffen, indem sie ein standardisiertes Ausdrucksrepertoire einsetzen. Nach Goffmans Ansicht gibt es für etablierte soziale Rollen jeweils derartige Fassaden, in denen sich die Erwartungen und Stigmatisierungen widerspiegeln, die für die entsprechende Rolle existieren (vgl. Goffman 1959, S. 22ff.). Daraus lässt sich ableiten, dass aktive Online-Spieler aus ihrer Alltagsroutine ausbrechen und zumindest für kurze Zeit gern eine andere Rolle spielen möchten. In seinem Buch "Unplugged: My Journey into the Dark World of Video Game Addiction" verarbeitet der amerikanische Autor Ryan G. Van Cleave seine Sucht nach dem MMORPG *World of Warcraft*. Die Erkenntnis Van Cleaves, dass er im realen Leben niemals ein Held sein würde, führte zu seiner vollkommenen Hinwendung: "the allure of being a hero – something I absolutely was not, in real life – drew me in completely" (Van Cleave 2010, S. 51) Insbesondere mit dem Genre der Rollenspiele wird diesem Bedürfnis Rechnung getragen. Die Spieler können ihren Spiel-Charakter dabei weitgehend nach ihren Vorstellungen formen, gewissermaßen Bühnenbild und Requisiten einsetzen, um sich ihre Träume und Wünsche zu erfüllen. Da sie sich dabei jedoch unter dem Schutz der Anonymität mit einem Phantasie-Namen bewegen und Teil einer Masse sind, wird dieser Wechsel nach außen nicht sichtbar. Es besteht die Möglichkeit, dem Alltag zu entflie-

[1] Als free-to-play bezeichnet man ein Prinzip, auf dem Online-Spiele basieren können. Der Erwerb eines solchen Spiels ist kostenfrei, und es fallen keine monatlichen Gebühren an. Derartige Spiele finanzieren sich größtenteils durch einen Item-Shop, der den Spielern die Möglichkeit gibt, virtuelle Gegenstände, wie z. B. Ausrüstungen, gegen echtes Geld zu erwerben.

hen und im Zuge eines Flow-Erlebens (vgl. Csikszentmihalyi 1975, 1990) im Spiel aufzugehen. Diese Form des Eskapismus – der Flucht in eine andere Welt, in ein Paralleluniversum - ist sowohl für das analoge als auch für das digitale Spielerlebnis typisch. Speziell Jugendliche suchen nach Möglichkeiten, sich von der Welt der Erwachsenen abzugrenzen, um dadurch ihre Persönlichkeitsentwicklung forcieren zu können (vgl. Wood et al. 2004). Sie streben nach Erlebnissen, die von ihren Eltern nicht geteilt werden können. Um dieses Ziel zu erreichen, versuchen sie, sich eine eigene Welt zu erschaffen, zu der ältere Generationen keinen Zugang haben. Die Rebellion gegen Ältere erfolgte sehr lange über Pop- und Rockmusik, mittlerweile ist die ältere Generation jedoch mit den Codes der Popkultur zum Teil sogar besser vertraut als die junge. Die Welt der Online-Games ist für Erwachsene hingegen nicht so leicht zu erschließen. Das macht sie für Jugendliche so anziehend – eine Welt, in der eigene Regeln, Gesetze und Codes existieren (vgl. Renner 2011, S. 205). Sie können in die virtuellen Welten entfliehen (vgl. Frostling-Henningsson 2009), denn: „Games sind die neue Rockmusik." (Renner 2011, S. 210)

Von besonderem Interesse sind die Ursachen für den Erfolg eines Online-Spiels. So könnte man annehmen, dass gewisse Parallelen in Bezug auf Funktionsweisen oder Inhalte zwischen Game-Hits, wie z. B. *World of Warcraft* oder *Counter Strike*, existieren. Der wohl wichtigste Grund, weshalb die Online-Spiele-Branche in den letzten Jahren ein großes Wachstum erleben konnte, ist die mögliche Interaktion der Spieler. Wie bei Brettspielen ist vor allem das gemeinsame Spielen attraktiv. „Alleine spielen ist langweilig. Das gilt auch für den Computer. Heute kommt kaum noch ein richtiges Computerspiel heraus, das seinen Mitspielern nicht die Möglichkeit einräumt, im Internet das Spiel mit anderen zusammen weiter zu spielen." (John 2005) Die Entwickler von Online-Spielen wissen um die Bedeutung der Interaktion zwischen den Spielern, und so finden sich in jedem MMOG Möglichkeiten zur Kommunikation (z. B. einen Chat) und zum gemeinsamen Spiel. Eine weitere Möglichkeit ist das Erstellen einer Gruppe, um gemeinsam Aufgaben zu erfüllen oder die virtuelle Welt zu erkunden. Die Anzahl der Mitglieder ist dabei meist begrenzt, z. B. besteht eine normale Gruppe in *WoW* aus bis zu fünf Mitgliedern, eine Raid[2]-Gruppe kann bis zu 40 Spieler aufnehmen. Eine Gruppe bleibt nur bis zum Ausloggen (Verlassen des Spiels) der Mitglieder bestehen. Möchten Spieler weiterhin in Kontakt bleiben, können sie den jeweils ande-

---

2 Raids sind in *World of Warcraft* Instanzen für bis zu 40 Gruppen-Mitglieder, d. h. Gebiete, die man nur mit anderen Spielern gemeinsam betreten kann, da die Gegner innerhalb dieser Gebiete bedeutend schwerer sind.

ren zur Freundes- bzw. Kontaktliste hinzufügen. Eine weitere Möglichkeit, um dauerhaft mit anderen Spielern in Kontakt zu bleiben, ist das Gründen einer Gilde[3]. Durch den Beitritt zu einer Gilde werden in den meisten Spielen zusätzliche Inhalte freigeschaltet. Im späteren Spielverlauf ist es oft unmöglich, ohne die Unterstützung einer festen Gemeinschaft voranzukommen. Vor allem *WoW* besitzt großes Suchtpotenzial, da es kein Ende gibt, kein finales Ziel. Den virtuellen Charakter kann man stetig weiter verbessern, es gibt immer neue Patches oder Addons, die zusätzliche Spielinhalte bringen. Auch Van Cleave sieht das Suchtpotenzial des Spiels vor allem darin, dass kein Finale existiert, man nie genug virtuelles Geld, genügend Waffen oder Unterstützung haben kann. Aus ca. 20 Stunden Spielzeit pro Woche wurden bis zu seinem Ausbruch über 60 Stunden, und es entstanden immer größere Probleme im realen Leben. Kurz vor dem Selbstmord gelang ihm der Absprung (vgl. Van Cleave 2010).

Der Grund, weshalb derart viel Zeit in ein Spiel investiert wird, liegt am Beispiel von *WoW* darin, dass man im späteren Spielverlauf eine feste Gruppe an Mitstreitern benötigt, um Fortschritte zu machen. Oft suchen sich Spieler dafür die bestmögliche Allianz auf dem eigenen Spielserver aus. Dahinter steht eine Gemeinschaft, die oft bis ins Detail organisiert ist. Dazu gehören neben der Rang-Hierarchie der Spieler eine eigene Website, ein TeamSpeak[4]-Server und die Planung der wöchentlichen Aktivitäten. Das zwingt die Spieler dazu, mehr Zeit mit dem Spiel zu verbringen. An den Mitgliedern bekannter Gilden orientieren sich viele andere Spieler, sie passen ihre Charaktere bezüglich der Fähigkeiten und Ausrüstung an die der „Top-Player" an. Im Spiel beeinflussen solche Gilden bzw. deren führende Mitglieder die Spieler-Gemeinschaft, weshalb man sie als Influencer (Meinungsführer) bezeichnen kann. Neben den Mitgliedern der bekanntesten Gilden lassen sich auch einzelne Spieler aufgrund ihrer Platzierung im PvP-Ranking[5] zu den Meinungsführern innerhalb des Spiels zählen.

---

3 Gilde ist eine branchenübliche Bezeichnung für eine langfristig angelegte Gemeinschaft von Spielern. Je nach Genre bzw. Spiel wird sie u. a. auch als Clan, Allianz oder Stamm bezeichnet.

4 Das Lösen bestimmter Aufgaben oder das Besiegen eines starken Gegners ist nur durch gemeinsames strategisch und taktisch kluges Handeln möglich, weshalb teilweise direkte Kommunikation mit den Gruppen- oder Raidmitgliedern notwendig ist. Um das zu ermöglichen, nutzen viele Gilden das Programm TeamSpeak. Über einen eigenen Server können sich die Mitglieder so dauerhaft über den Computer mittels eines Headsets unterhalten. Diese direkte Kommunikation, in der die Spieler auch die Stimme des jeweils anderen hören, verstärkt das Zusammengehörigkeitsgefühl und führt zum Teil auch zur dauerhaften Bindung eines Spielers an ein und dieselbe Gilde.

5 PvP ist die Abkürzung für Player versus Player (Spieler gegen Spieler). Die Spieler können dabei einzeln (1on1) oder in Teams (2on2, 3on3, etc.) gegen andere Spieler antreten.

3 Theoretische Grundlagen

3.1 Historische Entwicklung der Online-Spiele

Die Entwicklung des Internets in den 1970er Jahren war der erste Meilenstein für die Etablierung von Online-Spielen und der dazugehörigen Online-Community. Die ersten Online-Spiele waren bekannte Brettspiele, wie *Schach* oder *Dame*. Fast gleichzeitig folgten Textadventures und MUDs (Multi User Dungeons). Der Durchbruch gelang 1997 dem Spieleentwickler Origin Systems mit dem ersten MMORPG *Ultima Online*, welches an die Singleplayer-Reihe *Ultima* von Richard Garriot angelehnt ist (vgl. Poppe/Musalek 2009, S. 281). Erstmals konnten mehrere Tausend Spieler gleichzeitig auf einem Server online sein. Als erstes Online-Rollenspiel in 3D gilt *EverQuest* (1999). Zwischen 2001 und 2004 erlebte *EverQuest* eine Blütezeit mit 425.000 Spielern und wurde aus diesem Grund von vielen Entwicklern nachgeahmt. Weitere MMORPGs, wie *Asheron's Call*, *Anarchy Online* und *Dark Age of Camelot*, folgten, wobei letzteres gemeinsam mit *Ultima Online* und *EverQuest* zu den "Big Three" gehört. 2003 brachte Linden Labs *Second Life* auf den Markt, was weniger als Spiel betrachtet werden kann, sondern vielmehr als erste virtuelle Welt, die sich in ihrem Aufbau und strukturell stark an der realen Welt orientiert. Der gesamte Inhalt des Spiels wird durch seine Spieler erzeugt, indem sie mit „Linden Dollars" Waren kaufen und verkaufen. Hierbei geht es in erster Linie um soziale Interaktion (vgl. Bartle 2010, S. 32ff.). Das aktuell bekannteste MMORPG ist *World of Warcraft (WoW)*. Seit dem Release 2004 stiegen die Mitgliederzahlen stetig an, Ende des Jahres 2011 waren es 10,2 Millionen Abonnenten. Auch wenn die Zahlen im Moment sinken, bleibt *WoW* das Online-Rollenspiel mit den meisten Spielern. Der Launch von *Diablo III* bescherte Blizzard zudem eine Gewinnsteigerung von 285 Millionen US-Dollar (vgl. Geschäftsberichte Activision Blizzard 2012). Die inhaltlichen Grundzüge von Online-Spielen haben sich in den vergangenen Jahren kaum verändert. Es gibt bestimmte Genres, die sich unterscheiden lassen. Ob eine inhaltliche Weiterentwicklung sinnvoll oder notwendig ist, lässt sich nicht klar prognostizieren, sicher ist jedoch, dass die technische Entwicklung weitergeht.

3.2 Definition, Abgrenzung und Genres von Online-Spielen

Eine weitgefasste Definition für Online-Spiele umfasst alle Spiele, die über eine Netzwerkverbindung gespielt werden. Da dies auch Spiele einbezieht, die über eine LAN-Verbindung genutzt werden, wird im Folgenden von einer engeren Definition ausgegangen. Diese bezieht sich ausschließlich auf Spiele mit oder gegen andere menschliche Spieler, die im Internet stattfinden und bei denen die Kommunikation zwischen den Spielern größtenteils auf eine Computerübertragung gestützt ist (vgl. Jöckel/Schumann 2010, S. 462f.). Eine Abgrenzung der verschiedenen Online-Spiele kann zum einen inhaltlicher, zum anderen technischer Natur sein. In Bezug auf die technischen Voraussetzungen lassen sich browser- und clientbasierte Online-Spiele unterscheiden. Browsergames benötigen einen Web-Browser, wie Mozilla Firefox oder Google Chrome, meist in Verbindung mit Java und dem Adobe Flash Player. Von Nguyen-Khac und Brasch werden Browsergames als „[...] online basierte eGames, die einen Internet-Browser als Benutzerschnittstelle nutzen und damit ohne das Herunterladen eines Datenträgers oder Clients auskommen (Download-free)“, definiert. Weiter heißt es: „Im Vergleich zu Online-Spielen wie ′World of Warcraft′ setzt man nicht auf eine Client-Server-basierte Architektur, sondern nutzt eine intelligente ausbalancierte zentrale Serverarchitektur. Spieler eines Browser-Games können ‘any place, any pc, anytime‘, d. h. von jedem PC-Gerät, egal wo, in das Spiel einsteigen und auf die zuletzt gespeicherten Nutzer- und Spieldaten zugreifen“ (Nguyen-Khac/Brasch 2007, S. 40).

Clientbasierte Online-Spiele benötigen eine Installation des kompletten Spielinhaltes auf einem PC und sind entsprechend auch nur von einem Gerät aus spielbar, auf welchem das Programm installiert ist. Für solche Spiele werden meist hohe Speicherkapazitäten benötigt. Rein grafisch gibt es auffallende Unterschiede zwischen Browser- und Clientgames, wobei aktuelle Ankündigungen und Screenshots neuer Browsergames vermuten lassen, dass eine grafische Annäherung in Zukunft wahrscheinlich ist.

Inhaltlich werden Online-Spiele in verschiedene Genres unterteilt. Typische Beispiele sind Shooter, wie *Counter Strike*, MMORPGs, wie *Herr der Ringe*, Hack’n’ Slay Games, wie *Diablo*, oder Strategie- und Aufbau-Spiele, wie *BattleForge*. Im Folgenden werden vor allem die drei bereits genannten Genres Shooter, MMORPGs und Strategie-Spiele betrachtet. In Shooter-Spielen geht es darum, gegnerische Teams auszuschalten. Dazu dienen Handgranaten, Pistolen, Scharfschützen-Gewehre usw. Online-Shooter haben oft keine Hintergrundgeschichte, wie es z. B. für Rollenspiele typisch ist. Sie fordern dem Spieler einzig schnelle Reaktionen und ein gutes Orientierungsvermögen ab. Strategisch-taktisches Spielen im Team oder Clan[6] und das Verbessern

---

[6] Als Team oder auch Clan bezeichnet man eine Gemeinschaft von Spielern, die gemeinsam an Turnieren oder Ligakämpfen im Online- und/oder Offline-Spielebereich teilnimmt und sich zu diesem Zweck organisiert. Teams sind die primäre Form der Selbstorganisation von Spielern. Möglich sind gemeinsames Training und Wettkampf, aber auch weitere gemeinschaftliche Aktivitäten, Freundschaften und das Betreiben einer eigenen Homepage sind üblich.

der Ausrüstung sind Hauptspielinhalte. MMORPGs sind die Rollenspiele der Online-Welt. Der Spieler erstellt sich zu Beginn eine eigene, individuelle Spielfigur, mit der er im weiteren Verlauf Abenteuer erlebt, Aufgaben erfüllt und sich einer Gemeinschaft anschließt. Dass das Wechseln in eine andere Rolle auch in der Realität zum Wesen des Menschen gehört und nach Goffman eine „natürliche Entwicklung" (Goffman 2011, S. 21) ist, hat Park (1950) wie folgt veranschaulicht: „Es ist wohl kein historischer Zufall, daß das Wort Person in seiner ursprünglichen Bedeutung eine Maske bezeichnet. Darin liegt eher eine Anerkennung der Tatsache, daß jedermann überall und immer mehr oder weniger bewußt eine Rolle spielt... In diesen Rollen erkennen wir einander; in diesen Rollen erkennen wir uns selbst." (Park 1950, S. 249) Online-Rollenspiele finden in einer virtuellen Welt statt, die entweder phantasievoll, wie z. B. in *WoW*, oder mittelalterlich, wie z. T. in *Die Gilde*, gestaltet sein kann. MMORPGs haben kein Ziel oder Ende, zwar gibt es ein maximales Level[7], doch entwickelt sich die Spielwelt durch Erweiterungen, so genannte Patches oder Addons, immer weiter. Ein wichtiges Element ist das gemeinsame Entdecken der Welt, Bekämpfen von Monstern oder Erledigen von Aufgaben mit anderen Spielern. Dazu gibt es die Möglichkeit, Gruppen zu bilden. Möchten Spieler dauerhaft in Kontakt bleiben, können sie eine Gemeinschaft gründen, die z. B. Gilde genannt wird. Weitere bekannte Vertreter dieses Genres sind z. B. *Der Herr der Ringe*, *Atlantica Online* oder *Age of Conan*.

In Online-Strategie-Spielen, wie *BattleForge*, soll der Gegner durch strategisch-taktisch kluges Handeln in kriegerischen Kämpfen besiegt werden. Das Zusammenspiel in Teams erhöht den Reiz. Die Gefechte finden in Echtzeit statt, über Sieg oder Niederlage entscheiden aber oftmals die Vorbereitung und das Antizipieren des Verhaltens der Gegner. Als Vorbilder dienen strategische Brettspiele, wie *Schach* oder *Dame*. Im Browsergames-Bereich findet sich dieses Genre oft mit der Verbindung von Strategie und Aufbau. Typische Vertreter sind *Die Stämme* oder *Travian*.

4 Untersuchungsdesign

4.1 Die Methode des Experteninterviews mit Gesprächsleitfaden

Zur Gewinnung forschungsrelevanter Informationen wurde die qualitative Erhebungsmethode des leitfadengestützten, strukturierten, aber nicht standardisierten Ex-

---

[7] Als Level bezeichnet man eine erreichte Spielstufe. Der Charakter steigt mittels Erfahrungspunkten, die er durch Kämpfe, Aufgaben oder Entdeckungen erhält, in seiner Charakterstufe weiter auf und erhält so weitere Fähigkeiten und Verbesserungen.

perteninterviews als Sonderform der Befragung ausgewählt. Der Interviewer stellt dabei alle Fragen eines vorliegenden Fragenkataloges, wobei deren Reihenfolge weitgehend beibehalten werden sollte, jedoch situationsbezogen variiert werden kann und häufig Erläuterungen des Frageninhaltes erforderlich sind (vgl. Schnell/Hill/Esser 1992, S. 329f.). Den Befragten bietet sich ein großer Freiraum für ihre Antworten, so dass sie Zusatzinformationen einfließen lassen können. Für die Erstellung des Leitfadens wurden zunächst die Themenkomplexe „Erfolgsfaktoren von Online-Spielen“ und „Die Games-Branche im Allgemeinen“ in Bezug auf die Untersuchungsziele definiert. Den Themenkomplexen lagen Forschungsthesen zugrunde.

Zunächst mussten geeignete Gesprächspartner gewonnen werden, die über Expertise zu den Themengebieten verfügen. Dazu wurde der Kontakt zu namhaften Publishern der Branche aufgebaut und eine Auswahl von Experten getroffen.

Es wurden folgende vier Publisher einbezogen:

- Gameforge AG mit einer Niederlassung in Berlin,
- gamigo AG mit Sitz in Hamburg,
- InnoGames GmbH mit Sitz in Hamburg,
- Bigpoint GmbH mit einer Niederlassung in Hamburg.

Von den insgesamt sieben im Vorfeld der Untersuchung aufgestellten Hypothesen wurden hier die folgenden drei für eine nähere Betrachtung ausgewählt:

H1: Der wichtigste Erfolgsfaktor für Online-Spiele ist die Interaktion der Spieler und die damit verbundene Bereitstellung entsprechender Funktionen innerhalb der Spiele durch den Entwickler.

H2: Für die unterschiedlichen Genres spielen jeweils verschiedene Merkmale und Funktionen eine entscheidende Rolle.

In Rollenspielen sind es der virtuelle Charakter und die Vielfalt der Spielwelt, für Shooter der Wettkampf und in Strategie-Spielen überlegtes und strategisches Handeln.

H5: Die Entwicklung der Branche hängt eng mit der Veränderung und den Innovationen der Technologie zusammen.

Um erfolgreich am Markt bestehen zu können, gilt es künftige Trends frühzeitig zu erkennen und das eigene Portfolio entsprechend anzupassen.

4.2 Die Online-Befragung

4.2.1 Methode, Inhalt und Stichprobe

Als Untersuchungsmethode wurde entsprechend dem thematischen Kontext die Online-Befragung unter Verwendung eines standardisierten Fragebogens gewählt, wodurch ein internationaler Probandenkreis erreicht werden konnte. Insgesamt nahmen während des Untersuchungszeitraums von vier Wochen (24. April bis 24. Mai 2012) 274 Probanden aus 14 Ländern an der Umfrage teil. Davon waren 266 Männer (97,08%) und 8 Frauen (2,92%). Der hohe männliche Anteil ist darauf zurückführen, dass sich der Großteil der Seiten, auf denen die Umfrage zur Verfügung stand, mit Shooter-Games beschäftigt, die vorwiegend von männlichen Spielern frequentiert werden. Aus diesem Grund konnten keine signifikanten Ergebnisse bezüglich geschlechtsspezifischer Unterschiede ermittelt werden. Der Großteil der Probanden befand sich im Alter von unter 16 bis 25 Jahren (232 Personen = 84,67%), 24 Teilnehmer (8,76%) waren 26 bis 35 Jahre alt. Die weiteren Befragten verteilten sich auf die letzten drei Altersklassen (insgesamt 6,57%). Die Herkunft der Probanden war relativ weit gefächert, wobei der größte Anteil (77,74%) aus Deutschland kam. Bei 33 Teilnehmern ließ sie sich nicht ermitteln. Die verbleibenden 61 Personen verteilten sich auf weitere 13 Länder. Insgesamt 199 Teilnehmer (71,53%) spielen hauptsächlich browser- oder clientbasierte First- oder Third-Person-Shooter. Die Rollenspieler waren mit 56 Probanden (20,44%) im Vergleich zu den Strategie-Spielern mit 22 Probanden (8,03%) in der Überzahl. Dies wurde für bestimmte Analysen zu einem Störfaktor, weshalb einige Hypothesen nicht signifikant überprüft werden konnten. Auf die Frage, ob kostenfreie oder kostenpflichtige Online-Spiele bevorzugt werden, gaben 219 Personen (79,93%) an, hauptsächlich Online-Spiele zu wählen, die auf dem free-to-play-Prinzip basieren. Nur 55 Teilnehmer (20,07%) zahlen monatliche Gebühren. Auf die Frage, wie viel Zeit wöchentlich in Online-Games investiert wird, zeigte sich, dass es kaum Spieler mit weniger als zwei Stunden (7 Probanden) gibt. Es folgen 22 Teilnehmer mit zwei bis fünf Stunden. Die restlichen vier Gruppen sind jeweils ähnlich stark, wobei 77 Befragte mehr als 20 Stunden pro Woche in Online-Spielen verbringen. Nach Yee (2006, S. 316) beschäftigen sich die Spieler im Mittel 22,72 Stunden pro Woche mit ihren bevorzugten MMORPGs.

4.2.2 Entwicklung der Hypothesen

Einteilung der Online-Spieler in verschiedene Gruppen

Um die Vielzahl von Online-Spielern besser ansprechen und auf ihre Bedürfnisse zugeschnittene Angebote erstellen zu können, ist es notwendig, verschiedene Zielgruppen zu identifizieren. Dafür bietet es sich an, die Bewertung wesentlicher Charakteristika von Online-Games durch die Probanden heranzuziehen, um zwischen ihnen differenzieren zu können (vgl. Choi/Kim 2004). Daraus ergibt sich die These:

H1: Die Probanden lassen sich aufgrund ihrer Wertungen bestimmter Merkmale von Online-Spielen in drei verschiedene Gruppen unterteilen, die sich auch aus den wählbaren Genres ergeben - Rollenspieler, Shooter-Spieler und Strategie-Spieler.

Zur Untersuchung der Einordnung wurden zum einen die explorative und zum anderen die konfirmatorische Faktorenanalyse (vgl. Child 2006) durchgeführt.

Individualisierung des Charakters – Untersuchung der Zusammenhänge zwischen Genres und Charakter sowie Genres und Klassen

Für den Spieler muss die Möglichkeit bestehen, dem Alltag zu entfliehen und sich im Spiel zu verlieren. Individualisierung und die Gelegenheit, sich von anderen abzugrenzen, dürfen auch in Spielen nicht vernachlässigt werden (vgl. Subrahmanyam/Šmahel 2011), weshalb Funktionen zur detaillierten Einstellung des virtuellen Charakters vor allem bei Online-Rollenspielen erwartet werden (vgl. Unger 2012).

H2: Die Individualisierung des Charakters ist vor allem in Online-Rollenspielen ein wichtiger Faktor, weshalb eine große Auswahl an wählbaren Rassen und Klassen sowie Veränderungsmöglichkeiten vorausgesetzt wird.

H2a: Es besteht ein Zusammenhang zwischen dem bevorzugten Genre und der Gewichtung der Anpassung spezifischer Charaktermerkmale.

Es wird untersucht, ob ein Zusammenhang zwischen der nominal skalierten Variable „Genre“ und der metrisch skalierten Variable „Charakter“ besteht. Zur Überprüfung wurde die einfaktorielle Varianzanalyse (vgl. Scheffé 1959) durchgeführt.

H2b: Es existiert ein Zusammenhang zwischen dem präferierten Genre und der Anzahl an wählbaren Rassen und Klassen.

Um den Zusammenhang zwischen der nominal skalierten Variablen „Genre“ und der nominal skalierten Variablen „Klassen“ zu prüfen, wurde die Korrespondenzanalyse (vgl. Greenacre 2007) angewandt.

Strategisch-taktisches und gemeinschaftliches Spielen bei Online-Shooter- und Strategie-Spielen

Spiele sind seit jeher Teil der menschlichen Kultur. Gegenwärtig erfährt das gemeinschaftliche Spielen einen Attraktivitätsschub (vgl. Cooper/Kagel 2005). Es fördert Geselligkeit und Zusammengehörigkeit. Spielen ist Bestandteil der menschlichen Evolutionsgeschichte und von hoher Bedeutung im kindlichen Reifeprozess, da es die Persönlichkeitsentfaltung vorantreibt. Der angeborene Spieltrieb lehrt Kinder, die Vorgänge in ihrer Umwelt zu begreifen. Das Spiel gewöhnt sie behutsam an Lebensprozesse und bereitet sie auf das Erwachsenenleben vor. Zudem trägt es sowohl zur Entwicklung motorischer Fähigkeiten als auch des Denkvermögens bei (vgl. Ang/Zaphiris/Mahmood 2007) und unterstützt den Erwerb sozialer Kompetenzen (vgl. Almy 1967). Auch für Erwachsene erfüllt es wichtige Funktionen (vgl. Hsu/Lu 2004). Neben dem Zeitvertreib (vgl. Kim/Oh/Heejin 2005; Csikszentmihalyi/LeFevre 1989) wirken Spielfreude, -tradition und –kultur motivierend. Weiterhin dient es dem Vergleich körperlicher oder geistiger Fähigkeiten und besitzt somit Wettbewerbscharakter. Das Spiel ist gleichsam ein Spiegelbild der Gesellschaft (vgl. Parks/Floyd 1996). Putnam (2000) zeigte, dass wir seltener Freunde treffen und der soziale Kontakt innerhalb von Familien zurückgeht. Doch auch wenn sich die Spiele verschiedener Kulturen unterscheiden, so hat die Entwicklung des Internets zur Überschreitung kultureller und administrativer Grenzen beigetragen und ein neues Gemeinschaftsgefühl zwischen Spielern unterschiedlicher Nationen erzeugt (vgl. Wang/Kuo/Yang 2011).

H3: Bei Online-Shootern oder Strategie-Spielen stehen strategisch-taktisches und gemeinschaftliches Spielen im Mittelpunkt.

Zur Prüfung des Zusammenhanges zwischen der nominal skalierten Variablen „Genre" und der metrisch skalierten Variablen „Strategie" wurde jeweils die einfaktorielle Varianzanalyse genutzt.

Bedeutung des Handels und der Erstellung von Gegenständen bei Online-Rollenspielen

Früher waren die Herstellung von Gegenständen, wie z. B. Waffen und Werkzeugen, und der Tausch von Waren für den Menschen überlebenswichtig. Die Industrialisierung und das damit verbundene Überangebot an derartigen Gütern führten dazu, dass diese Fähigkeiten im realen Leben an Bedeutung verloren haben. Allerdings ist festzustellen, dass sie bei Online-Games eine Renaissance erleben (vgl. Castronova 2005).

H4: Der Handel zwischen den Spielern und das Erstellen eigener Ausrüstungen oder Gegenstände besitzen vor allem in Online-Rollenspielen einen hohen Stellenwert. Für Online-Ego-Shooter und Strategie-Spiele ist dieser hingegen deutlich geringer.

Der Überprüfung der Zusammenhänge zwischen der nominal skalierten Variablen „Genres“ und den metrisch skalierten Variablen „Direkter Handel“, „Shop“ und „Auktion“ diente die einfaktorielle Varianzanalyse.

5 Analyse und Auswertung der Untersuchungen

5.1 Resultate der Experteninterviews[8]

H1: Der wichtigste Erfolgsfaktor für Online-Spiele ist die Interaktion der Spieler und die damit verbundene Bereitstellung entsprechender Funktionen innerhalb der Spiele durch den Entwickler.

Zwar benannten alle Experten die Interaktion als Erfolgsfaktor, als der Wichtigste konnte sie jedoch nicht bestätigt werden. Bei drei Interviews wurde das gemeinschaftliche Spielen als besonderer Reiz genannt. Axel Schmidt, Director Corporate Communications der Gameforge AG, bezeichnet die Gilden- sowie Gruppenfunktion und die Möglichkeit zur Kommunikation über einen Chat als sehr wichtig.

Tab. 1: Spezifische Erfolgsfaktoren von Online-Spielen

Erfolgsfaktor	Gameforge	gamigo	InnoGames	Bigpoint
Interaktion	bestätigt	bestätigt	teilweise bestätigt	teilweise bestätigt
Vielfältigkeit des Contents	bestätigt	teilweise bestätigt	nicht bestätigt	teilweise bestätigt
Individualisierung des Charakters	bestätigt	bestätigt	nicht bestätigt	teilweise bestätigt
Wettbewerb	bestätigt	bestätigt	nicht bestätigt	nicht bestätigt
Grafik, Design und Sound	nicht bestätigt	teilweise bestätigt	nicht bestätigt	nicht bestätigt
Lokalisierung	bestätigt	bestätigt	bestätigt	bestätigt

8 Die Resultate basieren auf Aussagen von Axel Schmidt, Director Corporate Communications der Gameforge AG, im Gespräch am 02. August 2012 in Berlin sowie Dennis Hartmann, PR-Manager der gamigo AG, Sarah Alena Lüken, Junior PR-Managerin der InnoGames GmbH, Florian Schwarzer, Producer bei der InnoGames GmbH, und Jan-Michel Saaksmeier, Managing Director der Bigpoint GmbH im Bereich „New Game Development“, in Interviews am 08. August 2012 in Hamburg.

Tabelle 1 veranschaulicht die Aussagen der einzelnen Interviewpartner zu spezifischen Erfolgsfaktoren. Vor allem in Bezug auf die Lokalisierung eines Spiels waren sich die Experten einig. Axel Schmidt betonte, dass jedes Spiel auf den jeweiligen Markt angepasst werden muss. Diese Anpassung beginnt bereits beim Namen des Spiels und bezieht sich auch auf das Aussehen des Charakters sowie der virtuellen Welt, die Spielmechaniken, die Aufgaben bzw. Quests und den sprachlichen Inhalt. Dennis Hartmann, PR Manager der gamigo AG, vertritt die Meinung, dass Spiele in der entsprechenden Landessprache immer erfolgreicher sind. Auch Sarah Alena Lüken, Junior PR-Managerin der InnoGames GmbH, äußerte: „Unser allererstes Spiel *Die Stämme*, das 2003 entwickelt wurde, gibt es mittlerweile in über 30 verschiedenen Sprachen." Für sie ist jedoch nicht nur die Lokalisierung des eigentlichen Spiels wichtig, sondern die Anpassung der zugehörigen Website an die regionalen Vorlieben und Interessen. Als passendes Beispiel beschreibt sie die Veränderung der koreanischen Landing Page des Browsergames *Grepolis* im Vergleich zur deutschen Version. Auch Jan-Michel Saaksmeier, Managing Director der Bigpoint GmbH im Bereich „New Game Development", weist einer korrekten Übersetzung und der Lokalisierung eines Spiels eine hohe Bedeutung zu, z. B. sei der französische Markt sehr sensibel in Bezug auf seine Sprache.

Weniger Bedeutung werden Grafik, Design und Sound eines Spiels zugesprochen. Für Schmidt ist eher die Spielmechanik bedeutsam. Für das Marketing können die Grafik und der Sound jedoch nützlich sein. Hartmann betont aber, dass viele erfolgreiche Spiele rein grafisch weit zurückliegen und die Grafik nicht für Kundenbindung sorgt. Die Musik hingegen sollte zur jeweiligen Situation im Spiel passen.

Hohes Potenzial sieht Hartmann in der PvP-Komponente. Seiner Ansicht nach bietet sie die größte Langzeitmotivation und ist in der Produktion günstig, da nicht ständig neuer Content nachgereicht werden muss. Schmidt hält den Wettbewerb der Spieler für wichtig und nennt neben dem direkten Kampf auch die Ranglisten als Feature zur Wettkampferhöhung unter Spielern und Gilden. Ein ausschließlich inhaltsorientiertes Spiel sollte laut Saaksmeier vermieden werden, da irgendwann nicht mehr so schnell produziert werden kann, wie neuer Inhalt von der Community verlangt wird. Er hält eine Mischung aus Content, Events und Features für die beste Möglichkeit: „Der Tod eines jeden Online-Spiels ist das Endgame nach vier bis sechs Wochen." Für Hartmann ist der Endgame-Content[9] das „A und O" eines jeden Online-Spiels. Um Spieler

---

9 Endgame-Content ist ein branchenüblicher Begriff für die Inhalte eines Spiels nach dem Erreichen des maximalen Levels bzw. der maximalen Stufe.

dauerhaft zu binden, sollte der Weg zum maximalen Level möglichst lang sein. Schmidt betrachtet Individualisierungsmöglichkeiten des Charakters als wichtigen Erfolgsfaktor. Dazu zählen die äußere Erscheinung und Rasse des Charakters, die Anpassung der Rüstungen, das Anbieten verschiedener Reittiere und die Achievements. Hartmann erkennt im Streben nach Individualität unabhängig vom Genre vor allem die Möglichkeit der Monetarisierung, z. B. von speziellen Kostümen oder Reittieren.

H2: Für die unterschiedlichen Genres spielen jeweils verschiedene Merkmale und Funktionen eine entscheidende Rolle.

In Rollenspielen sind es der virtuelle Charakter und die Vielfalt der Spielwelt, für Shooter der Wettkampf und in Strategie-Spielen überlegtes Handeln. Alle Experten bestätigen, dass für jedes Genre unterschiedliche Merkmale und Funktionen wichtig sind. Florian Schwarzer, Producer bei der InnoGames GmbH, Schmidt und Saaksmeier nannten die Entwicklung und Anpassung des Charakters als typisches Merkmal für Rollenspiele. In Strategie-Spielen sollten der Auf- und Umbau der Welt und der Wettkampf im Vordergrund stehen. Hartmann nennt für Shooter auch das PvP- und das Rangsystem.

H5: Die Entwicklung der Branche hängt eng mit der Veränderung und den Innovationen der Technologie zusammen.

Die Annahme kann bestätigt werden. Zuletzt wurde die Branche stark durch die Weiterentwicklung von Smartphones geprägt. Schmidt sieht Cloud Computing und Cloud Gaming als neuen Trend. Ziel des Cloud Gaming ist es, Spiele mit hohen Grafik- und Speicheranforderungen jederzeit (on Demand) zugänglich zu machen. Das Herunterladen und Installieren sowie das Ausführen der Spiele über den eigenen Rechner entfallen dadurch. Benötigt wird nur ein Browser Plug-In für den genutzten Client[10] zur Steuerung der Kommunikation zwischen Cloud und Client (vgl. Károly 2009, S. 2). Eine weitere einflussreiche Entwicklung ist die Cross-Platform-Technologie. „Cross-Platform-Gaming bedeutet, dass man ein Spiel über viele verschiedene Plattformen spielen kann, mit ein und demselben Account, z. B. auf einem Handy oder dem iPad in der Bahn oder auch zu Hause auf dem Computer über den Browser. Da sehen wir auf jeden Fall die Zukunft. [...] Alle Spiele, die zurzeit bei uns noch in der Entwicklung sind, werden Cross-Platform-Spiele sein." erklärte Sarah Alena Lüken. Für Saaksmeier

[10] Als Client bezeichnet man hier das genutzte Endgerät, z. B. einen PC oder ein Smartphone.

ist die Branchenzukunft ungewiss, da sich der Markt innerhalb von zwei bis drei Jahren durch die schnelle Technologieentwicklung stark verändern kann.

5.2 Ergebnisse der Online-Befragung

H1: Die Probanden lassen sich aufgrund ihrer Wertungen bestimmter Merkmale von Online-Spielen in drei verschiedene Gruppen unterteilen, die sich auch aus den wählbaren Genres ergeben - Rollenspieler, Shooter-Spieler und Strategie-Spieler.

Keine der beiden Analysemethoden konnte die drei festgelegten Gruppen komplett bestätigen. Aus der explorativen Faktorenanalyse resultierten zwei Faktoren – „Rollenspiel-Händler" und „Strategische Teamplayer" (vgl. Abb. 3).

Abb. 3: Explorative Faktorenanalyse

Rollenspielende Händler	Strategische Teamplayer
Auktion Shop Direkter Handel Entwicklung Charakter Vielfalt Übersetzung	Gruppe Strategie Gilde

Die konfirmatorische Faktorenanalyse ergab drei Faktoren – „Händler", „Shooter- oder Strategie-Spieler" und „Rollenspieler" (vgl. Abb. 4). Die beiden Komponenten der explorativen Faktorenanalyse waren keinem Spielertypen sicher zuzuordnen. Die konfirmatorische Faktorenanalyse, für die drei Komponenten festgelegt wurden, wies die „Rollenspieler" im dritten Faktor eindeutig aus. Die zugehörigen Merkmale Vielfalt der virtuellen Welt, Qualität der Übersetzung, Individualisierung und Weiterentwicklung des Charakters sowie Herstellung und Verbesserung der Ausrüstung sind typisch für Rollenspieler. Die zweite Komponente konnte nicht eindeutig den „Shooter- oder Strategie-Spielern" zugewiesen werden.

Abb. 4: Konfirmatorische Faktorenanalyse

Händler	Shooter- oder Strategie-Spieler	Rollenspieler
Auktion Shop Direkter Handel	Gruppe Strategie Gilde	Entwicklung Charakter Vielfalt Übersetzung

H2: Die Individualisierung des Charakters ist vor allem in Online-Rollenspielen ein wichtiger Faktor, weshalb eine große Auswahl an wählbaren Rassen und Klassen sowie Veränderungsmöglichkeiten vorausgesetzt wird.

H2a: Es besteht ein Zusammenhang zwischen dem bevorzugten Genre und der Gewichtung der Anpassung spezifischer Charaktermerkmale.

Die Varianzanalyse der beiden Variablen „Genres" und „Charakter" ergab keinen signifikanten Zusammenhang (p = 0,713).

H2b: Es existiert ein Zusammenhang zwischen dem präferierten Genre und der Anzahl an wählbaren Rassen und Klassen.

Durch das Streudiagramm der Korrespondenzanalyse der beiden Variablen „Genre" und „Klassen" wurde ein Zusammenhang sichtbar. Shooter-Spiele siedeln sich im Allgemeinen eher bei wenigen Auswahlmöglichkeiten an. Erkennbar ist auch die starke Beziehung zwischen möglichst vielen wählbaren Klassen und Client-Rollenspielen. Rollenspieler weisen eine Affinität zur Individualisierung des Charakters auf.

H3: Bei Online-Shootern oder Strategie-Spielen stehen strategisch-taktisches und gemeinschaftliches Spielen im Mittelpunkt.

Es existiert keine signifikante Verbindung zwischen den Genres und dem strategisch-taktischen Spielen (p = 0,654). Die einfaktorielle Varianzanalyse der beiden Variablen „Genre" und „Gruppe" ergab hingegen Signifikanz (p = 0,030, vgl. Tab. 2). Shooter und clientbasierte Strategie-Spiele weisen die höchsten Mittelwerte auf und bilden auch beim Duncan-Test eine Untergruppe. Die niedrige Bewertung der Browser-Strategie-Spiele lässt sich durch ihre Ausrichtung erklären.

Tab. 2: Univariate Varianzanalyse für den Faktor „Genre" (Teil 1)

Variable	Univariate ANOVA (p)	Fempirisch (95%)	Ftheoretisch (95%)	Signifikanz-Niveau
Strategie	0,654	0,660	2,21	ns
Gruppe	0,030	2,512	2,21	*
Gilde	0,007	3,303	2,21	**

Anmerkungen: ns - nicht signifikant. * - Signifikant auf dem Niveau 0,05. ** - Signifikant auf dem Niveau 0,01. *** - Signifikant auf dem Niveau 0,001.

H4: Der Handel zwischen den Spielern und das Erstellen eigener Ausrüstungen oder Gegenstände besitzen vor allem in Online-Rollenspielen einen hohen Stellenwert. Für Online-Ego-Shooter und Strategie-Spiele ist dieser hingegen deutlich geringer.

Die Hypothese kann bestätigt werden. Alle vier einfaktoriellen Varianzanalysen – „Genre" - „Auktion" (p = 0,004), - „Direkter Handel (p = 0,007), - „Shop" (p = 0,026),

- „Entwicklung“ (p = 0,008) – weisen signifikante bzw. sehr signifikante Ergebnisse auf (vgl. Tab. 3). Bei den Merkmalen „Direkter Handel“ (8,27), „Auktion“ (7,70) und „Entwicklung“ (8,33) sind die Bewertungen der Client-Rollenspieler am höchsten. Die Erstellung eines eigenen Shops (5,70) scheint hingegen auf wenig Interesse zu stoßen.

Tab. 3: Univariate Varianzanalyse für den Faktor „Genre“ (Teil 2)

Variable	Univariate ANOVA (p)	Fempirisch (95%)	Ftheoretisch (95%)	Signifikanz-Niveau
Direkter Handel	0,007	3,259	2,21	**
Auktion	0,004	3,494	2,21	**
Shop	0,026	3,303	2,21	*
Entwicklung	0,008	3,208	2,21	**

Anmerkungen: ns - nicht signifikant. * - Signifikant auf dem Niveau 0,05. ** - Signifikant auf dem Niveau 0,01. *** - Signifikant auf dem Niveau 0,001.

6 Schlussbetrachtung

Im Rahmen der Experteninterviews wurde die Interaktion zwischen den Spielern stets als ein wesentlicher Erfolgsfaktor genannt. Eine sehr hohe Bedeutung sprachen alle Interviewpartner der Lokalisierung eines Spiels, also der Anpassung des Inhaltes an die jeweilige Region, zu. Wenig Bedeutung wird der grafischen Aufmachung zugeschrieben. Die Individualisierung des erstellten Charakters und die Festlegung spezieller Merkmale sind vor allem bei Rollenspielen wichtige Aspekte und werden bei F2P-Anbietern auch zur Monetarisierung genutzt. Der Vielfalt der Inhalte kommt ein hoher Stellenwert zu, dennoch sollte ein Spiel nicht ausschließlich darauf ausgerichtet werden, da dies einen erhöhten Produktionsaufwand zur Folge hat. Außerdem existieren genrespezifische Unterschiede. Differenzierungen in Bezug auf Geschlecht und Alter der Spieler wurden bestätigt, jedoch werden diese bei der Entwicklung nur zum Teil berücksichtigt, da eine Ausgrenzung von Zielgruppen vermieden werden soll.

Die Online-Befragung bestätigte die Annahme, dass die Individualisierung des Charakters, das Treiben von Handel sowie die Herstellung eigener Ausrüstung und die Vielfältigkeit des Spielinhalts vor allem in Online-Rollenspielen wichtig sind. Ebenso konnte nachgewiesen werden, dass bei Shooter- und Strategie-Spielen strategisch-taktisches Handeln und Teamplay im Vordergrund stehen. Vom Genre unabhängig ließ sich die hohe Bedeutung der Interaktion zwischen den Spielern nachweisen.

Die Zukunft der Branche bleibt ungewiss. Derzeit vollzieht sich eine Konsolidierung, im Zuge derer sich Unternehmen zusammenschließen, wie z. B. Gameforge und Frogster, um durch erhöhte Spielerzahlen größere Handlungsfreiräume zu erhalten. Es ist anzunehmen, dass technologische Innovationen zur Veränderung der Bedürfnisse führen und als Treiber der Entwicklung von Online-Spielen fungieren werden.

Literaturverzeichnis

ACTIVION BLIZZARD (2012): Geschäftsberichte Activision Blizzard 2010-2012, unter: http://eu.blizzard.com/de-de/company/press.html, letzter Zugriff: 12.07.2012.

ALMY, M. (1967): Spontaneous Play: An Avenue for Intellectual Development, in: Young Children, Vol. 22, 1967, No. 9, pp. 268-277.

ANG, C. S.; ZAPHIRIS, P.; MAHMOOD, S. (2007). A Model of Cognitive Loads in Massively Multiplayer Online Role Playing Games, in: Interacting With Computers, Vol. 19, 2007, No. 2, pp. 167–179.

Bartle, R. A. (2010): From MUDs to MMORPGs. The History of Virtual Worlds, in: Hunsinger, J.; Klastrup, L.; Allen, M (Eds.): International Handbook of Internet Research, Berlin, Heidelberg, New York 2010, pp. 23–39.

CASTRONOVA, E. (2005): Synthetic Worlds: The Business and Culture of Online Games, Chicago 2005.

CHEN, L. S.-L.; TU, H. H.-J.; WANG, E. S.-T. (2008): Personality Traits and Life Satisfaction among Online Game Players, in: CyberPsychology and Behavior, Vol. 11 , 2008, No. 2, pp. 145-149.

CHILD, D. (2006): The Essentials of Factor Analysis, 3rd ed., London, New York 2006.

CHAOI, D.; KIM, J. (2004): Why People Continue to Play Online Games: In Search of Critical Design Factors to Increase Customer Loyalty to Online Contents, in: CyberPsychology & Behavior, Vol. 7, 2004, No. 1, pp. 11–24.

COOPER, D. J.; KAGEL, J. H. (2005): Are Two Heads Better Than One? Team Versus Individual Play in Signaling Games, in: The American Economic Review, Vol. 95, 2005, No. 3, pp. 477-509.

CSIKSZENTMIHALYI; M. (1975): Beyond Boredom and Anxiety: Experiencing Flow in Work and Play, San Francisco 1975.

CSIKSZENTMIHALYI; M. (1990): Flow: The Psychology of Optimal Experience, New York 1990.

CSIKSZENTMIHALYI; M.; LEFEVRE, J. (1989): Optimal Experience in Work and Leisure, in: Journal of Personality and Social Psychology, Vol. 56, 1989, No. 5, pp. 815–822.

FROSTLING-HENNINGSSON, M. (2009): First-Person Shooter Games as a Way of Connecting to People: ''Brothers in Blood'', in: CyberPsychology and Behavior, Vol. 12, 2009, No. 5, pp. 557-562.

GFK; BIU E.V. (2012): unter: http://www.biu-online.de/, letzter Zugriff: 12.07.2012.

GOFFMAN, E. (1959): Wir alle spielen Theater. Die Selbstdarstellung im Alltag, 10. Aufl., München 2011.

GREENACRE, M. (2007): Correspondence Analysis in Practice, 2nd ed., Boca Raton 2007.

HSU, C.-L.; LU, H.-P. (2004): Why Do People Play Online Games? An Extended TAM with Social Influences and Flow Experience, in: Information & Management, Vol. 47, 2004, pp. 853–868.

JOHN, A. (2005): Der Reiz der Online-Rollenspiele, Spiegel Online, unter: http://www.spiegel.de/netzwelt/netzkultur/0,1518,373844,00.html, letzter Zugriff 12.07.2012.

JÖCKEL, S.; SCHUMANN, C. (2010): Spielen im Netz. Online-Spiele als Kommunikation, in: Schweiger, W.; Beck, K. (Hrsg): Handbuch Online-Kommunikation, Wiesbaden 2010, S. 461–484.

KÁROLY, R. (2009): Cloud Gaming. Games as a Service, Mannheim 2009, unter: http://www.informatik.hs-mannheim.de, letzter Zugriff: 08.01.2013.

KIM, Y.-Y.; OH, S.; HEEJIN, L. (2005): What Make People Experience Flow? Social Characteristics of Online Games. International Journal of Advanced Media and Communication, Vol. 1, 2005, No. 1, pp. 76–92.

NGUYEN-KHAC, T.; BRASCH, T. (2007): Browser-Games - „Rising Star" der internationalen Spieleindustrie mit deutschen Wurzeln, in: MedienWirtschaft, 4. Jg., 2007, Nr. 4, S. 40–42.

PARK, R. E. (1950): Race and Culture, in: Hughes, E. C.; Johnson, C. S.; Masuoka, J.; Redfield, R.; Wirth, L. (Eds.): The Collected Papers of Robert Ezra Park, 1st ed., Glencoe, IL 1950.

PARKS, M. R.; FLOYD, K. (1996): Making Friends in Cyberspace, in: Journal of Communication, Vol. 46, 1996, No. 1, pp. 80–97.

POPPE, H.; MUSALEK, M. (2009): Online - zwischen Faszination und Sucht, in: Batthyány, D.; Pritz, A. (Hrsg.): Rausch ohne Drogen. Substanzungebundene Süchte, Wien 2009, S. 281–289.

PUTNAM, R. P. (2000): Bowling Alone: the Collapse and Revival of American Community, New York 2000.

RENNER, T. (2011): Egoshooter in Erfurt und Winnenden. Wenn Popkultur Gemeingut ist, werden die digitalen Welten der Games zur Flucht, in: Renner, K.-H.; Renner, T. (Hrsg.): Digital ist besser, Frankfurt am Main u. a. 2011, S. 205–210.

SCHEFFÉ, H. (1959): The Analysis of Variance, New York 1959.

SCHILLER, F. (1874): Über die Ästhetische Erziehung des Menschen, 15. Brief, Sämtliche Werke Band 4, Stuttgart 1874.

SCHNELL, R.; HILL, P. B.; ESSER, E. (1992): Methoden der empirischen Sozialforschung, 7. Aufl., München, Wien 1992.

SONG, S.; LEE, J. (2007): Key Factors of Heuristic Evaluation for Game Design: Towards Massively Multi-Player Online Role-Playing Game, in: International Journal of Human-Computer Studies, Vol. 65, 2007, pp. 709–723.

STAMPEL, N. S. (2012): Die verspielte Gesellschaft. Gamification oder Leben im Zeitalter des Computerspiels, Hannover 2012.

SUBRAHMANYAM, K.; ŠMAHIEL, D. (2011): Digital Youth. The Role of Media in Development, New York 2012.

UNGER, A. (2012): Modding as a Part of Game Culture, in: Fromme, J.; Unger, A. (Eds.): Computer Games and New Media Cultures. A Handbook of Digital Games Studies, Heidelberg, London, New York, pp. 509-523.

VAN CLEAVE, R. G. (2010): Unplugged: My Journey into the Dark World of Video Game Addiction, Deerfield Beach 2010.

WANG, S.-T.; KUO, W.-C.; YANG, J.-C. (2011): A Study on Exploring Participant Behavior and Virtual Community in MMORPG, in: Chang, M.; Hwang, W.-Y.; Chen, M.-P.; Müller, W. (Eds.): Edutainment Technologies. Educational Games and Virtual Reality/Augmented Reality Applications, Berlin u. a., 2011, pp. 255-262.

WOOD, R. T. A.; GUPTA, R.; DEREVENSKY, J. L.; GRIFFITHS, M. (2004): Video Game Playing and Gambling in Adolescents: Common Risk Factors, in: Journal of Child and Adolescent Substance Abuse, Vol. 14, 2004, No. 1, pp. 77-100.

YEE, N. (2006): The Demographics, Motivations, and Derived Experiences of Users of Massively Multi-User Online Graphical Environments, in: Presence, Vol. 15, 2006, No. 3, pp 309–329.

Die Verfasser danken Axel Schmidt, Director Corporate Communications der Gameforge AG, Dennis Hartmann, PR-Manager der gamigo AG, Sarah Alena Lüken, Junior PR-Managerin der InnoGames GmbH, Florian Schwarzer, Producer bei der InnoGames GmbH, und Jan-Michel Saaksmeier, Managing Director der Bigpoint GmbH im Bereich „New Game Development", die freundlicherweise für aufschlussreiche Experteninterviews zur Verfügung standen.

Druck: KN Digital Printforce GmbH · Schockenriedstraße 37 · 70565 Stuttgart